GÄRTEN *nach Maß*

GÄRTEN *nach Maß*

Sanieren · Umgestalten
Genießen

LIZ DOBBS
SARAH WOOD

Aus dem Englischen übertragen
von Wiebke Krabbe

BUSSE SEEWALD

Hinweis:

Manche der empfohlenen Pflanzen sind nur in relativ milden Regionen winterhart. Bei der Pflanzenauswahl ist deshalb eine Rücksprache mit dem Fachmann bzw. Gärtner ratsam.
Die deutschen Pflanzennamen können regional abweichen; hier wird auf den botanischen (lateinischen) Namen verwiesen.

Titel der englischen Originalausgabe:

Your Garden Makeover
A Marshall Edition

ISBN 1-84028-310-6

Die Deutsche Bibliothek – CIP-Einheitsaufnahme:

Gärten nach Maß : Sanieren, Umgestalten, Genießen / Liz Dobbs ; Sarah Wood. Aus dem Engl. übertr. von Wiebke Krabbe. [Red.: Barbara Marquardt]. – Herford : Busse Seewald, 2001
Einheitssacht.: Your garden makeover <dt.>

ISBN 3-512-03224-9

Deutsche Ausgabe:

Übersetzung: Wiebke Krabbe, Damlos
Redaktion: Barbara Marquardt, Waldenbuch
Herstellung: Richard Brüll, Vlotho
Satz: BusseDruck, Herford
Druck und Bindung: Printer Portuguesa Lda, Portugal

ISBN 3-512-03224-9

INHALT

EINFÜHRUNG
6

Kapitel 1
AUSGANGSLAGE
10

Kapitel 2
RASCHE ABHILFEN
42

Kapitel 3
PROBLEMLÖSUNGEN
76

Kapitel 4
GARTENSTILE NACHGESTALTEN
170

Kapitel 5
GÄRTNERISCHES GRUNDWISSEN
196

EINFÜHRUNG

Der perfekte Garten entspricht den eigenen Vorstellungen. Daher mag der eine begrüßen, was ein anderer ablehnt. Es gilt also, die eigenen Bedürfnisse zu erkennen und zu verwirklichen. Dies allein ist das Geheimnis schöner Gärten und auch der Gedanke, der hinter diesem Buch steckt.

Betrachten Sie Ihren Garten einmal vom Fenster aus. Macht er Ihnen Freude oder eher Kummer? Sind Sie vor kurzem erst in das Haus Ihrer Träume eingezogen und erkennen nun, dass der Garten nicht Ihren Erwartungen entspricht? Oder denken Sie seit geraumer Zeit, dass Ihr Garten nicht mehr Ihren Bedürfnissen gerecht wird, da er mit den Veränderungen Ihres Lebens nicht Schritt gehalten hat? So kann ein Garten, der für eine junge Familie ideal war, für ein berufstätiges Paar völlig ungeeignet sein.

SIE KÖNNEN FREI VERÄNDERN

Der erste Schritt zum idealen Garten beginnt mit Ihrer Grundeinstellung: Es steht Ihnen frei, jede Änderung vorzunehmen. Niemand lebt freiwillig mit ungeliebten Möbeln, die ein anderer ausgesucht hat – während der Garten bleibt wie er ist! Man fährt fort, den Rasen zu mähen, die Rosen zu schneiden und Blumenbeete vorzubereiten, selbst wenn die Freude an einem großen Rasen oder Rosen gering ist. Hingegen gestalten wir unser Heim kaum für alle Ewigkeit – die Einrichtung verändert sich mit uns. Moden kommen und gehen, Familien wachsen und schrumpfen. Auch ein Garten wird hiervon berührt.

Dieselben Menschen, die eine schattige Parkbank genießen oder sich gerne in einem paradiesischen Garten entspannen, sehen sich oft unfähig, zu Hause etwas Gleichwertiges nachzugestalten – dabei sind nur etwas Fantasie und Arbeit notwendig. Nehmen Sie sich die gestalterische Freiheit, dann haben Sie den ersten Schritt zu Ihrem Ideal-Garten getan.

▽ **FARBENFROHE KRÄUTER**
Kräuter sind nützlich und dekorativ. Hier heben sich die sanften, kühlen Töne der Kräutergruppe vom schwachen Grau der Steinmauer ab. Attraktive Kräuter, die jede Köchin schätzt, sind beispielsweise Salbei und Majoran.

WAS GEFÄLLT IHNEN?

Zunächst müssen Sie Ihre wahren Wünsche ergründen. Sie erreichen Ihr Ziel umso eher, desto klarer der Traumgarten in Ihrer Vorstellung Gestalt annimmt. Es gibt zwei Wege, sich Klarheit zu verschaffen. Die erste Möglichkeit: Sie legen fest, was Sie nicht mögen. Vielleicht fühlen Sie sich in einem herkömmlichen Garten unwohl, der laufend Aufsicht und Pflege verlangt. Oder es mag Ihnen widerstreben, der Natur einen Willen aufzuzwingen. Vielleicht bevorzugen Sie eher einen schlichten Stil. Überlegen Sie, zu welchem Typ Mensch Sie zählen und welche Vorlieben Sie haben. Auf diese Weise erhalten Sie eine ungefähre Vorstellung von dem Garten, der auf Sie persönlich zugeschnitten ist.

Der zweite Weg: Sie sammeln aus Zeitschriften Gartenabbildungen, die Sie spontan ansprechen. Verbannen Sie Gedanken wie »das kann ich nicht« oder »dafür fehlt mir Zeit oder Geld«. In dieser Phase tragen Sie lediglich Beispiele von Themen, Farben, Stilen und Pflanzen zusammen, die zu Ihnen passen könnten. Haben Sie genügend Ausschnitte gesammelt, so nehmen Sie die Bilder genau unter die Lupe und finden Sie heraus, ob sich ein Schema erkennen

▷ **FRISCHES GEMÜSE**
Eigenes Gemüse heranzuziehen ist ungemein befriedigend. Dieser prächtige Kohlkopf versinnbildlicht den Traum vom Landleben und einem Cottage-Garten.

lässt. Taucht beispielsweise immer wieder Wasser auf? Wirken große einfarbige Pflanzen auf Sie, oder lieben Sie im Garten mehr die Fülle der Frühlings- und Sommerfarben? Gibt es geschützte Stellen, wo Sie sich in Gedanken sehen, wie Sie sich bei einem Buch entspannen? Oder lockt Sie eher das Bild eines familiären Grillessens?

Haben Sie entschieden, was Sie möchten, müssen Sie keinesfalls gleich umwälzende Veränderungen vornehmen. Inzwischen nimmt die Erkenntnis zu, dass ein Garten durchaus nicht völlig verwahrlost, wenn wir ihn eine gewisse Zeit sich selbst überlassen und den freien Lauf der Natur beobachten. Vielleicht entdecken Sie dadurch gar die Vorliebe für einen ungezähmten Garten oder eine »geordnete Wildnis«. Haben Sie sich von dem Gefühl gelöst, sofort handeln zu müssen, dann beginnen Sie erst wirklich, Ihren Garten zu genießen, seine Vorzüge und wahren Probleme kennen zu lernen und können konkrete Veränderungspläne schmieden.

WO BEGINNE ICH?

Dieses Buch will Hilfe und Anregung sein, ob Sie gerade in ein neues Haus gezogen sind und sich mit dem Garten noch nicht befassen können, oder ob Sie beim Betrachten Ihres vertrauten Gartens denken: »Ich muss endlich etwas tun.«

Im ersten Kapitel lernen Sie, eine gründliche Bestandsaufnahme Ihres Gartens zu machen – die

△ **FARBE UND STRUKTUR**
In diesem einladenden Vorgarten herrschen verschiedene, ruhige Grüntöne vor – belebt vom weiß gemusterten Blattwerk des Hartriegel (Cornus alba). Wechselnde Strukturen erzeugen Raumtiefe und Spannung – seien es die glänzenden Blätter der Orangenblume (Choisya ternata), die feinen Farnwedel oder der akkurat beschnittene Buchs am Wegrand.

▽ **ZWECKENTFREMDET**
Ein altes Nebengebäude wurde in eine Hobbywerkstatt verwandelt. Obwohl ein eigentlicher Garten fehlt, ist hier ein wohltuender, wettergeschützter Platz geschaffen worden – mit einer Sitzgelegenheit in der Sonne und einigen Kübelpflanzen.

Probleme zu analysieren und seine Möglichkeiten zu erkennen. Dadurch können Sie die Gegebenheiten besser einschätzen. Der Zeitaufwand für die Feststellung der Vor- und Nachteile eines Gartens ist selten verschwendet.

Welche Art Garten haben Sie nun? Ist er unordentlich oder extrem gepflegt? Ist er für Ihren Geschmack zu elegant oder zu romantisch? Vielleicht haben Sie nur einen kahlen Hof oder eine kleine Ecke, die man eigentlich gar nicht Garten nennen kann? Was sind die positiven Merkmale? Gibt es ernste Probleme, die schnell gelöst werden müssen? Oder kann man sie eine Weile ignorieren und vielleicht sogar in Vorzüge verwandeln? Außerdem zeigen wir Ihnen, wie Sie einen einfachen Grundriss und einen Plan für die Gartenumgestaltung zeichnen.

Ist Eile geboten, oder Sie sind einfach nur ungeduldig, so bietet Ihnen das zweite Kapitel eine Reihe einfacher Schnelllösungen für häufige Gartenprobleme, die jedoch Ihre Langzeitpläne nicht behindern. Sie können mit Kübelpflanzen Farbe oder Abwechslung ins Spiel bringen, mit ein paar Handgriffen sofort einen sichtbaren Erfolg erzielen oder für ein Gartenfest die richtige Atmosphäre schaffen.

PROBLEME LANGFRISTIG LÖSEN

Im dritten Kapitel finden Sie eine Vielfalt von Lösungen für die häufigsten Gartenprobleme optischer oder praktischer Natur, die überall vorkommen. Der Garten kann zu groß oder zu klein sein, die falsche Form haben, langweilig oder einsehbar sein oder keine Spielfläche bieten. Oder es geht um grundsätzliche Dinge: so kann der Boden oder das Mikroklima für die gewünschte Pflanzung ungeeignet sein. Ein Problem mögen auch die Pflanzen selbst darstellen, deren Pflege zu viel Zeit kostet, oder verwilderte Sträucher, ausladende Bäume, ungepflegte Hecken oder ausufernde Kletterpflanzen, die alles vereinnahmen. Und schließlich befassen wir uns mit den Bauelementen im Garten. Wie begrünt man Schuppen oder Garage? Wie sichert

man einen Teich oder Treppen ab? Wie gestaltet man einen Wintergarten für Mensch und Pflanze? Für jedes Problem erhalten Sie kreative und praktische Lösungen.

Das vierte Kapitel stellt Ihnen die wichtigsten Merkmale der populärsten Gartenstile vor. Wenn Sie die Eigenheiten der einzelnen Gartenstile verstehen, finden Sie die jeweiligen Elemente, die zu Ihnen passen, leichter heraus. Sie erkennen die Einflüsse, die Ihren Garten geprägt haben, oder werden zu einer bestimmten Gartengestaltung angeregt – je nach Alter und Stil Ihres Hauses sowie Umgebung und Klima vor Ort.

◁ **MUTIGES FARBSPIEL**
Wie eine einzige Farbe auf mutige Weise zu einem bezaubernden Effekt gesteigert werden kann, zeigen diese aufrührerischen Pinktöne: Bougainvillea, darunter Hortensien und vorne Fleißige Lieschen sind in Tonabstufungen vereint.

▽ **GRÜN UND GRAU**
In diesem Farbarrangement heben sich die eigenwilligen Formen von Yucca und Agave, Schwingel- und Federborstengras reizvoll ab von den scharfen Linien des Betonbaus und der Beete, die mit Schiefer und Rindenmulch abgedeckt sind.

SO VERWIRKLICHEN SIE IHRE PLÄNE

Damit Ihre Pläne gelingen, beschäftigt sich das fünfte Kapitel mit dem gärtnerischen Grundwissen. Sie lernen, wie Sie den Garten aufräumen und bauliche Elemente renovieren – etwa Platten neu verlegen oder Mauerwerk ausfugen. Hier geht es um Pflanzen und das Beschneiden, das Verbessern oder Anlegen von Rasenflächen und um Unkraut sowie nützliche Werkzeuge, die beschrieben und dargestellt sind.

Ein Garten muss nicht den Erwartungen Ihrer Mitmenschen entsprechen. Und, er sollte Ihnen nicht nur Arbeit, sondern vor allem Freude bereiten. Der Garten gehört zu den wenigen Lebensbereichen, die Ausdruck Ihrer Person sind. Passt der Garten zu Ihnen, dann ist er gelungen. Wir hoffen, dass unser Buch Ihnen ermöglicht, sich im eigenen Garten wiederzufinden.

Liz Dobbs

Sarah Wood

AUSGANGSLAGE

△ **KIESGARTEN**
Mit Kies gestaltete Bodenflächen gewinnen eine ruhig fließende Wirkung ähnlich wie Wasser; um Unkraut zu verhindern, muss aber regelmäßig geharkt werden. Sonnenhungrige Pflanzen fühlen sich im Kiesbeet wohl, wo sie sich gerne ausbreiten und aussäen und so eine natürliche Anmutung schaffen.

◁ **KLEINE WILDNIS**
Der Holzsteg führt durch dichtes, faszinierendes Blattwerk und Blüten zu einer Grasfläche, wo im Schatten eines Baumes einladend Tisch und Stühle stehen. Man kann den Rasen sanieren oder eine Wildwiese wachsen lassen und sie nur monatlich mähen.

Bevor Sie Ihren Garten erneuern, müssen Sie ihn zuerst einmal gründlich erkunden. Lernen Sie Ihren Garten genau kennen, und entscheiden Sie dann, was Ihnen gefällt und was nicht. Entspricht er in der Aufteilung und Bepflanzung Ihrem Geschmack? Fehlt etwas? Passt er zu Ihrem Lebensstil? In diesem Kapitel zeigen wir, wie Sie den Zustand analysieren und die Probleme einschätzen. Wissen Sie erst einmal, was grundsätzlich zu tun ist, und haben Sie eine klare Vorstellung Ihrer Wünsche, so wird die Erneuerung des Gartens wesentlich einfacher. Damit Ihnen die Aufgabe noch leichter fällt, zeigen wir, wie man die Dinge unterschiedlich betrachtet und scheinbare Probleme in Vorzüge verwandelt.

ERSTE BILANZ

Wie sind die Gartenbedingungen für das Gedeihen der Pflanzen? Sammeln Sie dieses Wissen zuerst, um vorhandene Pflanzen richtig beurteilen und geeignete neue Pflanzen auswählen zu können. Dabei wird die Entscheidung nicht immer einfach sein, was bleiben und was heraus soll.

△ **BODENGERUCH**
In umgegrabenem Boden lässt es sich leichter pflanzen. Außerdem gelangt mehr Luft in den Boden, was die Struktur verbessert und die Mikroorganismen anregt, Reststoffe aufzubrechen. Decken Sie den Boden nach dem Umgraben mit Kompost oder Rasenschnitt ab, damit er nicht wieder verdichtet wird.

Das Wachstum der Pflanzen wird von der Bodenqualität beeinflusst, von Sonne, Wind und Klima. Jeder der Faktoren kann selbst innerhalb einer kleinen Gartenfläche schwanken.

BODENTYP

Zunächst müssen Sie die Bodenqualität überprüfen. Fühlen Sie eine Hand voll Erde zwischen den Fingern. Klebt sie zu einem Klumpen zusammen, oder ist sie hart und rissig? Beide Merkmale weisen auf lehmigen Boden hin, der schwer und anstrengend zu bearbeiten ist. Richtig kultiviert sind sie jedoch fruchtbar. Lehmboden ist »kalt« – er braucht lange, um sich im Frühjahr zu erwärmen. Ist der Boden hart und rissig und seine Färbung blass-orange, dann wurde möglicherweise die Deckschicht ganz entfernt, sodass nur noch der Unterboden vorhanden ist. In diesem Fall kann die einzige Lösung heißen: eine neue Schicht Mutterboden auftragen.

Sandiger Boden ist krümelig und klumpt nicht. Im Frühjahr erwärmt er sich rasch. Er ist leicht und gut zu bearbeiten, aber eher nährstoffarm. Mulchen Sie daher den Boden mit zerkleinertem Pflanzenabfall bzw. organischem Material. Zusätzlich kann auch noch Dünger notwendig sein.

Der ideale Boden zeigt eine Mischung aus Lehm und Sand nebst hohem Humusanteil, wodurch er krümelig wird und eine satte, dunkle Farbe erhält.

Von großer Bedeutung ist der Säuregehalt bzw. pH-Wert des Bodens. Mit Hilfe eines Bodentester-Sets, erhältlich im Gartencenter, können Sie selbst feststellen, wie die Bodenwerte sind – ob mehr oder weniger sauer (etwa pH 4–6), ob neutral (pH 7) oder ob alkalisch bzw. basisch (etwa pH 8). Der Rhododendron zum Beispiel bevorzugt saure Böden. Siehe auch Seite 92–97.

Begutachten Sie nicht nur den eigenen Garten – werfen Sie auch einen Blick über den Zaun. Fragen Sie Nachbarn, was sie anpflanzen; dies gibt zusätzlich Aufschluss darüber, welche Pflanzen auf dem örtlichen Boden gedeihen.

MIKROKLIMA

Jeder einzelne Gartenbereich hat ein eigenes Klima, das bei der Nutzung und Pflanzenauswahl eine Rolle spielt.

Ist ein Teil des Gartens stetem Wind ausgesetzt? Vielleicht bilden Gebäude den Effekt eines Windkanals, oder liegt Ihr Grundstück in der vorherrschenden Windrichtung. In großen Gärten können einige Bäume durch Windeinfluss schief gewachsen sein, während andere kerzengerade dastehen, was auf einen windgeschützteren Platz hindeutet.

Ein weiterer Aspekt ist die Sonneneinstrahlung. Beobachten Sie, wann und wie viel Sonne oder Schatten jeder einzelne Gartenbereich im Tagesverlauf erhält. Schneeglöckchen z. B. blühen an einem sonnigen Hang eine Woche früher als im kühlen Schatten.

WARTEN SIE EIN JAHR

An jeden, der einen bestehenden Garten übernimmt, lautet ein alter Rat: ein Jahr warten und zusehen, welche Pflanzen wo wachsen. Fehlt Ihnen diese Zeit, so finden Sie im zweiten Kapitel Vorschläge für rasche Änderungen, die langfristige Pläne nicht beeinflussen. Haben Sie jedoch größere Veränderungen vor – etwa die Anlage eines neuen Beetes oder einer Terrasse – so ist es ratsamer, Ihren Garten rund

ums Jahr kennen zu lernen. Stellen Sie auch fest, welche Bereiche in den jeweiligen Jahreszeiten im Schatten oder in der Sonne liegen. Herrscht eine bestimmte Windrichtung vor und welche? Ändert sich diese im Laufe des Jahres? Gibt es besonders zugige oder geschützte Plätze? Trocknen Beete im Sommer völlig aus? Wird im Winter der Rasen an manchen Stellen quietschnass?

△ WINTERPLANUNG
Im Winter ist besser erkennbar, welche Strukturänderungen sinnvoll sind. Die Mittelachse des Gartens wird wieder deutlich, wenn einige Pflanzen am Weg entfernt sind.

◁ FRÜHLINGSZAUBER
Eine Gruppe aus gelben und weißen Narzissen ist ein unerwartet schöner Anblick. Ehe man Änderungen vornimmt, sollte man erst abwarten, was im Garten so alles verborgen ist!

FRAGEN SIE EINEN FACHMANN

Ein Gartenarchitekt kann Ihnen wertvolle Auskünfte über die bestehenden Bedingungen Ihres Gartens geben. Obwohl solche Informationen nicht kostenlos sind, ersparen Sie sich viel Zeit und möglicherweise Kosten, die durch Fehlentscheidungen anfallen können. Wollen Sie mehrere Angebote vergleichen, fragen Sie nach dem Stundenhonorar, zusätzlichen Anfahrtskosten und der erforderlichen Dauer einer Beratung; Adressen erhalten Sie über den Berufsverband.

WELCHE PFLANZEN SOLLTEN BLEIBEN?

Die Antwort liegt letztlich bei Ihnen – ob Sie nun einen Berater hinzuziehen oder nicht. Ihr persönlicher Geschmack und Ihre Werteinschätzung des Gartens entscheidet. Doch als Orientierungshilfe können ein paar allgemeine Richtlinien dienen.

Pflanzen mit langer Saison. Ist eine Pflanze zu fast jeder Jahreszeit reizvoll? Hat sie zum Beispiel im Frühjahr hübsche Blätter und im Sommer schöne Blüten? Von Vorteil sind auch Pflanzen, die noch im Winter dekorativ bleiben, wie etwa die Mahonie.

Bodendecker. Zum Begrünen kahler Flächen und zum Unterdrücken von Unkraut sind sie ideal – vor allem kleinere Büsche wie Strauchveronika und Stauden wie Storchschnabel, aber auch große Sträucher, die den Boden bedecken.

Pflanzen für Problemzonen. Wertvoll sind Pflanzen, die trockenen Boden vertragen und wie Kirschlorbeer oder immergrüner Schneeball *(Viburnum tinus)* im Schatten gedeihen bzw. wie die fleischblättrige Strauchveronika (*Hebe pinguifolia*) ›Pagei‹ in der Sonnenhitze.

▽ **WINTERFREUDE**
Es ist eine Kostbarkeit, im Winter ein Blütenfeld aus wilden Alpenveilchen im Garten vorzufinden. Sie haben reizende Blüten, hübsches Blattwerk und gedeihen im trockenen Baumschatten.

WELCHE PFLANZEN SOLLTEN WEICHEN?

Auch dies ist eine persönliche Entscheidung. Andere mögen Sie um den Rhododendron beneiden – wenn Sie ihn hassen, dann graben Sie ihn aus. Es mag auch Pflanzen geben, die für Sie im Garten wertlos sind.

Pflanzen mit kurzer Saison. Einige Pflanzen, etwa Flieder, sind nur wenige Wochen attraktiv und das übrige Jahr unscheinbar. Diese sollten Sie bei Platzmangel durch blühende Pflanzen ersetzen, die im Herbst eine dekorative Laubfärbung oder Beeren haben.

Wuchernde Pflanzen. Manche Pflanzen geraten außer Kontrolle wie Bambus beispielsweise, der sich schnell ausbreitet und langsamer wachsende Sträucher erdrückt. Viele Stauden neigen zum Wuchern, doch meistens lassen sie sich leicht teilen und als Lückenfüller an anderer Stelle einpflanzen.

Frauenmantel *(Alchemilla mollis)* ist so ein Beispiel; eine hübsche Pflanze, doch wenn es ihr im Garten gefällt, wird man sie nie wieder los. Andere Pflanzen säen sich stark aus und tauchen dann überall auf – auch wo es nicht vorgesehen war. Aber durch solche Zufälle entstehen manchmal die schönsten Beete. Diese Selbstaussaat ist kein eigentliches Problem, sie erfordert nur etwas Kreativität beim Jäten.

Sobald Sie eine Pflanze entfernen, besetzen Nachbargewächse und Unkraut rasch den freien Platz. Schieben Sie daher die Arbeit auf, bis Sie eine Ersatzpflanze besorgt haben.

STANDORT DER PFLANZEN

Von größerer Tragweite ist die Standortwahl. Verbreiten Pflanzen etwa zu viel Schatten, so schaffen sie Probleme. Aber auch das Umpflanzen hat einen neuen Standort zur Folge. Wenn nicht die Pflanze selbst, sondern ihr Standort zum Ausgraben zwingt, so nehmen Sie dies im Herbst oder Spätwinter vor oder warten Sie wenigstens eine Wetterperiode ab, die mild und feucht ist. Pflanzen mit kleinen, faserigen Wurzelballen vertragen ein Umpflanzen problemlos, während solche mit Pfahlwurzeln oder fleischigen Knollen empfindlich reagieren (siehe Seite 207).

▽ **GUT PLATZIERT**
Diese Pflanzen im Kiesgarten der englischen Gärtnerin Beth Chatto mögen heiße Sonne, trockenen Boden und brauchen wenig Pflege. Nur die Königskerze (Verbascum) mit ihren leuchtend gelben Blüten sät sich reichlich aus, wenn man es zulässt.

EIN UNGEPFLEGTER GARTEN

Wird ein Garten der Natur überlassen, neigt er zum Wildwuchs. Dies sieht der eine mit Entsetzen, der andere mit romantisch verklärtem Blick. Hier ist nur Ihre Betrachtungsweise maßgebend, und danach sollten Sie handeln. Selbst Romantiker müssen entscheiden, wie viel Gestrüpp sie dulden können.

Stellen Sie zunächst fest, weshalb ein ungepflegter Eindruck entsteht: Hierfür kann es manche Gründe geben: Pflanzen sind unglücklich ausgewählt oder platziert; Bauelemente wie Wege, Terrasse, Mauern und Zäune sind ungünstig angelegt. Mangelnde Pflege von Pflanzen und Anlagen kann zu Problemen führen. Ernste Schäden dagegen können ein Sicherheitsrisiko darstellen, dann muss Abhilfe geschaffen werden (siehe Kapitel 3).

Wenn die Schäden behoben sind, können Sie entscheiden, wie viel Naturchaos Sie dulden möchten.

▽ **WUNDERBARE WILDNIS?** *Sumpfschwertlilie und Wucherblume wetteifern mit den Gräsern neben einem überwucherten Teich – ein kleines Naturparadies. Doch würde Ihnen das zusagen?*

SELBSTANALYSE

Ihre persönliche Toleranzgrenze lässt sich feststellen, indem Sie ein paar Fragen aus Ihrem Alltag beantworten:

- Ist Ihre Wohnung stets sauber und aufgeräumt, hat jedes Ding seinen eigenen Platz?
- Stört Sie die Unordnung der Kinder? Räumen Sie immer gleich auf?
- Fühlen Sie sich unwohl, wenn Besuch kommt und die Wohnung unaufgeräumt ist?
- Planen Sie Partys und andere Anlässe gerne von langer Hand?

Haben Sie die Fragen mit Ja beantwortet, so ist ein lässig gepflegter Garten für Sie ungeeignet und sind einschneidende Maßnahmen gefordert (siehe Kapitel 5). Doch zuvor müssen Sie herausfinden, was Sie gerne möchten (siehe Checkliste, Seite 39). Nehmen Sie unter die Lupe, worin die Unordnung besteht.

Haben Sie hingegen mit Nein geantwortet, dann können Sie mit etwas Geschick aus dem ungepflegten Garten durchaus Nutzen ziehen.

EINEN NATURGARTEN ANLEGEN

Ein vollkommenes Dickicht kann der ideale Grundstein für einen geplanten Gartendschungel sein – aber er muss »gewollt« aussehen. Umzäunen Sie einen Bereich, und lassen Sie hier die Natur sich entfalten. Sie können dem Biotop auch eine romantische Note geben und Statuen, Rankbogen mit duftenden Kletterpflanzen oder einen kleinen Sitzplatz hinzufügen. Sehen Sie sich das Wirrwarr im Garten genau an, vielleicht entdecken Sie verborgene Schätze (vgl. Seite 106–107).

Wenn Sie ein Brombeerdickicht vorfinden und keinen Naturgarten anlegen wollen, graben Sie die dornigen Ranken bzw. Ruten aus und sehen Sie, was übrig bleibt. Sie mögen überrascht sein, welch Reichtum sich auftut.

Sind mehrere Sträucher ineinander gewachsen, und Sie müssen entscheiden, welche heraus müssen (siehe Seite 116–117), so achten Sie genau darauf, dass Sie die richtigen Pflanzen mit all ihren Wurzeln ausgraben. Manchmal nehmen Sträucher allzu sehr überhand. Entweder Sie lassen sie wachsen oder entfernen sie völlig oder nur einige, die Sie mit Wurzeln in einem Behälter wieder eingraben können, damit sie sich nicht ausbreiten.

Ein verwilderter Rasen ist kein Problem, wenn Sie ihn einfach zur Wildblumenwiese erklären. Mähen Sie einen Streifen rings herum, dann sieht die Wiese wie geplant aus (vgl. Seite 96–97). Alternativ können Sie auch einen Balkenmäher mieten und die ganze Wiese kurz schneiden. Das Heu eignet sich als Ausgangsbasis für einen Komposthaufen. Mähen Sie das Gras einmal wöchentlich – nach kurzer Zeit haben Sie einen brauchbaren Rasen.

◁ **GEFAHRENQUELLE**
Beschädigte Elemente wie etwa Terrassen sollten rasch aufgeräumt und repariert werden, um das Unfallrisiko zu verringern.

▽ **PRÄCHTIGE PERGOLA**
Schneiden und anbinden – mehr ist hier nicht zu tun, um die von Rosen berankte Pergola zum Herzstück eines verträumten Gartens zu machen. Für ein romantisches Abendessen fehlen nur noch Tisch und Stühle.

EIN GERÜMPEL-GARTEN

Vernachlässigte Gärten bergen oft Gerümpel, das sich durch Bauarbeiten, Lieblosigkeit oder beides angehäuft hat. Das sieht oft schlimmer aus als es ist. Der meiste Müll lässt sich schnell beseitigen. Andererseits kann mit etwas Fantasie manches pfiffig umfunktioniert werden.

△ **NICHT NUR MÜLL**
Zwischen dem Gerümpel verbergen sich brauchbare Holzstücke und Balken sowie manches, was als Blumenkübel taugt.

Wird das Gerümpel zuerst sortiert, so fällt im Anschluss das Aufräumen viel leichter.

Bauschutt. Manche Gärten bestehen aus Bauschutt, der nur mit einer dünnen Schicht Mutterboden abgedeckt ist. Wenn Sie die Kosten und Mühen scheuen, den gesamten Unterboden entfernen und erneuern zu lassen, können Sie einfach die oberste Erdschicht abtragen und den Bereich pflastern. Übrigens eignet sich Bauschutt gut als Fundament für Terrassen oder Wege. Und wenn Sie den Schutt nicht überpflastern wollen, kann ihn vielleicht ein Nachbar gebrauchen. Andererseits lassen sich solche Bereiche als Standort für Wüsten- oder Alpenpflanzen nutzen, die eine gute Drainage verlangen.

Stämme, Äste, Holzteile. Sie bieten einen idealen Lebensraum für Kleintiere. Tragen Sie das Holz in einer ungenutzten Ecke zusammen, und bald werden sich hier Insekten und kleine Säugetiere ansiedeln. Nach und nach verrottet das Holz zu wertvollem Humus. Aus Ästen und Zweigen entsteht auch eine perfekte Höhle für Kinder. Drei gerade Äste lassen sich als Gerüst für Kletterpflanzen zusammenbinden. Gerade Balken oder Stämme eignen sich zum Bau eines Hochbeetes für Pflanzen, die speziellen Boden benötigen, den Ihr Garten nicht aufweist. Außerdem bieten sie sich als Setzstufen für Treppen an, die man mit grobem Kies füllen und deren Trittfläche mit Rindenschrot abdecken kann (siehe Seite 149).

Tonkübel, Schornsteinköpfe. Daraus ergeben sich hübsche Arrangements für Balkon oder Terrasse. Die altmodischen, schlanken Schornsteinköpfe aus gebranntem Ton bilden einen schönen Kontrast zu buschigen Geranien in herkömmlichen Kübeln. Setzen Sie die Pflanzen in Plastiktöpfe und verkeilen Sie diese in den Schornsteinköpfen.

Alte Waschbecken, Badewannen. Sind diese Dinge nicht für die Wohnung verwendbar oder gar verkäuflich, so kann man sie als Behälter für Alpen- oder andere Spezialpflanzen benutzen. Oder Sie gestalten damit einen originellen Mini-Wassergarten mit Goldfisch und Seerosen.

Zinkeimer, alte Gießkannen. Sie können solche Stücke nach ihrer Reinigung auf der Terrasse oder einer niedrigen Mauer reizvoll arrangieren. Wenn Sie Eimer bepflanzen wollen, bohren Sie ein Loch für die Entwässerung hinein. Undichte Eimer wiederum eignen sich als Kübel für Pflanzen, die Feuchtigkeit lieben.

Alte Bettgestelle, Stühle, Matratzen, Fahrräder. Mit Ausnahme von alten Matratzen ist für diese Gegenstände ein neuer Verwendungszweck durchaus denkbar. Holzstühle lassen sich mit Farbe oder Holzschutzmittel auffrischen und in eine passende Gartenecke stellen. Metallstühle, alte Fahrräder oder Bettgestelle kann man als eigenwillige Gartenskulptur überwuchern lassen oder – mit etwas Fantasie und Geschick – sogar zu einem Zaun oder einer Pforte umfunktionieren. Und notfalls bleibt immer noch die Sperrmüllabfuhr.

Alte Öfen, Kühlschränke, Autos. Wenn Sie aus dem Ofen das Eisengitter herausnehmen und es gründlich reinigen, erhalten Sie einen geeigneten Grillrost;

Sicherheit geht vor

Alte Möbel. Sie sollten alle alten Möbel genau inspizieren, ehe Sie Kindern erlauben, damit zu spielen. Gefährlich sind auch alte Matratzen wegen der meist zerbrochenen Sprungfedern und der Brandgefahr.

Kühlschränke. Versteckt sich ein Kind darin, kann es ersticken, da die Tür luftdicht schließt. Alte Kühlschränke enthalten FCKW und müssen fachmännisch entsorgt werden (Auskunft erteilt die Stadtverwaltung). Auch alte Öfen können für Kinder zur gefährlichen Falle werden.

Holz. Die im Garten verwendeten Hölzer sind heute meistens mit Holzschutzmitteln behandelt. Das Verbrennen ist verboten, weil dabei giftige Gase entstehen können.

Alte Autos. Sie enthalten viele Dinge, die für Kinder ebenso unwiderstehlich wie gefährlich sind, z.B. Batterien mit ätzenden Flüssigkeiten und abschließbare Türen.

Werkzeuge. Haben Sie kleine Kinder, sollten alle scharfen oder spitzen Gegenstände (etwa eine Sense) außer Reichweite sicher aufbewahrt werden.

Waschbecken, Badewannen, Eimer. Ist Wasser enthalten – und sei es noch so flach –, lauert für kleine Kinder die Gefahr zu ertrinken.

Chemikalien. Oft findet man Dosen mit unleserlichen Etiketten. Sie können gefährliche Chemikalien enthalten und gehören generell zum Sondermüll. Annahmestellen nennt die Stadtverwaltung.

Zerbrochenes Glas. Vorsicht bei der Gartenarbeit, da Glasscherben auch im Boden sein könnten.

der Rest ist für den Schrottplatz. Vorsicht bei Kühlschränken – sie müssen fachgerecht entsorgt werden. Alte Autos nehmen im Garten wertvollen Platz weg und bergen für spielende Kinder Gefahren. Treffen diese Gesichtspunkte für Sie nicht zu, so schaffen Sie eine modern-romantische Ruine, indem Sie das Auto vor sich hin rosten und mit Efeu überwuchern lassen.

Altes Gartengerät. Betrachten Sie ein ausgedientes Gerät wie Rasenwalze, Rasenmäher oder auch Schubkarren und Spaten einfach als Denkmal vergangener Zeiten. Stellen Sie das Gerät unter einen Apfelbaum oder neben den Schuppen, wo es still vor sich hin rosten kann. Platzieren Sie das Gerät aber so, dass für Mensch und Tier keine Gefahr entstehen kann.

Alte Autoreifen. Sie können getrost im Garten bleiben, denn Kinder lieben Reifen zum Spielen und Bauen von Höhlen. Wird ein Reifen mit einem kräftigen Seil sicher an einen starken Baumast gehängt, haben Sie eine herrliche Schaukel – Schmutzflecke auf Kleidern müssen Sie jedoch einkalkulieren. Wer mag, kann Reifen als Pflanzkübel verwenden und vielleicht auch anstreichen. Falls sich für Sie kein solider Komposthaufen lohnt, so können Sie aus einem Stapel Reifen einen Kompostsilo für Ihre Pflanzenabfälle herstellen.

▽ **KREATIVES RECYCLING**
Das alte Spülbecken bildet einen witzigen Akzent in einem kleinen Garten. Mit Wasser gefüllt und Teichpflanzen besetzt steht es zwischen Schattenpflanzen: Fingerhut, Jakobsleiter, Orchideenprimel, Taubnessel, Wiesenraute und Farn.

EIN LANGWEILIGER GARTEN

Ein Garten kann der aufregendste Platz der Welt sein. Er weckt alle Sinne zugleich und entfacht ein Stimmungsspektrum von Ruhe bis Leidenschaft. Er kann anregen, faszinieren oder schockieren. Lässt Ihr Garten Sie kalt, so ist es an der Zeit, ihn grundlegend zu verändern.

Gärten mit Rasen und nur wenig mehr wirken schlicht langweilig – vereinfachen aber eine grundlegende Neuplanung, denn Sie haben sozusagen ein weißes Blatt Papier vor sich. Lassen Sie Ihrer Fantasie frei die Zügel schießen. Fragen Sie sich, wie Ihr idealer Garten aussehen soll. Vielleicht sind nicht alle Wünsche sofort erfüllbar, aber Kosten und Mühen lassen sich auch auf die Jahreszeiten oder gar auf Jahre verteilen.

In Kapitel 4 lernen Sie einige Gartenstile kennen, doch verschaffen Sie sich zunächst anhand der Checkliste auf Seite 39 erste Klarheit. Weitere Anregungen finden Sie in anderen Büchern, in Fernsehsendungen oder Zeitschriften. Sammeln Sie entsprechende Ausschnitte als Ideenvorlagen (siehe Seite 30–31).

LANGWEILIGE FORM

Ist es die Form, die Ihren Garten langweilig macht? Sofern Sie einen langen, schmalen Garten haben, können Sie die Form noch betonen, indem Sie den Rasen schmaler gestalten und an sein Ende einen Blickfang setzen. Dadurch ist der ganze Garten auf diesen einen Punkt ausgerichtet und gewinnt an Tiefe. Das verlangt zwar Mut, aber die Idee ist einfach und macht wenig Arbeit. Eine andere Lösung wäre, den Garten durch Gittertrennwände oder Büsche in mehrere Gartenräume aufzuteilen, die sich jeweils in Funktion, Stimmung oder thematisch voneinander unterscheiden (siehe Seite 60–61).

Ist Ihr Garten mehr breit als lang, dann ist er mit einem Blick – ohne jede Spur von Geheimnis oder

▽ **PERFEKTER RASEN**
Eine Fläche mit Rasen bildet zu einem angrenzenden, eher üppig bepflanzten Bereich einen angenehmen Kontrast und stellt eine schöne wie nutzbare Oberfläche dar. Wird aber ein Garten von seinem Rasen beherrscht, sieht er karg und leer aus.

Überraschung – überschaubar. Hier ist es schwieriger, den Garten optisch zu verlängern oder das Auge in eine andere Richtung zu lenken.

Zuerst müssen Sie festlegen, welch verschiedene Funktionen Ihr Garten erfüllen soll, dann können Sie demgemäß die entsprechenden Einzelbereiche schaffen und diese ebenso durch Pflanzen oder Gitter von einander trennen. Wenn Sie eine attraktive Aussicht haben, bietet sich das japanische Prinzip der »geliehenen Landschaft« an: Sie öffnen die Grundstücksgrenze durch ein Gitterwerk als »Fenster« und rahmen so die Aussicht ein.

Besteht Ihr Garten nur aus einem zentralen Rasen mit geraden Rabatten beidseitig, kopieren Sie das Prinzip einer Theaterkulisse und lassen Sie Seitenflügel hineinragen. Dadurch gewinnen Sie klare Bereiche mit fließenden Übergängen (siehe Seite 78–79).

FEHLENDE AUSRICHTUNG

Einige Gärten zeigen keine erkennbare Struktur und verraten nicht, wohin es geht oder wo man sitzt. Dies trifft oft dann zu, wenn das Haus im Zentrum des Gartens steht: der Vorgarten ist manchmal groß, und einige wenige Pflanzen sind an nur einer Stelle zusammengeballt; an beiden Seiten des Hauses sieht man bis in den Hintergarten, der sich vom Vorgarten kaum unterscheidet. Die gesamte Gartenfläche verschmilzt zu einem langweiligen Einerlei, und die Bereiche unterscheiden sich in nichts.

In diesem Fall muss jede Gartenzone definiert werden, was wiederum bedeutet, ihnen jeweils eine Funktion zu geben. Welche Nutzbereiche brauchen Sie – für Mülltonnen, Komposthaufen, Hundehütte, Rasenmäher, Gewächshaus, Werkzeug- oder Fahrradschuppen – und wo sind sie am sinnvollsten platziert? Sodann überlegen Sie, wo Sie sitzen möchten und mit welcher Sicht – wohl nicht auf die Wäscheleine oder Kompostecke. Während Sie über die Gartennutzung nachdenken, nimmt die Art der Aufteilung deutlich Gestalt an.

Danach ist die Frage zu klären, wie man die einzelnen Bereiche voneinander abgrenzt. Neben Rankgittern oder Sträuchern sind auch Statuen oder Bauten denkbar, etwa ein Schuppen oder eine Pergola. Andere Zonen wie eine große, ruhige Rasenfläche bleiben offen, denn sie bilden einen Kontrast zu den kleineren, abgeschlossenen Bereichen – und die Wirkung wird sogar noch gesteigert.

△ **GUTER BLICKFANG**
Ein einfacher Trick, um eine langweilige Anlage zu beleben, ist das Aufstellen eines Blickfangs am Ende des Gartens. Auch fürs Auge ist dieser Sitzplatz ein Ruhepol, der dem Garten zudem eine optische Richtung gibt.

EIN NEUES HAUS

Bei Neubauten, die für den Verkauf bestimmt sind, wird normalerweise in die Gartengestaltung wenig Fantasie investiert. Zudem arbeiten Baufirmen nach einem anderen Zeitplan wie Gärtner, wodurch die Gartenbepflanzung oft in einer ungünstigen Zeit erfolgt.

Pflanzt man in der Hitze des Sommers Sträucher oder sät Rasen, so kann das Wachstum oft erst bei Beginn des kühleren und feuchteren Herbstwetter einsetzen. Gießen Sie einen neu angelegten Garten gut und halten Sie den Boden feucht, bis die Pflanzen gut anwurzeln konnten. Wenn der neue Rasen aber braun bleibt oder sich nach dem Sprengen Pfützen bilden, erwartet Sie ein größerer Aufwand. Vielleicht wurde der Bauschutt auf dem gesamten Grundstück verteilt und nur mit einer dünnen Torf- oder Humusschicht abgedeckt.

Eine Lösung wäre, den Rasen zu entfernen und den größten Teil der Fläche zu pflastern. Sparen Sie dabei einige Stellen aus, die Sie mit gutem Mutterboden auffüllen und bepflanzen. Möchten Sie aber einen Garten mit Sträuchern, Blumenbeeten und Rasen, so müssen Sie die Deckschicht und weitestgehend auch den Schutt entfernen, ehe Sie neue Pflanzerde verteilen. Das ist die teure Lösung. Ein Ausweg jedoch wäre, den Boden langsam aufzubauen, indem Sie ein oder zwei Bereiche mit guter Erde für wenige große Pflanzen schaffen.

Neubauten weisen oft kleine Terrassen aus Beton an der Hausrückseite auf. Kostengründe erledigen meist die Frage, ob die Terrasse im Maßstab zum Haus passt oder für Tisch und Stühle groß genug ist, um auch als Essplatz im Freien zu dienen. Um den Lebensraum Ihres Heims zu erweitern, mag Ihr erstes Vorhaben sein, die Terrasse zu vergrößern und den Betonboden mit einem Belag zu versehen, der ansprechender ist.

Bauunternehmen wählen in der Regel nur wenige Pflanzenarten aus – und zwar oft solche, die pünktlich zur Schlüsselübergabe beeindruckend blühen. Oder sie verwenden typisch »landschaftsprägende« Pflanzen – robuste, aber wenig attraktive immergrüne Gewächse. Als Jungpflanzen haben sie immerhin den Vorteil, dass sie sich problemlos versetzen lassen, wenn der vorgegebene Standort nicht gefällt. Verbannen Sie die Pflanzen nicht gleich aus

△ **IM BLICKFELD**
Ein langweiliger Hintergarten lässt sich verstecken, der Vorgarten dagegen ist den allgemeinen Blicken ausgesetzt. Erhielte der Eingangsbereich seitlich ein hübsches Tor und ein paar Terrakottakübel mit robusten Immergrünen, wäre die Optik reizvoller.

▷ **VERHÄLTNISMÄSSIG?**
Das Problem mancher Gärten ist, dass alle Pflanzen sich auf einem Streifen rings ums Haus zusammendrängen. Hier ist das Beet nicht nur zu spärlich bepflanzt, sondern im Verhältnis zum Rasen auch viel zu klein geraten, was optisch ungünstig ist.

Ihrem Garten, denn viele gedeihen auch an Problemorten oder dienen als Sichtschutz bzw. als Hintergrund für bunte Blüten.

FALSCHE BEPFLANZUNG

Manche Gärten weisen eine Fülle von schönen, gut gewachsenen Pflanzen auf – nur ihre Anordnung ist unbefriedigend. Betrachten Sie Standort und Wuchsform der Pflanzen genau. Gewöhnlich liegt das Problem daran, dass alle Pflanzen gehäuft an der Hausvorderfront oder auf schmalen Seitenbeeten wachsen. Möchten Sie neue Beete anlegen oder bestehende umgestalten (siehe Seite 78–79), so können Sie für einige der vorhandenen Pflanzen einen anderen Standort wählen und somit neue Effekte ausprobieren, ohne neue Pflanzen kaufen zu müssen. Wenn der Grundentwurf einmal stimmt, kann er mit der Zeit ergänzt werden (siehe Seite 204–207).

ZWECKBESTIMMTE VORGÄRTEN

Gelegentlich sehen vor allem die Vorgärten langweilig aus. Hingegen gibt ein vorteilhaft gestalteter Vorgarten dem Haus den passenden Rahmen, er wirkt einladend auf Besucher und schützt die Privatsphäre. Der Vorgarten verrät zudem viel über seinen Besitzer – und »langweilig« möchte wohl keiner erscheinen!

Suchen Sie also die Ursache des Problems. Ist der Bereich zu zweckbetont? Ist die Einfahrt viel zu groß und die Pflanzen – sofern vorhanden – an den Rändern zusammengedrängt? Mutet die Eingangstüre kahl an? Vielleicht ist Ihre Pforte zu putzig? Vielleicht benützt keiner den offiziellen Zugang zum Haus, weil der kürzere Weg direkt über den Rasen führt, so dass dieser inzwischen einen Trampelpfad aufweist? Oder ist der kleine Rasen zum Mähen lästig, weil Sie den Mäher aus dem Hintergarten nach vorne holen müssen? Sind die Hecken zu hoch und wirken abweisend? Oder fehlt gar jeder Schutz Ihrer Privatsphäre? Vielleicht bescheren Zwiebelblüher im Frühjahr ein Farbenmeer, während im übrigen Jahr alles eintönig ist? Haben Sie die Ursachen erst einmal erkannt, sind die Probleme leicht behoben (siehe Seite 80–81).

△ **SCHMUCKSTÜCK**
Schuppen werden meist in eine Ecke des Gartens verbannt, weil sie als langweilig oder hässlich gelten. Dabei kann ein Schuppen durchaus eine Starrolle spielen, wenn er mit Farbe, Rankgittern und blühenden Kletterpflanzen herausgeputzt wird.

EIN ZEITRAUBENDER GARTEN

Der Rasen ist äußerst gepflegt, die Blumen wetteifern in ihrer Schönheit sowie weit und breit kein Unkraut, und das Gemüse gedeiht mehr als prächtig. Diesen perfekten Garten haben Sie von einem Gärtner aus Leidenschaft übernommen, ohne ihm je gleichzukommen. Und was nun?

△ **HARTE ARBEIT**
Soll der Reiz eines Knotengartens nicht verloren gehen, müssen die Hecken stets akkurat geschnitten sein. Bestehen die Hecken zudem noch aus verschiedenen Pflanzen, die nicht gleich schnell wachsen, muss man immer wieder zur Schere greifen.

▷ **KEIN TOPFSCHLECKEN**
So ein Topfgarten braucht sehr viel Zeit: Bei heißem Wetter muss man die Kübel zweimal täglich gießen; zudem verstecken sich im feuchten Kübelschatten gerne Schnecken, die man regelmäßig absammeln muss.

Das Erbe eines perfekten Gärtners anzutreten, ist schwer. Selbst wenn Sie ein unbekümmerter Mensch sind und die Anlage verwildern ließen, tauchten Schuldgefühle auf. Aber keine Sorge – ein herrlicher Garten kann auch mit weit weniger Pflege und mit umso mehr Muße verbunden sein.

Ein allzu perfekter Garten muss außerdem auf den zweiten Blick oft gar nicht so gut sein. Wenn er auf chemische Behandlung angewiesen ist, um Schnecken und Ungeziefer fernzuhalten, dann verschwindet auch anderes Leben. Vögel sterben nach dem Verzehr vergifteter Schnecken, und Nutzinsekten wie Marienkäfer, die Blattläuse vertilgen, finden keine Nahrung. Ein perfekter Rasen ist ein gewiss schöner Anblick, besteht aber – wider die Natur – aus nur einer einzigen Pflanzenart. Dadurch wird der Rasen anfällig und braucht eine Menge Chemikalien und kostbares Wasser, oder er verliert sein gutes Aussehen. Haben Sie also kein schlechtes Gewissen, wenn Sie die Dinge etwas lockerer handhaben.

Solch einen Garten zu übernehmen, hat wiederum viele praktische Vorteile: die harte Arbeit und das Aufräumen sind bereits erledigt. Von kleineren Arbeiten abgesehen haben Sie ein Jahr lang Zeit, um in Ruhe zu entscheiden, was Sie belassen und was Sie verändern wollen. Um den Pflegeaufwand sofort zu verringern, ist zunächst am wichtigsten, dass Sie die nackte Erde überall mit einer 5 cm dicken Mulchschicht bedecken; damit halten Sie das Unkraut im Zaum, während Sie planen. Mähen Sie den Rasen nicht wöchentlich, sondern nur alle zwei Wochen – zumal er Dürre besser übersteht, wenn das Gras etwas länger ist. Und nun werfen Sie einen genauen Blick auf Ihren Garten.

WAS BRAUCHT AUFWENDIGE PFLEGE?

Es ist lohnend, die verschiedenen Elemente gerade in solch einem Garten im Detail zu prüfen. Sie können dann entscheiden, was Sie umgestalten wollen und was nicht (siehe Seite 82–83).

Hecken. Schnitthecken können mit viel Arbeit verbunden sein. Einige Pflanzen wie Liguster müssen mehrmals im Jahr geschnitten werden. Andere wie Buchs und Eibe sehen am besten aus, wenn sie einen vollständigen Formschnitt erhalten mit geraden Flächen oben und seitlich. Weniger formale Hecken und solche mit großen Blättern wie Buche oder Kirschlorbeer, die buschig wachsen dürfen und weiche Konturen bilden, sind leichter zu pflegen – ein Schnitt pro Jahr genügt. Noch weniger Pflege verlangt eine gemischte Pflanzung aus immergrünen Sträuchern, die ebenfalls guten Sichtschutz bieten.

Am pflegeintensivsten sind die charakteristischen Muster niedriger Hecken wie etwa Zierknoten oder Parterres. Man muss sie laufend schneiden oder ganz entfernen.

◁ **FRÜCHTE DER ARBEIT**
Das Stroh zwischen den Erdbeeren hält Unkraut zurück und mindert den Wasserbedarf. Ein Gemüsegarten ist ohnehin sehr arbeitsintensiv, wird er aber noch von Formhecken gesäumt, wächst der Zeitaufwand.

◁ **IN FORM GEBRACHT**
Obstbäume in Form zu ziehen braucht viel Hingabe. Dieser zur Kugel geformte Apfelbaum muss im Winter und im Sommer geschnitten werden, sonst würde er sich rasch in ein Buschwerk verwandeln.

Kübelpflanzen. Solche Arrangements können faszinierend aussehen, aber sie bedeuten generell sehr viel mehr Arbeit, denn sie fallen stärker ins Auge. Nicht nur das häufige Gießen kostet Zeit – Sie müssen sich um jede einzelne Pflanze regelmäßig kümmern oder diese sogar umgehend austauschen, wenn sie »hinüber« ist. Pflanzen in Kübeln können sich nicht zwischen ihren Nachbarn verstecken wie im Beet.

Rasen. Speziell in trockenen Gegenden, wo er nicht zum Naturcharakter gehört und daher ständige Bewässerung verlangt, benötigt der Rasen überaus viel Pflege. Wenn Sie eine Art Golfrasen möchten, müssen Sie Unkraut und fremde Gräser entfernen. Selbst ein Durchschnittsrasen erfordert regelmäßiges Mähen und Schneiden der Kanten. Eine Wildblumenwiese ist die bessere Alternative. Hier müssen Sie nur einmal im Monat mähen und lediglich die Wege einmal pro Woche. Im Laufe der Zeit werden sich Gänseblümchen und andere hübsche Pflanzen ansiedeln, die aus dem Zierrasen verbannt wurden (siehe Seite 108–109).

Kleine Blumenbeete. Sind sie von Rasen umgeben, so raubt ihre Pflege sehr viel Zeit. Das Mähen der Rasenstreifen ringsum ist mühevoll, zumal wenn diese für den Rasenmäher zu schmal sind. Und werden die Kanten nicht geschnitten, dann wuchert das Gras in die Beete. Daher sparen Sie viel Zeit und Arbeit, wenn Sie schmale Grasstreifen beseitigen.

Jahresbeete. Sie sind äußerst arbeitsintensiv. Die herangewachsenen einjährigen Pflanzen werden eingesetzt, sobald die Frostgefahr vorüber ist. Ende des Sommers nimmt man sie heraus, wirft sie weg oder lässt sie im Gewächshaus die Frostperiode überdauern. Im Beet werden sie durch Winter- und Frühlingsblüher ersetzt. Bei jeder Neupflanzung muss der Boden gesäubert und vorbereitet werden; es dauert mindestens einen Monat, bis die neuen Pflanzen angewachsen sind und sich ausgebreitet haben. Während dieser Zeit müssen Sie regelmäßig jäten.

Damit man auch in Regionen mit kurzer Vegetationsperiode die Einjährigen voll genießen kann, muss die Bodenqualität optimal sein und die Pflanzen nach dem Einsetzen gut gedüngt werden, damit sie kräftig wachsen. Die Beete sollten im Winter leer bleiben, wenn sie von Schnee bedeckt werden. Mulchen Sie den Boden gründlich, solange Sie überlegen, was langfristig zu tun ist.

Rosenbeete. Im Sommer sehen sie hinreißend aus, im Winter dagegen recht kahl. Außerdem müssen Sie den Boden regelmäßig hacken, sonst gedeiht zwischen den Stöcken das Unkraut. Bei Rosen in Monokultur breiten sich Krankheiten schnell von einer Pflanze zur nächsten aus, zudem werden Schädlinge angelockt, die Rosen bevorzugen; was regelmäßiges Spritzen bedeutet. Sollen die Rosen ein erfreulicher Anblick bleiben, muss man wenigstens laufend ihre welken Blüten entfernen, sie wöchentlich spritzen und jährlich beschneiden. Sofern Sie das Beet mit Kompost und einer dicken Mulchschicht abdecken, erspart dies immerhin das Hacken oder Jäten. Weniger Arbeit haben Sie, wenn Sie die Rosen zwischen andere Pflanzen setzen, wo sich Krankheiten weniger ausbreiten und kahle Stiele verdeckt werden (siehe Seite 114–115).

Stützbedürftige Pflanzen. Mehr Arbeit bedeuten auch Pflanzen, die angebunden werden müssen, weil sie zu hoch oder ihre Blüten zu schwer werden und deswegen zum Überkippen neigen, wie zum Beispiel Pfingstrosen oder Rittersporn. Wählen Sie eine niedrigere Sorte solcher Pflanzen, oder geben Sie ihnen Nachbarn, welche als Stützhilfe dienen können.

Pflanzen in artfremder Umgebung. Sie sind von Natur aus andere Boden- oder Klimaverhältnisse gewöhnt und verlangen spezielle Sorgfalt. Mag sein, sie benötigen sauren Boden (z. B. Azaleen) und Ihr Gartenboden ist eher basisch oder umgekehrt. Halten Sie solche Pflanzen in Kübeln mit der entsprechenden Erde. Ein Paradebeispiel ist die blaue Hortensie: Bei basischem Boden verfärben sich ihre Blüten dauerhaft rosa, es sei denn, man gießt sie mit Eisenpräparaten.

Auch das Mikroklima muss stimmen. Graublättrige Pflanzen mögen keinen Schatten, und Schattengewächse vertragen weder pralle Sonne noch sandigen Boden. In kühlen Gegenden müssen empfindliche Pflanzen alljährlich ausgegraben und überwintert werden wie etwa Dahlien oder Garten-Chrysanthemen.

Überfüllte Beete. Sträucher werden manchmal zu eng gepflanzt. Das erfordert ständigen Rückschnitt, worunter allerdings die Wuchsform leidet. Es ist besser, einen übergroßen Strauch auszugraben oder die Nachbarpflanzen zu entfernen, damit sich der einzelne Strauch ungehindert entwickeln kann (siehe Seite 116–117).

△ **STÜTZEN**
Hohe Stauden wie Rittersporn und Flockenblume brauchen häufig einen Halt, damit sie nicht umfallen. Stützen müssen frühzeitig in den Boden gesteckt werden. Nach einem kräftigen Wind kann es erforderlich sein, die Pflanzen erneut anzubinden.

Gemüsegarten. Von Jahresbeeten abgesehen müssen Sie hier weit mehr Arbeit investieren als bei einem wie auch immer gestalteten Blumengarten. Vergessen Sie rechtzeitig zu säen oder Sämlinge auszudünnen, müssen sie bis zum nächsten Jahr warten. Außerdem gibt es Schädlinge und Krankheiten, die bekämpft werden müssen, und in Trockenperioden ist regelmäßiges Gießen notwendig. Sie können den Aufwand verringern, wenn Sie mehrjährige Gemüsesorten anpflanzen (siehe Seite 139) oder solche, die sich selbst aussäen und Ihnen dadurch Arbeit abnehmen. Geeignet sind auch Mischkulturen. Setzen Sie ins Blumenbeet ein paar Artischocken, die zu »Statuen« von bis zu 150 cm heranwachsen, und wählen Sie Blatt- oder Salatgemüse wie etwa den spinatähnlichen Mangold oder die würzige Ölrauke.

EIN UNPASSENDER GARTEN

Manche Gärten sind aus oft unbestimmten Gründen für ihre Besitzer ungeeignet. Der Garten mag alle gewünschten Elemente aufweisen, aber dem eigenen Stil nicht entsprechen. Oder er mag prächtig aussehen, doch aus rein praktischer oder funktionaler Sicht nicht gemäß sein.

△ **LOCKERE ORDNUNG**
Mit seiner symmetrischen Anordnung, den Pflasterflächen und den quadratischen, akkurat mit Buchs eingerahmten Beeten spricht dieser kleine, formale Garten alle an, die über Ordnungssinn verfügen. Obwohl die Grundstruktur streng formal ist, erlaubt sie eine lockere Bepflanzung an den Rändern und auch in den Beeten.

Die Festlegung des Stils und der Funktion eines Gartens ist für seine Gestaltung wesentlich. Dies setzt aber genaue Kenntnis des Grundstücks und der eigenen Bedürfnisse voraus. Untersuchen Sie daher zunächst ganz einfach, was Ihnen gegenwärtig an dem Garten nicht gefällt.

DER STIL DES GARTENS

Der Stil ist eine persönliche Frage, aber es gibt grundlegende Unterschiede wie beispielsweise zwischen dem formalen und informellen Stil. Innerhalb dieser beiden Arten sind viele Variationen denkbar. Ein Garten kann formal und aufgeräumt wirken – etwa durch eine schöne Magnolie auf einem untadeligen Rundbeet inmitten eines Kiesfeldes oder durch Formschnitthecken, -figuren und Pflaster. Aber er kann ebenso formal und zugleich ungebändigt wirken, wo zwar die Linien hauptsächlich gerade verlaufen, deren Kanten jedoch von einer Pflanzenfülle verwischt werden – der klassisch englische Stil.

Manche lehnen gerade Linien im Garten ab, denn sie sagen: die Natur kennt keine geraden Linien. Damit wollen sie zum Ausdruck bringen, weshalb ihnen der formale Stil missfällt. Sie bevorzugen eher den Cottage-Garten, wobei sie übersehen, dass sein Hauptmerkmal in der Regel ein schnurgerader Gartenweg ist, dessen Geradlinigkeit durch überquellende Beete rechts und links getarnt wird.

Die Verwechslung von formalen mit linearen Elementen veranlasst viele, Blumenbeete und Rasen mit

Kurven und Windungen auszustatten – im Glauben, dadurch eine natürlichere Optik zu erzielen. Haben Sie solch einen unruhigen, verspielten Garten geerbt, dann schwächen Sie die Krümmungen ab, und sein Bild wird ruhiger (siehe Seite 78–79).

Problematisch ist es auch, wenn man sehr unterschiedliche Stile innerhalb einer Fläche vermischt. Dies ist nur in größeren Gärten möglich, sofern sie in einzelne »Räume« unterteilt werden. In kleinen Gärten sollte man Stilarten äußerst beschränken.

Manchmal wird ein Stil auch nur halbherzig oder mit zu vielen Zugeständnissen übernommen, was häufig bei sogenannten »japanischen Gärten« geschieht. Ein echter japanischer Garten ist wundervoll; er verfügt über hohe Symbolik und verweist auf traditionelle Sitten wie Teezeremonie oder Meditation. Mit Brücken und Laternen sind jedoch die Auslegungen japanischer Gärten vielfach nur ein müder Abklatsch wie die Gärten des späten 19. Jahrhunderts in Europa. Ihnen fehlt die sinnerfüllte Einheit und Klarheit der echten japanischen Gärten.

DIE BEDEUTUNG DER ZUGEHÖRIGKEIT

Die Stilfrage bezieht sich auch darauf, wie der Garten mit seiner direkten Umgebung harmoniert. Er mag noch so schön gepflegt sein, doch wenn der Garten nicht zum Haus passt, wirkt es unstimmig. Ein Strohdachhaus auf dem Dorf mit einem minimalistisch gestalteten Garten verunsichert.

Diese Betrachtung führt zu einem weiteren Stilproblem: Wie verbinden sich Garten und örtliche Landschaft? Bleibt der Einfluss des Umfeldes unbe-

▽ **DURCHDACHTES CHAOS**
Wenige Gärten sind so heiter und üppig wie klassische Cottage-Gärten. Obwohl sie ganz zwanglos aussehen, muss regelmäßig gesät, geschnitten und welke Teile entfernt werden, um das Bild zu erhalten.

◁ **REINE GEOMETRIE**
In diesem Wassergarten herrschen klare Linien vor durch die Ziegeleinfassungen und die Bepflanzung, die vorwiegend aus Funkie, Schaublatt, Rohrkolben und einem kleinen Trompetenbaum besteht. Die Zickzackformen und wechselnden Ebenen sorgen für Bewegung.

▷ **STILE GETRENNT**
In kleineren Gärten sollte man in demselben Bereich nicht mehrere Stile mischen. Hier trennt ein niedriger Zaun das formale Schmuckbeet vom ungezwungenen Sitzbereich.

▽ **FARBE UND STRUKTUR**
Die Grün- und Goldtöne der Zwergkoniferen ergeben mit dem Violett des Fächerahorn einen starken Kontrast, den der gelbe Mohn noch steigert.

achtet, so kann dies optische wie praktische Probleme zur Folge haben. Zum Beispiel ist der englische Gartenstil weltweit beliebt, doch er hat sich in einer sanften Landschaft mit einem gemäßigten Klima und reichem Niederschlag entwickelt. Es wird Mühe kosten, wenn bei trockenem Klima auf Rabatten alte Pflanzensorten gedeihen sollen. Blüten, die unter dem verhangenen englischen Himmel von zarter Schönheit sind, wirken unter der Sonne Arizonas nichtssagend. Umgekehrt erscheint das leuchtende Rot der Pelargonien unter nördlichem Himmel schrill, aber angenehm im Licht der Sonne Italiens.

Stellen Sie fest, in welcher Beziehung Ihr Garten – insbesondere Ihr Vorgarten – zu umliegenden Gärten steht. In ländlichen Gegenden ist die Wirkung noch deutlicher. An einer Landstraße erzeugt eine Baumreihe rotblättriger Blutpflaumen Befremden. Ziehen Sie stets das Umfeld mit in Betracht, ehe Sie pflanzen – vor allem entlang der Gartengrenze, aber auch innerhalb des Gartens, wo sich die Bepflanzung mit einer vorhandenen Aussicht ergänzen soll.

DER STIL DER BEPFLANZUNG

Bestimmte Pflanzengruppen haben starken Einfluss auf die Optik eines Gartens. Zum Beispiel sind Koniferen nützlich, doch für viele Menschen sind diese mit der Vorstellung trister Vorstadtgärten verbunden. Rhododendren passen nicht in formale, sonnige Gärten. Hingegen eignen sich Kamelien perfekt für einen formalen Rahmen. Die Wirkung von Rosen in einem Rosenbeet ist formal – ganz im Gegensatz zu Kletterrosen, die am Eingang wachsen.

Sehen Sie sich in Ihrem Garten um, ob eine spezielle Pflanze oder ganze Gruppe einen falschen

▷ **RUHIGE STIMMUNG**
Pflanzen beeinflussen stark die Stimmung eines Gartens. Hier strahlt die Vielzahl grüner Blattpflanzen friedliche Ruhe aus. Die spitzen Blätter der exotischen Arten Yucca und Neuseeländer Flachs verhindern eine langweilige Optik.

Eindruck vermittelt. Vielleicht verbreiten sie eine unangenehme Stimmung. Sofern Sie leuchtende Farben bevorzugen, müssen Sie einen einheitlich weißen Garten z. B. auffrischen. Zarte Blau- und Rosatöne wirken beruhigend, kräftiges Rot, Orange und Gelb hingegen belebend. Zu viele mehrfarbige Pflanzen oder solche mit besonders gefärbten Blättern ergeben ein verwirrendes Bild; werden sie mit grünblättrigen, weißblühenden Pflanzen ergänzt, wird die Optik ruhiger.

ANREGUNGEN FINDEN

Sammeln Sie Garten- und Lifestyle-Zeitschriften. Schneiden Sie Abbildungen verschiedener Stile aus, die Sie ansprechen. Legen Sie die Bilder auf den Boden, oder kleben Sie diese auf ein Brett. Finden Sie hier Gemeinsamkeiten wie etwa leuchtende Farben, tiefe Schatten oder formale Anlagen? Sie gewinnen auf diese Weise eine Vorstellung, welchem Gartenstil Ihre Vorliebe gehört.

DIE FUNKTION DES GARTENS

Ihr Lebensstil – oder was Sie vom Garten erwarten – diktiert dessen Funktion. Wenn Sie Mountain-Bikes besitzen, dann ist entsprechender Stauraum ein funktionales Bedürfnis. Wenn Sie einen Hund haben, brauchen Sie gegebenenfalls einen Zwinger, um sich den Rasen zu erhalten. Oft ist der Standort des Sitzplatzes ungeeignet oder ein Sitzplatz fehlt gänzlich. Manche Gärten sind einfach nicht kindertauglich, weil Ballspiele die empfindlichen Blumen und den makellosen Rasen ruinieren. Oder es gibt einen großen, sorgfältig angelegten Spielplatz, aber nirgends die Möglichkeit, eine Höhle oder ein Versteck zu bauen, um sich von Erwachsenen abschirmen zu können. Die Ansprüche von Erwachsenen und Kindern sind nicht immer dieselben, sodass Sie für die unterschiedlichen Bedürfnisse möglichst getrennte Bereiche schaffen sollten (siehe Seite 88–89).

Mögen Sie frische Erzeugnisse, könnten Sie einen kleinen Küchengarten anlegen, in dem beispielsweise Cocktailtomaten, Ölrauke und Sauerampfer wachsen sowie einige nützliche Kräuter. Oder Sie wünschen sich vielleicht einen Grillplatz und Sitzbereich für die Mahlzeit im Freien. Elemente wie diese können Ihre Lust am Garten auf unterschiedliche Art steigern.

△ **SPIELECKE**
Durch stabile, gut durchdachte Spielgeräte wie dieses Klettergerüst mit Rutschbahn fühlen sich Kinder im Garten wohl.

EIN GARTEN FEHLT

Heute entstehen die interessantesten Wohnungen an den ungewöhnlichsten Orten. Alte Schulen, Kirchen, Scheunen oder Firmengebäude verwandeln sich in nicht alltägliche Lebensräume. Was passiert aber mit dem Außenbereich? Wie wird ein Garten aus dem Nichts geboren?

▷ **STADTGEFÜHL**
Dieser Dachgarten lebt von der grandiosen Aussicht – hier würden zu viele kleine Details nur ablenken. Einheitliche, schlichte Töpfe mit Pelargonien deuten einen Garten an, ohne das einzigartige Flair zu stören. Die Töpfe sollten sicher befestigt sein.

Gegenüber den »normalen Gärten« haben diese Plätze ein völlig anderes Problem, weil sie überhaupt nicht als Grünbereich bestimmt waren. Mal ist es ein Hof, der als Lager diente, mal ein gepflasterter Unterstand, den das Vieh nutzte. Bei einem Loft mag man nur auf dem Dach einen Außenbereich finden – mit Blick auf die Stadt.

GENIUS LOCI – DER »GUTE GEIST«

In erster Linie stellt sich hier die Frage nach Sinn und Bedeutung des Ortes – nach dem genius loci. Dieser Begriff aus der Antike ist für die Gestaltung eines »fehlenden« Gartens nützlich, weil er hilft, für diesen Ort das richtige Gefühl zu entwickeln. Die Römer glaubten, jeder Ort besäße einen eigenen *genius* – einen Schutzgeist, der den Platz prägt. Dies zeugt von unserem Gefühl für »Angemessenheit« – dem Zusammenklingen aller Dinge –, das sich beim Anblick gelungener Architektur in uns regt, so wie uns umgekehrt Unbehagen beschleicht, wenn Gebäude und Garten am Standort keinen »Klang« bilden.

Was mag der *genius loci* in unserem Fall vorschlagen? Bei einem Bauernhaus könnten Sie praktisch vorgehen und den Garten rund um einen Sitz- und Essplatz gestalten; aus einer alten Türe könnte ein großer Holztisch entstehen, dem eine Pergola aus alten Balken Schatten gibt. Für den Dachplatz eines Loft in der Stadt eignet sich originelles »Industriedesign« – etwa ein Grill aus einer alten Motorhaube oder als Sitz eine alte Bank von einer Bushaltestelle.

Bevor Sie den genius loci ergründen, müssen Sie sich zuerst Klarheit über Ihre Gartenwünsche verschaffen (siehe Seite 31, 39). Erforschen Sie zudem Anfänge und Geschichte des Gebäudes so weit möglich. Was war sein Zweck? Warum hat es hohe bzw. niedrige Wände? Gibt es ähnliche Gebäude, ist es typisch für die Gegend? Beginnen Sie danach, Gartenelemente wie Sitze, Pflaster, Pforte usw. auszuwählen, so haben Sie auch eine bessere Vorstellung davon, was passt.

▽ **INDUSTRIEPFLASTER**
Dieser kleine Industriehof ist von Metallkonstruktionen geprägt. Welcher Garten kann hier entstehen? Sicher keiner mit Kletterrosen und viktorianischen Kutscherlaternen. Möglich sind Kübel mit leuchtenden Ringelblumen und rot blühenden Feuerbohnen.

△ **HINTERHOF-DSCHUNGEL**
Ein noch so ungünstig wirkender Winkel lässt sich begrünen wie dieser dunkle, öde Gang: Hosta, Alpenveilchen, Farne, Abutilon und Kletterpflanzen an Rankgittern gedeihen in Töpfen.

Gestaltungstipps

- Achten Sie darauf, wie sich ähnliche Gebäude landschaftlich einfügen.
- Halten Sie die Gestaltung schlicht, damit Eigenart und Charme des Hauses nicht verschwinden und vom Garten aus erkennbar bleiben.
- Verwenden Sie möglichst Originalmaterialien, etwa Ziegel und Schiefer aus Abbruchhäusern vor Ort oder Holzbalken aus alten Bauernhäusern.
- Fügen Sie ein bauliches Element hinzu, so muss es zum Stil des Wohngebäudes passen und schlicht sein.
- Wählen Sie Bäume und andere Elemente sorgfältig. Denken Sie an den Anblick, der sich jenseits der Gartengrenzen bietet.
- Achten Sie auf die eigene Aussicht, und beziehen Sie die Umgebung so weit möglich optisch ein.
- Vermeiden Sie Stilmischungen. Sie sind oft unvorteilhaft und wirken befremdlich.
- Verzichten Sie bei der Ausgestaltung auf Imitationen; sie sind nicht nur unecht, sondern wirken meist auch so.

EINE UNGÜNSTIGE AUSSICHT

Viele haben mit einer Aussicht zu kämpfen, die den Garten beherrscht. Die Ursache mag außerhalb oder innerhalb des Gartens liegen – etwa des Nachbarn Garage, ein großer Baum, ein hässliches Gebäude oder das knallbunte, zu augenfällige Spielgerät der eigenen Kinder, das sie so sehr lieben.

▽ **SPIEGELUNG**
Dieser winzige Garten liegt in einem Londoner Vorort. Die Bepflanzung ist so dicht und üppig, dass man Nachbargebäude nicht wahrnimmt – nur ein Haus spiegelt sich im stillen Teich.

Derlei Störfaktoren wirken sich optisch auf den Garten aus und gedanklich auf uns. Das bloße Wissen um seine Existenz kann ein stetes Ärgernis bedeuten. Nimmt man an dem Nachbarhaus Anstoß, kommt als Problem der Mangel an Privatsphäre hinzu – man fühlt sich von neugierigen Blicken verfolgt, ob zu Recht oder zu Unrecht.

ABLENKUNGEN SCHAFFEN

So seltsam es auch klingen mag: Können Sie das betreffende Ärgernis so lange nicht beachten, wie Sie mit anderen Problemen Ihres Gartens befasst sind, mag der eigentliche Anlass (sofern er nur gedanklich und nicht buchstäblich besteht) zwischenzeitlich verflogen sein. Stellen Sie beispielsweise fest, dass ein Schuppen auffällig in der Mitte eines langweilig geformten Gartens steht, so lässt sich vielleicht ein Bogengang aus Gitterwerk daran befestigen. Dieser kann die Sicht auf einen Spielbereich der Kinder verhindern. Oder Sie erkennen, dass nicht die schattige Terrasse am Haus für Ihren Sitzplatz ideal ist, sondern eine Stelle am Ende des Gartens, wo Sie von Nachbarn unbeobachtet sind. Damit erübrigt sich ein Sichtschutz am Haus.

BAUTEN

Ungenutzte Gebäude lassen sich manchmal zweckentfremden. Öffnen Sie eine alte Garage an zwei Seiten, erhalten Sie eine schattige Laube (vgl. Seite 158–159). Oder Sie setzen große Fenster ein und machen daraus eine Werkstatt oder einen Spielraum für die Kinder, in dem Toben und Lärmen erlaubt sind. Muss das Gebäude unverändert bleiben, können Sie einfache Gitter an den Seiten anbringen und Kletterpflanzen oder Sträucher daran hochwachsen lassen. Wählen Sie aber keine Kletterer, die sich zu schnell entfalten, sonst verbringen Sie nach zwei Jahren den ganzen Sommer damit zu, die wuchernden Triebe zu schneiden oder das Gebäude zu verstärken, damit es die Blattmassen tragen kann.

Sie könnten den Bau auf einer Seite auch ergänzen und insgesamt aufwerten, indem Sie ihm eine Funktion zuteilen. Eine gepflasterte Terrasse, eine schattige Pergola mit schönen Kletterpflanzen oder ein Tisch mit Stühlen davor verschönert die Ansicht und schafft wertvollen Lebensraum.

Das Problem mit einem hässlichen Nachbargebäude lässt sich manchmal dadurch lösen, dass man den Garten sozusagen nach innen kehrt und in eine Art Innenhof verwandelt. Diesen Eindruck können Sie noch verstärken, indem Sie die Bepflanzung von den Grenzen nach innen hin ausdehnen bis auf eine kleine, freie Fläche in der Mitte. Ein auffälliger Blickfang wie etwa ein Wasserspiel, eine Laube, ein Baum oder eine Skulptur hilft ebenfalls, die Aufmerksamkeit auf den Garten selbst zu lenken.

Eine ähnliche Wirkung erzielen Sie, wenn Sie dem Garten interessantere Formen geben. Auch dadurch richtet sich das Auge auf das Garteninnere (siehe Seite 78–79). Nur wenn nichts die Blicke ablenken kann, zieht das Störelement sie direkt auf sich.

SICHTSCHUTZ

Sichtschutzkonstruktionen sind praktisch, um einen Bereich wie Kinderspiel- oder Sitzplatz abzugrenzen. Ein Gitterwerk oder lockerer Flechtzaun sieht sehr leicht aus. Sie erlauben den Durchblick und bewahren das Gefühl einer gewissen Weitläufigkeit (siehe Seite 60–61).

Ursprünglich nicht als Sichtschutz gedacht sind Dinge wie ein schönes Klettergerüst aus Holz oder Sträucher, die vom Wohnzimmerfenster den Blick auf sich ziehen. Damit können Sie unerwünschte Anblicke zum Teil verdecken.

Ein üblicher Weg, um unattraktive Objekte zu tarnen, ist die Pflanzung eines schnellwachsenden, möglichst immergrünen Baumes. Darüber sollten Sie jedoch sehr gründlich nachdenken. Der Baum kann schnell zu einem eigenen Problem werden; er wirft starken Schatten, seine Wurzeln breiten sich aus, und er braucht viel Wasser. Eine düstere Hecke lässt sich nicht verbergen, aber wunderbar nutzen als Hintergrund für die blasse Silhouette einer Weißbirke zum Beispiel.

△ **TARNUNG**
Starkwüchsiger Blauregen kann schnell triste Gartenbauten verstecken. Die Fülle duftender, blauvioletter Blüten und gefiederter Blätter wirkt sehr reizvoll.

▷ **INTIM**
Herrlich versteckt ist dieser Dachgarten inmitten der Häuser. Die dichte Bepflanzung lenkt den Blick nach innen und zaubert ein grünes Refugium. Die vielen Pflanzen verlangen aber eine ausreichende Tragkraft des Daches.

EIN GARTEN MIT TÜCKEN

Die Schwere der Gartenprobleme reicht vom störenden Schatten eines Baumes auf dem Nachbargrundstück bis hin zur Gefährdung kleiner Kinder durch einen ungesicherten Teich. Kein Garten kann immer völlig problemlos sein, aber selbst die schwerwiegendsten Fälle sind in der Regel ziemlich einfach zu lösen.

Mit einem neuen Garten übernimmt man auch dessen Probleme. Prüfen Sie also Ihren Garten gründlich und kritisch. Danach mögen Sie ernüchtert sein, aber Sie bleiben später vor bösen Überraschungen bewahrt.

Doch auch im bestehenden Garten können Probleme auftauchen: Pflanzen werden größer, Bauten verwittern, Nachbarn wechseln und Kinder werden geboren. Es ist erstaunlich, wie rasch sich ein Paradies zur Kampfstätte entwickeln kann. Seien Sie daher wachsam, um sich mit dem Garten den jeweiligen Gegebenheiten flexibel anpassen zu können.

▽ **BAUM-SORGEN**
Solch eine prächtige Eiche ist wertvoll und problematisch zugleich. An heißen Tagen gibt sie kostbaren Schatten, doch ihre Wurzeln können das Fundament der Mauern gefährden, wenn sie zu dicht am Haus steht. Außerdem könnten abgestorbene Äste abbrechen und das Dach beschädigen.

GRENZEN

Vielfach beruhen die Probleme auf Nachbarschaftsstreitigkeiten – Ursache sind für gewöhnlich Grenzen. Klären Sie deshalb, wer für die Instandhaltung der Begrenzung verantwortlich ist. Sind Sie es selbst und der Nachbar ist empfindlich, so erledigen Sie Reparaturen zügig. Ist ein anderer in seinen Pflichten zu nachlässig, dann müssen Sie entscheiden, ob Sie ständig mahnen oder selbst Hand anlegen wollen. Wenn Sie einen Sichtschutz bauen möchten, informieren Sie die Nachbarn über geplante Höhe und Bepflanzung – dies gilt auch bei etwaigen Bauvorhaben. Ist der Nachbar vorgewarnt, wird er sich nicht so leicht beschweren.

BAUTEN

Da Gartenbauten oftmals vernachlässigt werden, ist deren Sicherheit zu überprüfen. Achten Sie beispielsweise bei einem Schuppen auf verrottete Pfosten, defekte Bodenbretter oder Dachmaterial, das ersetzt werden muss (siehe Seite 160–161). Ein Gewächshaus birgt Risiken, wenn es nahe dem Spielbereich steht oder sich Glasscheiben lockern (siehe Seite 162–163).

BÄUME

Innerhalb des Gartens verursachen Bäume gern Probleme – Ihnen selbst wie auch Ihrem Nachbarn. Entweder sie werfen zu viel Schatten, oder ihre Blätter fallen in den Teich oder Swimmingpool. Ein Fachmann kann einen Baum erheblich auslichten, ohne dass dieser seine typische Form verliert – aber das ist teuer. Hat sich Ihr Nachbar über den Baum beklagt, beteiligt er sich vielleicht an den Kosten – fragen Sie ihn.

Ragt von einem Baum Ihres Nachbarn irgendein Ast in Ihren Garten, dürfen Sie diesen dem Gesetz nach zwar absägen, doch erkundigen Sie sich zuvor nach den örtlichen Bestimmungen. Da die Baumform durch solch eine Aktion leiden kann, ist eine vorherige Absprache mit Ihrem Nachbarn besser. Gilt Ihre Sorge einer Frage der Sicherheit wie etwa abgestorbene Äste, so weiß ein Baumspezialist Rat. Befürchten Sie Hausschäden durch Baumwurzeln

etwa, dann reden Sie mit einem Bauingenieur. Erwägen Sie jedoch, diesen Baum zu entfernen, kann das neue Probleme schaffen, weil sich dadurch der Wasserhaushalt in diesem Bodenbereich sofort ändert.

ANDERE PFLANZEN

Andere Gartenpflanzen können ebenso Probleme bereiten. Ein normaler Zaun oder Schuppen vermag manch starkwüchsigem Kletterer nicht standzuhalten. Oft lassen sie sich aber so stark zurückschneiden, dass die Konstruktion verstärkt werden kann. Kletterpflanzen mit Haftwurzeln wie Efeu werden an Hausmauern und in Fensternähe leicht zum Ärgernis (siehe Seite 128–129).

Wenn Sie kleine Kinder haben, sollten Sie im Garten vorsichtshalber auf giftige Pflanzen verzichten. Bekannte Beispiele sind Goldregen und Fingerhut, doch auch Eibe, Eiche und Efeu sind giftig. Allerdings müsste ein Kind beträchtliche Mengen der Beeren oder Blätter essen, um ernstlich zu erkranken. Wer sich ängstigt, verzichtet besser auf diese Art Pflanzen.

TEICHE

Sie sind eine häufige Sorge für Eltern kleiner Kinder. Man kann den Teich mit einem Zaun sichern oder mit einem Metallgitter, das knapp unter der Wasseroberfläche angebracht wird (siehe Kasten Seite 153). Sie können den Teich aber auch mit Erde auffüllen und einen Sumpf anlegen (siehe Kasten Seite 93), der allerlei Insekten und Kleintiere anzieht.

Eine weitere Möglichkeit wäre, den Teich aufzufüllen und in einen Kieselbrunnen zu verwandeln (siehe Seite 144), der gefahrloser ist und Ihnen dennoch den Anblick und den Klang fließenden Wassers bietet. Natürlich können Sie solch einen Brunnen auch an anderer Stelle Ihres Gartens installieren.

△ **PROBLEM TEICH**
Dieser herrliche Teich wirkt verwunschen und auf Kinder magisch anziehend, aber er ist für sie gefährlich. Wenn Sie ein Sicherheitsgitter optisch stört, sollten Sie den Bereich des Teiches umzäunen.

△ **EXOTISCHES GIFT**
Datura-Arten (Stechapfel), deren Blüten schwer duften, sind dekorativ, aber hoch giftig. Eltern kleiner Kinder sollten daher auf diese Pracht verzichten.

PLANSKIZZEN

Für die Bestandsaufnahme ist es nützlich, ein paar einfache Gartenpläne zu zeichnen. Ein Grundplan stellt Lage, Größe und Form dar, zeigt Vor- und Nachteile auf und verdeutlicht dem Auge die Gegebenheiten des Grundstücks; zudem erleichtert er die Planung größerer Veränderungen.

△ **FALLSTUDIE: »VORHER«** *Dieser Garten, ein steiles Hanggrundstück, war ursprünglich so überwuchert, dass sich die seitlichen Hecken fast in der Mitte trafen. Nach einem kräftigen Rückschnitt mit anschließenden Aufräumarbeiten entstand dieses Foto – also zum Zeitpunkt der Bestandsaufnahme und Vermessung (siehe Skizze gegenüber).*

Das Zeichnen eines Planes ist nicht schwierig. Lassen Sie sich nicht von den akkuraten, oft kunstvollen Zeichnungen der Architekten entmutigen, die den Kunden beeindrucken wollen. Für Ihren Privatzweck genügt ein einfacher Plan völlig.

GRUNDSTÜCK AUSMESSEN

Zeichnen Sie grob die Grundlinien von Haus und Garten auf ein Blatt Papier – wobei nur die Form und das Größenverhältnis in etwa stimmen muss – und tragen Sie hierauf die Maße ein. Verwenden Sie zum Ausmessen eine Schnur, auf der Meterabstände markiert sind, oder besser ein 30-Meter-Maßband, das man in manchen Bau- und Gartenmärkten auch ausleihen kann. Hilft Ihnen jemand und hält beim Ausmessen das Maßbandende fest, so geht es leichter. Sie messen Länge und Breite des Grundstücks ab, dann die Abstände zwischen Grundstücksgrenzen und Hausmauern sowie alle Ecken und Winkel.

GENAUEN GRUNDPLAN ZEICHNEN

Anhand dieser Maße zeichnen Sie nun den genauen Grundriss von Haus und Garten auf kariertes Papier oder Millimeterpapier. Natürlich hängt der Maßstab von der Größe Ihres Grundstücks ab; bei einer sehr großen Gartenfläche müssen Sie eventuell Einzelbereiche auf ein extra Papier zeichnen. Verwenden Sie für die Linien Bleistift und Lineal. Wenn Ihr Garten eine sehr unregelmäßige Form hat, mag es einfacher sein, sich vom Grundbuch- bzw. Katasteramt einen Grundstücksplan zu besorgen, den Sie mit dem Fotokopierer vergrößern können. Beachten Sie dabei den Original-Maßstab des Planes.

WICHTIGE DETAILS EINZEICHNEN

Vermessen Sie nun die jeweilige Position der Außentüren des Hauses, der Fenster sowie vorhandener Pflasterbereiche und Wege. Zeichnen Sie diese auf dem Plan ein, und fügen Sie Gartenelemente wie Teich, Pergola, Rasen und Beete hinzu. Tragen Sie eventuell vorherrschende Windrichtungen ein. Kennzeichnen Sie die jeweilige Stelle, wo die Sonne auf- bzw. untergeht, um die Sonnen- und Schattenbereiche zu ermitteln, die innerhalb eines Tages wechseln. Liegt das Gartenende zum Beispiel in der Abendsonne, ist der geeignete Platz für eine Terrasse eher dort. Der Sonneneinfall ändert sich während eines Jahresablaufs. Ist die Zeit gegeben, wäre daher eine ganzjährige Beobachtung nützlich. Markieren Sie auf Ihrem Plan zudem schöne und hässliche Ausblicke sowie Stellen, die eine Gesamtsicht auf den Garten erlauben.

Danach zeichnen Sie die vorhandenen Bäume und Sträucher ein, wie stark sie ausladen und wo sie Schatten werfen. Sollten Sie einzelne Pflanzen nicht benennen können, so setzen Sie für diese jeweils Nummern ein und notieren typische Merkmale der Pflanze. Wenn Sie ihren Namen wissen, wird er nachträglich eingesetzt. Kleinere Pflanzen lassen Sie zunächst weg. Falls Ihnen die Planskizzen jedoch die Arbeit erleichtern, können Sie später Einzelpläne für die Beete zeichnen, wenn Sie ein Pflanzschema entwerfen.

Nachdem jetzt ein brauchbarer Grundriss vor Ihnen liegt, fotokopieren Sie ihn zur Sicherheit mehrfach für Ihre Entwürfe. Hängen Sie eine Plankopie an ein Pinnbrett, damit Sie laufend neu entdeckte Details hinzufügen können – etwa den Ostwind, der durchs Rosenbeet fegt, oder nasse Rasenstellen, die ein Regenguss hinterlässt.

Wenn gartenbegeisterte Freunde Sie besuchen, fragen Sie, ob sie Ihnen bei der Bestimmung unbekannter Pflanzen helfen können. Vielleicht geben sie Ihnen noch allgemein nützliche Informationen wie Wuchsdauer, Zeitpunkt und Farbe der Blüte.

Der Grundriss ist ein wichtiges Dokument und enthält viele wesentliche Details, die für Sie als Gartenbenutzer bedeutsam sind. Ob Sie später eine neue Terrasse anlegen oder nur einen Sitzplatz einrichten wollen, der Grundriss liefert sofort alle Informationen, um richtig entscheiden zu können. Erscheint Ihnen die Planerstellung zu mühsam, so beauftragen Sie damit einen Gartenbauarchitekten. Das Honorar orientiert sich an der gewünschten Detailfülle.

WÜNSCHE UND ERFORDERNISSE

Mit Hilfe der Checkliste (rechts) erkennen Sie genau, was in Ihrem Garten erforderlich und was wünschenswert ist (fotokopieren Sie sich gegebenenfalls die Liste zuvor). Überprüfen Sie die Punkte danach, ob sie wahrhaft notwendig oder erwünscht sind; das grenzt Ihre Wahl ein, falls wenig Platz, Geld oder Zeit verfügbar ist. Manche Dinge mögen ja bereits vorhanden sein; stellen Sie fest, ob sie verändert oder nur neu angeordnet werden müssen. Sind Sie im Augenblick noch unschlüssig, so finden Sie in diesem Buch zu den meisten Stichpunkten weitere Hinweise.

NEUE IDEEN HINZUFÜGEN

Ist die Punkteliste abgehakt, nehmen Sie eine neue Grundrisskopie (oder Sie legen auf das Original Transparentpapier) und skizzieren darauf Ihre Ideen. Decken Sie pusselige Beete ab, zeichnen Sie den Schuppen an geeigneter Stelle ein, und überlegen Sie, ob für den Sitzbereich eine Pergola als Schattenspender gefragt ist. Spielen Sie verschiedene Variationen durch, und wählen Sie die beste aus.

Haben Sie Schwierigkeiten mit der Neugestaltung, dann wenden Sie sich an einen Garten-

▷ **FALLSTUDIE: GRUNDRISS**
Der Grundriss zeigt Größe und Form des Gartens sowie seine Lage zum Haus. Die Besitzer sind begeisterte Gärtner, sie wollen viele verschiedene Pflanzen ziehen. Der Garten ist sehr schattig, zudem hat der Boden einen hohen Kalkgehalt. Diese Faktoren wie auch die Hanglage müssen von Anfang an in die Planungsüberlegungen mit einbezogen werden.

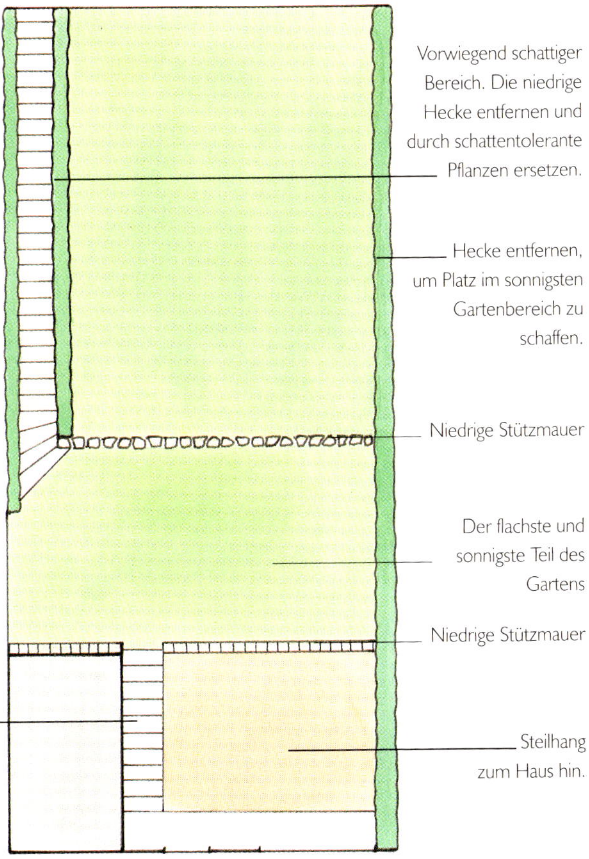

CHECKLISTE

Befestigungen	Notwendig	Erwünscht
Mauern	☐	☐
Zäune	☐	☐
Wege	☐	☐
Stufen	☐	☐
Freizeitbereiche		
Terrasse/Innenhof	☐	☐
Grillstelle	☐	☐
Weitere Sitzbereiche	☐	☐
Spielfläche	☐	☐
Stiller Rückzugsplatz	☐	☐
Besonderheiten		
Teich	☐	☐
Pergola	☐	☐
Rankbogen	☐	☐
Laube/Pavillon	☐	☐
Zweckeinrichtungen		
Schuppen/Stauraum	☐	☐
Beleuchtung	☐	☐
Komposthaufen	☐	☐
Arbeitsbereich	☐	☐
Bepflanzung		
Bäume/Sträucher	☐	☐
Hecken	☐	☐
Rabatten	☐	☐
Inselbeete	☐	☐
Hochbeete	☐	☐
Gemüsegarten	☐	☐
Kräutergarten	☐	☐
Steingarten	☐	☐

▷ **FALLSTUDIE: NEUER ENTWURF**
Die Besitzer verfügen nur über ein geringes Budget für Baumaßnahmen. Sie beschränken sich deshalb auf einfache Änderungen, die sie selbst durchführen können. Sie haben sich zuerst auf den mittleren Teil des Gartens konzentriert (vgl. Fotos und Pläne), weil dieser am meisten Sonne bekommt und somit die besten Voraussetzungen für Pflanzen bietet.
Im neuen Entwurf sind die meisten Hecken und Teile der Rasenfläche durch eine größere Pflanzenvielfalt ersetzt worden. Das Ende des Gartens liegt im Schatten großer Bäume aus einem angrenzenden Naturschutzgebiet. Die Besitzer haben beschlossen, hier einen Wildgarten anzulegen, in dem sich schon viele heimische Pflanzen angesiedelt haben, die kalkhaltigen Boden gut vertragen.

▷ **FALLSTUDIE: »NACHHER«**
Hier ist der Garten umgestaltet. Der flache Steingarten mit kalktoleranten Pflanzen gewährt den Zugang zum hinteren Gartenteil. Die ebene Fläche erhielt statt des Rasens ein Pflaster mit Kräuterinseln und an drei Seiten Blumenbeete. Die lange Hecke an der Sonnenseite rechts ist einem Strächerbeet gewichen.

bauarchitekten, dem Sie Ihren Grundriss mit einer Kurzbeschreibung Ihrer Wünsche aushändigen.

PRIORITÄTEN UND TIMING

Wenn Sie festlegen, was zu welchem Zeitpunkt Vorrang hat, müssen Sie den Mittelweg finden zwischen Dringlichkeit, Wichtigkeit und Möglichkeit. Stellen Sie eine Liste der Arbeiten auf, und kennzeichnen Sie deren Rangfolge. Gefahrenquellen und Haftpflichtschäden zu beheben – wie etwa ein durchbrochener Zaun – ist dringend und wichtig. Auf Ihrer Liste werden auch Dinge stehen, die teuer und/oder zeitraubend sind. Das nächste Kapitel bietet Ihnen dazu Soforthilfen. Sinnvoll ist, einen Terminplan für die zwingenden Arbeiten zu machen.

Überlegen Sie die Reihenfolge der Aktionen – wesentliche Änderungen wie das Pflastern von Flächen erfolgen am besten in einer milden Winterphase und möglichst vor einer Umpflanzung, damit der Garten besser begehbar wird und der Beetschaden gering bleibt. Solange Sie andererseits durch Mulchen das Unkraut eindämmen, können Sie die Rabatten allmählich umgestalten – so wie Ihre Zeit und das Wetter dies erlauben.

△ **BLÜTENTEMPO**
Die einjährige Sonnenblume gelangt rasch zur Blüte und setzt fröhliche Farbakzente; im Herbst steht der Platz wieder für langfristigere Pflanzmaßnahmen zur Verfügung. Aber vielleicht möchten Sie ja die Muntermacher erneut aussäen.

◁ **AUF DIE SCHNELLE**
In nur einem Sommer kann solch ein üppiger Garten dank vieler Pflanzen, einfacher Klettergerüste und Dekorationen entstehen.

RASCHE ABHILFEN

Hier können Sie einfache Ideen aufgreifen, durch die Ihr Garten rasch verbessert wird. Die Sofortlösungen für Ihren Garten beeinträchtigen nicht Ihre Langzeitplanung, die Sie durch die Bestandsaufnahme im Kapitel zuvor entwickelt haben. Auf die Schnelle ist der Kübelgarten die wirksamste Lösung. Zusätzlich finden Sie in diesem Kapitel Techniken, wie Sie vorhandene Gewächse wieder fit machen, ferner praktische Vorschläge, wie Sie den Garten ohne Nachteile augenblicklich aufwerten können – so zum Beispiel mit neuen Pflanzen, mit einfachen Sichtschutzwänden aus Blattwerk oder Holz und mit etwas Farbe sowie dekorativen Objekten. Möglich ist auch, den Garten in ein »Freiluftzimmer« zu verwandeln.

KÜBELGARTEN

Kübel bescheren auf die Schnelle Farbe, Form und Duft im Garten, während dieser erneuert wird. Doch auch danach sind Pflanzkübel von Wert, da sie das Aussehen eines Bereichs unmittelbar verändern und kritische Winkel beleben, wo kein offener Boden zum Bepflanzen vorhanden ist.

Während der Gartenrenovierung können Sie Kübel nach Bedarf verschieben, um problematische oder unschöne Bereiche zu vertuschen oder Lücken zu füllen. Ein kleiner Kübel mit Einjährigen vermag jedoch kaum von einem verwahrlosten Garten oder schäbigen Gebäude abzulenken. Nehmen Sie große Kübel mit effektvollen Pflanzen gefüllt oder viele kleinere Töpfe, die Sie als Blickfang gruppenweise arrangieren.

Sie verstärken die Wirkung, wenn Sie zusätzlich die Höhe ins Spiel bringen; nutzen Sie Treppen, Sockel, Blumenampeln oder -bänke, und wählen Sie hochwüchsige und kletternde Kübelpflanzen.

▽ **HÖHE HINZUFÜGEN**
Kübel sind ideal, um Pflanzen an Mauern hochklettern zu lassen, wo keine Erde vorhanden ist. Diese Terrasse gewinnt durch die große Bougainvillea auch im höheren Bereich Farbakzente.

△ **BLICKFANG**
Auf der Kreuzung zweier Gartenwege, von Rankbogen eingerahmt, steht im Kübel diese Hochstammfuchsie und gibt allseitig einen schönen Blickfang ab.

KÜBELEFFEKTE

Nachfolgend finden Sie Beispiele geeigneter Kübelpflanzen unterschiedlichster Art und je nach Bedarf. Zuvor jedoch ein paar Hinweise, wie und wo Sie mit bepflanzten Kübeln den Garten verschönern können.

Haustüre beleben. Rahmen Sie die Türe mit Formschnittfiguren ein. Setzen Sie jahreszeitliche Akzente mit Zwiebelpflanzen oder Einjährigen. Auch Hängeampeln wirken einladend.

Harte Konturen mildern. Ausgedehnte Mauer- und Pflasterflächen erscheinen mit Kübelpflanzen nicht so hart. Wählen Sie große Kübel oder mehrere kleine mit jeweils gleichen Pflanzen.

Sitzplatz verschönern. Duft verströmende Pflanzen tragen zu unserer Entspannung bei. Die zarte Schönheit mancher Pflanzen mit hängenden Blüten wie Christrosen oder Fuchsien kommt am Boden oft nicht so gut zur Geltung. Platzieren Sie deshalb solche Pflanzen in entsprechender Höhe.

Blickfang schaffen. Ein sorgfältig ausgewählter und bepflanzter Kübel bildet einen schönen Blickfang – etwa in der Mitte eines Hofes, in einer Ecke der Terrasse oder wo immer Sie einen »Hingucker« möchten.

Lücken füllen. Je nach Jahreszeit lassen sich kleinere Töpfe mit Einjährigen direkt ins Pflanzschema einfügen, um etwaige Lücken zu schließen. Im Sommer mag man auf diese Weise Lilien oder Blumenrohr *(Canna)* mit dem Topf ins Erdreich eingraben, im Herbst Astern oder Chrysanthemen und im Frühjahr kleine Narzissen oder Tulpen.

Störenden Anblick verstecken. Verletzt ein Schachtdeckel, Regenrohr oder Komposthaufen Ihren Schönheitssinn, dann platzieren Sie dort einfach Kübel – so lassen sich auch gegenwärtige Spuren von Gartenbaustellen verstecken.

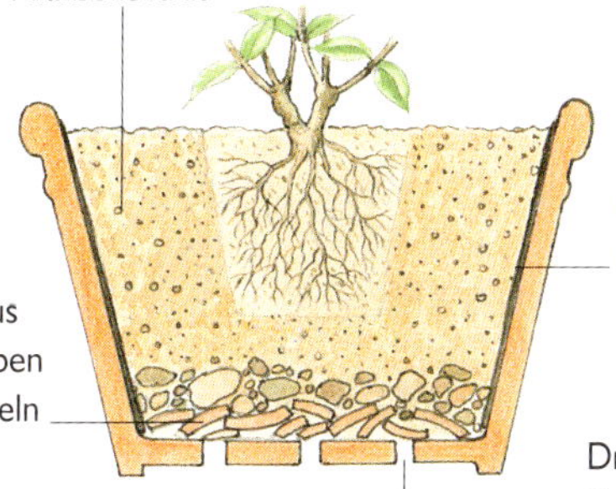

◁ **TIPPS FÜR KÜBEL**
Drainagelöcher werden mit Tonscherben oder größeren Kieseln bedeckt. Darauf folgt eine Kiesschicht, um Staunässe zu verhindern. Verwenden Sie eine für die Pflanze entsprechende Erde, die nur bis etwa 2,5 cm unter dem Rand eingefüllt wird, damit das Gießwasser nicht überläuft.

KÜBEL-VIELFALT

Ist die Wahl für einen bestimmten Gartenstil bereits gefallen, dann sollten die Kübel dazu passen. Im anderen Falle ist es ratsam, schlichte Kübel aus Ton, Kunststoff oder Holz auszusuchen; bleiben sie im Winter im Freien, müssen sie zudem frostfest sein. Möglich sind auch originelle Gefäße wie alte Blechdosen; vielleicht finden Sie so Ihren ganz persönlichen Stil.

▷ **KAKTEENSAMMLUNG**
Kübel empfehlen sich auch für Pflanzensammler, die ihre Schätze wirkungsvoll präsentieren möchten. Diese Kakteen fühlen sich in den Töpfen sehr wohl und sind dekorativ auf den Stufen arrangiert. So kommt jede einzelne der interessanten Formen gut zur Geltung.

GIESSEN

Bei heißem Wetter müssen Kübelpflanzen ein- bis zweimal täglich gegossen werden; diese Tipps erleichtern Ihnen die Arbeit.

- Je größer ein Kübel ist, desto seltener müssen Sie gießen.
- Verwenden Sie hochwertiges Pflanzsubstrat, das Feuchtigkeit ohne Nässestau hält; notfalls ein wasserspeicherndes Granulat beifügen und obenauf dicke Mulchschicht legen.
- Mit Plastik ausgelegte Tontöpfe lassen Wasser weniger verdunsten – Topflöcher müssen unten offen bleiben.
- Installieren Sie ein Bewässerungssystem mit Zeitschaltuhr.

STRÄUCHER

Fast alle Sträucher gedeihen zwar im Kübel, aber einige brauchen ein Extramaß an Zuwendung, die Sie während der Gartenumgestaltung wohl kaum aufbringen können. Seien Sie darum wählerisch – wenige schöne Exemplare sind besser als viele vernachlässigte.

Sträucher in Kübeln bieten einigen Nutzen. In kahlen oder unordentlichen Bereichen etwa üben sie eine gute Sichtschutzfunktion aus. Ein Garten voll mit immergrünen Pflanzen wirkt interessanter, wenn sich Kübelpflanzen mit schöner Herbstfärbung oder Frühlingsblüten dazugesellen. Sträucher mit attraktiven Formen bilden einen guten Blickfang und lenken von unschönen Dingen ab. Auf der Folgeseite finden Sie eine Liste mit Sträuchern, die Ihren Garten verschönern.

Für Lieblingspflanzen mit besonderen Bodenansprüchen sind Kübel ideal. Hat der Garten keine Beete, so können Sie mit Sträuchern in Kübeln einen dekorativen Hintergrund für kleinere Töpfe mit Stauden, Einjährigen und Zwiebelpflanzen schaffen.

Sträucher sind langlebig; damit sich ihre Wurzeln entfalten können, sollte der Kübel einen Mindestdurchmesser von 45 cm haben. Starkwüchsige Arten verlangen vielleicht nach einigen Jahren eine Umpflanzung in größere Behältnisse. Große Terrakotta- oder Steinkübel sehen wunderschön aus, sind aber sehr teuer. Kübel aus Kunststoff, Fiberglas oder Holz erfüllen denselben Zweck und sind leichter.

Große, mit Erde gefüllte Kübel zu bewegen, verlangt viel Kraft; hier sind stabile Rolluntersetzer oder fahrbare Holzkästen praktisch. Stehen Kübel nicht direkt auf dem Boden, sondern werden auf kleine Füße gestellt, verbessert das die Drainage. Substrate eignen sich besonders für langlebige Pflanzen, aber auch ein Nährboden auf Torf- oder Rindenmulch-Basis ist möglich. Geben Sie zuletzt eine Schicht Kies oder Mulchmaterial (Rindenhäcksel z. B.) obenauf; prüfen Sie regelmäßig, ob das Substrat noch feucht genug ist. Im Sommer müssen Sie Kübelpflanzen täglich gießen. Im Frühjahr ist ein Langzeitdünger ratsam, oder Sie verwenden bei jedem Gießen Flüssigdünger. Bei strengem Winter leiden selbst robuste Pflanzen, falls ihre Wurzeln erfrieren. Daher sollten Sie schwere Kübel, die draußen bleiben müssen, mit Luftblasenfolie, Stroh oder Sackleinen warm einpacken.

△ **IMMERGRÜNE**
An diesem Platz kommt die blühende Kamelie optimal zur Geltung. Später kann ihr immergrünes Blattwerk einen schönen Hintergrund für andere Pflanzen abgeben.

▷ **KÜBELKRAUT**
Der als Hochstamm gezogene Lorbeer im Kübel erhält jeden Sommer einen Formschnitt. Die Blätter sind zudem frisch oder getrocknet ein feines Gewürz.

▽ **HINGUCKER**
Formschnittfiguren wie diese beiden Buchsbaum-Schwäne in Kübeln lassen sich leicht im Garten umstellen, wenn die Saison wechselt oder die Arbeiten voranschreiten.

KLETTERPFLANZEN

Kletterer gedeihen ebenfalls in Kübeln. Sie bilden einen Blickfang oder begrünen Bereiche ohne Erde. Die Holz- oder Plastikstützen befestigen Sie am Rand und binden daran die Pflanzen fest. Sogar starkwüchsige Pflanzen wie Goldhopfen *(Humulus lupulus aureus)* kann man auf diese Weise heranziehen. Dasselbe gilt für die Waldrebe *(Clematis)*, vor allem für Sorten, die an unteren Trieben blühen.

ROSEN

Kletterrosen mit einer Wuchshöhe bis 3 m lassen sich in großen Kübeln ziehen. Hier bieten sich Pflanzkästen mit Rankgittern als bewegliche Sichtschutzwände an (siehe Seite 60–61). Ferner gedeihen Beet- und Zwergrosen in Kübeln, da sie kaum höher als 45 cm werden. Sorten mit rosa und pfirsichfarbenen Blüten oder etwa 1 m hohe Halbstammrosen sehen in Kübeln zauberhaft aus; letztere können auch mit niedrigen Einjährigen unterpflanzt werden. Außerdem gibt es moderne Bodendeckerrosen wie ›Flower Carpet‹, die sich für Ampeln eignen.

Geeignete Kübel-Sträucher

Acer japonicum und **A. palmatum** (Japanischer Ahorn und Fächerahorn). Wegen der hübschen Wuchsform, der dekorativen Blätter und Herbstfärbung geschätzt. Manche Sorten haben farbigen Stamm.

Buxus sempervirens (Buchsbaum). Hübscher immergrüner Strauch, der alle denkbaren Formschnitte erlaubt. Sehr wertvoll wegen seiner Schattenverträglichkeit. Gut für formale Gärten.

Camellia japonica (Japanische Kamelie). Immergrüne, glänzende Blätter und prächtige Frühjahrsblüten. Gedeiht am besten an einem halbschattigen, geschützten Standort, etwa an einer Mauer.*

Choysia ternata (Orangenblume). Glänzende, immergrüne Blätter und duftende, weiße Blüten im Frühjahr.

Fatsia japonica (Japanische Aralie). Immergrün, mit eindrucksvoller Wuchsform und großen, glänzenden, tief gelappten Blättern. Verträgt Sonne und Schatten. Gut als Sichtschutz.

Kalmia latifolia (Lorbeerrose). Immergrün, mit Rispen aus schalenförmigen rosa Einzelblüten im Frühsommer.*

Pleioblastus humilis (Bambus-Art). Hervorragende Sichtschutzpflanze, treibt ganzjährig frisch-grüne Blätter, neigt zum Wuchern. Gut geeignet für japanische Gärten.

Rhododendron/Azalea (Alpenrose). Immergrün, erhältlich in verschiedensten Blütenfarben; blüht im Frühjahr. Ratsam sind kleinwüchsige Sorten wie *R. yakushimanum* oder Gartenazaleen bis 1 m Größe.*

Skimmia japonica (Japanische Skimmie). Anspruchslos und kompaktwüchsig, mit duftendem, immergrünem Blattwerk und kleinen, weißen Blüten im Frühjahr. Ideal für Winterkübel. Wachsen männliche und weibliche Pflanzen, tragen letztere leuchtend rote Beeren.*

Taxus baccata (Eibe). Langlebig, mit dichtem Nadelkleid und dekorativer Wuchsform; auch gut geeignet für Formschnittfiguren.

* benötigt saures Pflanzsubstrat

▷ **GROSSER AUFTRITT**
Lilien eignen sich gut, um eine langweilige Gartenecke oder ein lückenhaftes Beet im Sommer mit Duft und Farbe zu füllen. Die prächtige Lilie ›Mona Lisa‹ steht im Kübel vor einem Hintergrund aus Blattpflanzen.

LÜCKENFÜLLER FÜR JEDE JAHRESZEIT

Sind Einjährige und Stauden frostempfindlich, kann man sie erst ins Freie stellen, wenn keine Minusgrade mehr drohen bzw. frühestens Mitte Mai nach den Eisheiligen. Umgekehrt müssen solche Stauden vor Beginn der Kaltwetterperiode an einen frostfreien Ort gebracht oder mit Isoliermaterial umhüllt werden, wenn sie überleben sollen.

Einjährige. Diese in der Regel kleinen Pflanzenarten bescheren häufig den ganzen Sommer über eine Blütenpracht. Die meisten Arten können Sie selbst säen und heranziehen, oder Sie kaufen bereits im Vorfrühling Jungpflanzen oder später größere Exemplare. Bevor die im Haus herangezogenen Pflanzen jedoch nach draußen dürfen, müssen sie abgehärtet werden. Dazu stellt man sie etwa 14 Tage lang täglich für ein paar Stunden ins Freie. Setzen Sie Ihre Jungpflanzen in kleine Töpfe, in denen sie bis zum Ende der Frostperiode bleiben können, und stellen Sie diese – in hübschen Übertöpfen – an einen hellen, frostfreien Platz.

Möchten Sie in einem Kübel, der von allen Seiten sichtbar ist, verschiedene Pflanzenarten mischen, dann setzen Sie die höheren in die Mitte und unterpflanzen Sie diese mit niedrigeren Arten. Soll der Kübel z. B. vor einer Mauer stehen und nur von einer Seite erblickt werden, so wird die etwaige »Starpflanze« zuerst eingesetzt; danach werden die niedrigen Arten hinzugefügt und am Schluss die hängenden Pflanzen ganz vorne.

Gemischte Hängeampeln sind schwierig zu bepflanzen. Einfacher ist es, eine einzelne spektakuläre Pflanze einzusetzen, zum Beispiel eine hängende Fuchsie, Petunie, Pelargonie oder Knollenbegonie.

▷ **FARBE IM WINTER**
Stiefmütterchen haben viele Gesichter, ob ein- oder mehrfarbig. Hier sehen Sie die Sorte »Joker«, die entweder im Sommer blüht oder vom Winter bis zum Frühjahr. Ein einzelner Topf dekoriert den Gartentisch, oder eine Topfgruppe mit gleichen Blütenfarben verschönert eine Mauer.

Frostempfindliche Stauden (mehrjährig). Zu den bekanntesten zählen Pelargonien und Fuchsien, obwohl Gärtnereien und Gartencenter heute eine Reihe von anderen Mehrjährigen als Kübelpflanzen anbieten. Einige werden verkauft, wenn sie kaum größer als Stecklinge sind, um sie für Mischpflanzungen zu verwenden. Zu ihnen gehören interessante Hängepflanzen wie Zweizahn *(Bidens)*, Doppelsporn *(Diascia barberae)*, Lotus, Spaltglocke *(Scaevola)*, Sutera und Verbene bzw. Eisenkraut. Andere Arten wie Strauchmargeriten, Kapaster *(Felicia)* und Wandelröschen *(Lantana)* werden auch als größere Einzelpflanzen für Kübel verkauft, die Pelargonien und Fuchsien Konkurrenz machen.

Zu Hochstämmen gezogene, frostempfindliche Stauden sind teurer, aber dafür haben Sie im Handumdrehen einen prächtigen Blickfang. Im

▽ **FRÜHLINGSBOTEN**
Niedrige Zwiebelblumen wie Zwergnarzissen und Schwertlilien, in kleinen Töpfen dicht am Haus, schaffen fröhliche Farbtupfer. Die Zwiebeln kann man selbst bereits im Herbst in Töpfe setzen.

Gegensatz zu ähnlich großen, winterharten Sträuchern müssen sie jedoch im Haus überwintern.

Zwiebeln und Knollen. Obwohl ihre Blütezeit nur kurz ist, setzen Zwiebelblüher lebhafte Akzente. Stellen Sie kleinere Arten so auf, dass sie vom Haus aus sichtbar sind. Sie wirken schön für sich alleine, aber auch als Unterpflanzung in Kübeln mit immergrünen Pflanzen. Größere Arten wie *Canna* oder Lilien sind ein idealer Blickfang für den Sommer.

VON DRINNEN NACH DRAUSSEN

Ist Ihr Haus oder Wintergarten voller Pflanzen, können Sie diese den Sommer über in den Garten stellen; zuvor müssen sie aber allmählich akklimatisiert

LÜCKENFÜLLER FÜR WINTER/VORFRÜHLING

Bellis perennis (Gefüllte Gänseblümchen). Mehrjährige Staude, die im Herbst und Frühjahr als farbenfroher Lückenfüller verkauft wird.

Iris danfordiae und **I. reticulata** (Iris bzw. Schwertlilie). Anmutige Zwergiris in Gelb, Violett oder Blau. Ideal für kleine Kübel. Die nach der Blüte gebildeten Blätter sind unattraktiv.

Narcissus (Narzisse). Klein- oder zwergwüchsige Arten sind gut für verschiedene Kübelarrangements – als einzige Sorte in großer Zahl oder in gemischter Form.

Primula (Primel). Tragen ihre kugel- oder schirmförmigen Blütenstände auf stämmigen Stielen. Beleben in vielen Farben halbschattige Bereiche.

Viola (Wildes Stiefmütterchen). Einige Sorten blühen in milden Winterperioden. Erhältlich in vielen Blütenfarben.

▷ **DUFTENDE MISCHUNG** *In diesem Terrakottakübel mit rustikalem Mantel wachsen drei verschiedene Thymiansorten: Thymus minus, ›Doone Calley‹ sowie ›Lady's Bedstraw‹. Sie sorgen für Duft und Farbe und auch für frische Kräuter beim Kochen. Zum Vermehren kann man später die Wurzelballen teilen und ins Beet einpflanzen.*

werden. Damit ersparen Sie sich den Kauf neuer Pflanzen und das Einsetzen in Kübeln. Zudem fühlen sich Pflanzen im Sommer oft wohler im Freien als im aufgeheizten Wintergarten.

KRÄUTER

Da sie Trockenheit vertragen, eignen sie sich zur Kübelbepflanzung besonders – so beliebte Küchenkräuter wie Thymian, Salbei, Rosmarin und Lorbeer eingeschlossen. Die meisten Kräuter brauchen volle Sonne, doch einige Sorten tolerieren auch Schatten wie etwa Petersilie, Minze, Fenchel und Schnittlauch. Empfindliche Kräuter wie Estragon und Majoran kann man als Einjährige ziehen oder im Winter ins Haus holen.

Die Pflanzgefäße erlauben Ihnen, die Kräuter dort zu ziehen, wo sie benötigt werden, zum Beispiel in Küchennähe, neben dem Grillplatz oder gar direkt auf dem Esstisch im Freien.

▽ **ÜBERGANGSSTATION** *Junge Blattstauden wie diese Farne und Hostas fühlen sich in Töpfen wohl, ehe sie in vorbereitete Beete gepflanzt werden. Soll die Hosta im Topf bleiben, wird die Erdoberfläche mit Kieseln abgedeckt, um sie vor Schneckenfraß zu schützen.*

WINTERHARTE STAUDEN

Nimmt das Anlegen der Blumenbeete mehr Zeit in Anspruch, so bleiben Ihre Lieblingsstauden einfach währenddessen in Kübeln und werden erst eingepflanzt, wenn die Beete fertig sind.

Als Kübelpflanzen tragen die meisten mehrjährigen Stauden nicht so prächtige Blüten wie im Beet, und sie haben auch nicht die ganzjährige Strukturwirkung wie Sträucher. Trotzdem sind sie mit ihren verschiedenen Blattfarben und -formen, mit ihren Blüten und ihrer sich wandelnden Gestalt durchaus reizvoll. Und immerhin können Sie sich an Stauden im Kübel viele Jahre erfreuen.

Es gibt Hunderte von Stauden, aber nicht alle eignen sich gleichermaßen für die Kübelkultur. Wählen Sie möglichst solche, die folgende Kriterien erfüllen:

- Pflanzen mit schöner Wuchsform und attraktivem Blattwerk, die als Einzelpflanze wirken.
- Niedrige Blattgewächse, die sich leicht teilen lassen. Sie geben einen schönen Hintergrund für Zwiebelblüher sowie Einjährige ab, die je nach Jahreszeit für Abwechslung sorgen. Zudem erspart dies den Kauf einjähriger Füllpflanzen.
- Wuchernde Pflanzen wie Minze oder Indianernessel *(Monarda fistulosa)*, Ruten-Blutweiderich *(Lythrum virgatum)* und Rainfarn *(Tanacetum vulgare)*.
- Mehrjährige, die man säen oder als Jungpflanzen kaufen kann. Um Geld zu sparen, können Sie z. B. vorhandene Stauden teilen und in Kübel einpflanzen, und zwar bei kühlem Wetter – sonst leiden die Pflanzen zu sehr – oder Sie müssen im Anschluss gründlich gießen.

Die meisten Stauden sind unempfindlich, darum kann man sie vor den Einjährigen ins Freie setzen. Sie gedeihen gut in durchlässigem Universalsubstrat. Verbleiben Pflanzen im Kübel, so brauchen sie unbedingt Dünger; nehmen Sie ausgewogenen Dünger für Blattpflanzen und Tomatendünger für blühende Stauden. Knipsen Sie welke Blüten regelmäßig ab. Achten Sie auf Mehltau, und entfernen Sie befallene Blätter rasch, um die Ausbreitung zu verhindern.

GRÄSER

Ziergräser und die verwandten Seggen sind beliebte Kübelpflanzen, vor allem in modernen Gärten. Sie wirken zarter und natürlicher als die im Sommer farbenprächtig blühenden Stauden. Gräser bringen Farbe und Struktur in den Garten und hohe Sorten zusätzlich Bewegung, wenn der Wind ihre langen Halme streift. Höhere oder wuchernde Gräser wie das bambusähnliche *Hakonechloa macra* oder die gestreifte Segge *(Carex hachijoensis* ›Evergold‹) wachsen im Kübel besser jeweils alleine; eine Kübelgruppe mit solchen Gräsern ist besonders wirkungsvoll.

Kleinere Gräser wie der schwarzblättrige Schlangenbart *(Ophiopogon planiscapus* ›Nigrescens‹) und der büschelige Blauschwingel *(Festuca glauca)* sind vorteilhaft für gemischte Pflanzungen, wo sie einen dekorativen Hintergrund für kleine Zwiebelblüher oder Einjährige bilden. Diese Gräser vertragen Trockenheit und können später geteilt und in ein Beet gepflanzt werden. Für Gräser eignen sich vor allem Terrakotta-, Holz- oder Metallkübel.

GEEIGNETE KÜBEL-STAUDEN

Agapanthus (Schmucklilie). Sehr dekorative, spät blühende Einzelpflanze. Muss in kalten Regionen im Haus überwintern.

Dicentra spectabilis (Tränendes Herz). Schlanke Zweige mit zarten, herzförmigen Blüten; wirken im Kübel besonders.

Euphorbia (Wolfsmilch). Ganzjährig attraktiv, interessante Formen; verträgt Trockenheit. E. myrsinites (Walzen-Wolfsmilch) wirkt besonders gut in hohen Gefäßen.

Gunnera manicata (Mammutblatt). Riesige Sumpfpflanze mit gewaltigen Blättern und Samenständen. Braucht feuchten Boden und geschützten Standort. Attraktiv im halbierten Fass.

Helleborus (Christrose). Edle Pflanze von zarter Schönheit. In Töpfen blühen sie im kalten Gewächshaus früher. Passt gut zu Schneeglöckchen und Lungenkraut.

Hemerocallis (Taglilie). Wählen Sie Sorten mit großen oder zweifarbigen Blüten.

Heuchera (Purpurglöckchen). Treibt große Büschel dekorativer Blätter in Bronze- oder Violett-Tönen. Im Sommer zarte Blüten in Weiß, Rosa oder Scharlachrot.

Hosta (Funkie). Beliebt wegen der interessanten Blätter, obwohl sie auch schöne Blüten hat.

Sedum spectabile (Fetthenne). Verträgt Trockenheit und ist von langem Reiz. Schön als Einzelpflanze, blüht rötlich.

Zantedeschia aethiopica ›Cowborough‹ (Calla). Sehr auffällige Blätter und Blüten. Wächst im Wasser, verträgt aber auch Trockenheit. Sehr frostempfindlich.

◁ **BLAUER RIESE**
Die schmalen Blätter, hohen Stiele und die großen, blauen Blütenstände der Schmucklilie bilden im Kübel einen großartigen Blickfang für Hof oder Terrasse. Da sie recht frostempfindlich ist, sollte sie im Haus überwintern.

KAUF GROSSER PFLANZEN

Ein jüngerer Baum oder ein paar große Sträucher verwandeln Ihren Garten schlagartig. Eine gut gewählte Pflanze schenkt dem nichtssagenden Garten einen Blickfang – und der einsehbare Garten gewinnt einen lebenden Sichtschutz, auf den Sie sonst Jahre warten müssten.

Nicht jeder größere Baum oder Strauch lohnt sich zu kaufen. Hingegen sind schon größere Exemplare langsam wachsender Arten eine gute Investition, während kleinere, schnellwüchsige Arten ihre Endgröße ohnehin rasch erreichen.

Damit der Kaufpreis und die Mühe des Einpflanzens gerechtfertigt ist, müssen solche Pflanzen neben ihrer Größe noch andere Vorzüge aufweisen. Immergrüne könnten etwa eine interessante Wuchsform haben und laubabwerfende Pflanzen schöne Blüten, essbare Früchte oder eine großartige Herbstfärbung. Einige kaufenswerte Großpflanzen enthält die Liste auf der Folgeseite.

▽ **ZARTES WEISS**
Ob als kleiner Baum oder großer Strauch – die Kupfer-Felsenbirne (Amelanchier lamarckii) mit den zarten, weißen Frühjahrsblüten und dem leuchtend orangerotem Herbstlaub ist sehr reizvoll und recht unkompliziert, aber sie bevorzugt kalkfreien Boden.

Zunehmend werden große, zu Formen erzogene Pflanzen angeboten, wie etwa Spalierapfelbäume oder Feuerdorn, aber sie sind oft teuer. Bedenkt man ihr rasches Wachstum, so gewinnt man beim Kauf dieser Exemplare vielleicht drei bis fünf Jahre. In den meisten Fällen können Sie solche Pflanzen leicht selbst in Form bringen.

BEZUGSQUELLEN

Das größte Angebot haben immer noch Gärtnereien, die auf große Pflanzen spezialisiert sind. Wenn Sie nach Katalog auswählen, sollten Sie vor dem Kauf die Pflanzen unbedingt in Augenschein nehmen. Informieren Sie sich über Widerstandsfähigkeit, Größenwachstum, Wachstumsdauer und spezielle Eigenschaften. Die Preise der Gärtnereien beziehen sich häufig auf den Literinhalt des Behälters. Der Topfdurchmesser misst bei 25 Litern ca 35 cm und bei 45 Litern ca 45 cm. Manche berechnen die Preise wiederum nach Pflanzengröße.

EINPFLANZEN

Die jüngeren Pflanzen werden meistens im Behälter geliefert und können zu jeder Jahreszeit eingepflanzt werden – bei heißem, trockenem Wetter muss man allerdings gut wässern. Immergrüne pflanzen Sie am besten im Herbst ein und laubabwerfende Pflanzen zwischen Frühherbst und Frühwinter, damit sich ihre Wurzeln noch vor Wintereinbruch im Boden verankern; zudem überstehen sie dann besser einen heißen und trockenen Folgesommer.

Die Pflanzlochtiefe muss der Ballenhöhe im Container entsprechen. Falls Sie beim Graben in den Unterboden gelangen, müssen Sie ihn auflockern und mit Humus oder Kompost aufbessern (vgl. auch Seite 204–205).

KAUFENSWERT

Acer (Ahorn). Baum/Strauch; je älter, desto schöner die Form; Arten mit schöner Herbstfärbung.

Arbutus unedo (Erdbeerbaum). Immergrüner Baum; wird mit zunehmendem Alter schöner.

Amelanchier (Felsenbirne). Baum/Strauch, sternförmige Blüten und schöne Herbstfärbung; trägt Früchte.

Bambus. Blickfang und Sichtschutz; verschiedene Arten.

Camellia (Kamelie). Immergrüner Baum/Strauch; verschiedene Arten und Blütenfarben; blüht im Frühjahr.

Cornus controversa ›Variegata‹ (Pagoden-Hartriegel). Baum mit waagerechten Zweigen.

Dicksonia antarctica (Tasmanischer Baumfarn). Je älter desto attraktiver.

Hamamelis (Zaubernuss). Laubabwerfender Strauch; gelbe Winterblüten.

Ilex (Stechpalme). Immergrüner Strauch/Baum; beerenartige Früchte.

Magnolia (Magnolie). Strauch/Baum; laubabwerfende und immergrüne Arten; prachtvolle Blüte im Frühjahr.

Phormium (Neuseeländer Flachs). Eindrucksvolle, immergrüne Staude.

Pieris japonica (Japan. Lavendelheide). Immergrüner Strauch; blüht im Frühjahr rosa oder weiß.

Taxus baccata ›Fastigiata‹ (Säuleneibe). Konifere (immergrün).

Wisteria sinensis (Blauregen, Chinesische Glyzine). Ältere Kletterpflanze blüht üppiger.

◁ **DSCHUNGELEFFEKT IM NU**
Ein großer Tasmanischer Baumfarn (Dicksonia antarctica) zaubert sofort tropisches Flair. Der Stamm, Teil des Wurzelsystems, transportiert Wasser an die Spitze, aus der die Wedel austreiben. Dieser Wachstumspunkt ist sehr frostempfindlich!

VERJÜNGUNGSKUR

Ausgewachsene Pflanzen können unansehnlich werden oder das Blühen einstellen. Graben Sie solche Pflanzen nicht übereilt aus. Oft kann man sie zu verschiedenen Zeiten im Jahr einfach verjüngen, indem man alte oder schwache Triebe zurückschneidet oder die verwelkten Blütenstände entfernt.

▷ **JÄHRLICHER SCHNITT**
Lavendel bleibt besser in Form, wenn er jedes Jahr im Frühling geschnitten wird. Kahle, alte Pflanzen sollte man besser durch junge ersetzen, da holzige Zweige nur selten neu austreiben.

△ **ZWEITER AUFTRITT**
Lupinen sehen nach der Blüte zerzaust aus. Schneiden Sie die Blütenkerze ab, sobald sie verwelkt; oft blüht sie dann ein zweites Mal.

Manche Pflanzen brauchen zwei bis drei Jahre, um sich von einem Verjüngungsschnitt zu erholen, andere sprechen schneller an. Viele Sträucher und Stauden sowie einige Kletterpflanzen verbessern dadurch schon im ersten Jahr Wachstum und Blütenbildung deutlich. Und der Zeitaufwand hierfür beträgt jeweils kaum 15 Minuten. Für einen erfolgreichen Rückschnitt ist allerdings Voraussetzung, dass die Pflanze gesund und nicht von Schädlingen befallen ist.

STAUDEN

Wenn man Stauden im Sommer zurückschneidet oder verwelkte Blüten abschneidet, treiben sie oft neue Blätter oder Blüten. Storchschnabel und Frauenmantel sehen schön im Frühsommer aus, aber dann fallen die Blüten ab oder das Blattwerk welkt. Schneidet man sie kräftig zurück und gießt sie gut, so treiben sie neu. Wird Rittersporn nach der Blüte radikal zurückgeschnitten, blüht er oft ein zweites Mal.

STRÄUCHER

Viele Sträucher blühen im Sommer an den frischen Trieben des gleichen Jahres. Schneiden Sie alte Triebe im Frühjahr aus, um Platz für die Neuen zu schaffen. Dadurch erzielen Sie größere und zahlreichere Blüten und eine bessere Strauchform. Blühen diese Sträucher nur noch spärlich, so schneidet man sie gleich nach der Blüte zurück. Das beschert einen reichen Blütenflor im Folgejahr. Winterharte Fuchsien und Gartenhibiskus schneiden Sie am besten zurück, wenn Sie die ersten Triebknospen sehen. Es gibt zwei Haupttechniken: Sie schneiden bis knapp über der Basis jeden dritten Zweig heraus, oder Sie kürzen alle Zweige um zwei Drittel (vgl. ab Seite 210). Welche der Methoden richtig ist, hängt vom betreffenden Strauch ab. Suchen Sie gegebenenfalls Rat.

KLETTERPFLANZEN

Kräftige Kletterrosen, die im Jahr einmal blühen, sollte man nach der Blüte schneiden (vgl. ab Seite 210). Haben sie vom Boden aus starke Triebe entwickelt, sollten Sie die gleiche Anzahl alter Triebe bis zur Basis zurückschneiden – aber nicht alle alten Triebe, es sei denn, die Rose soll grundlegend verjüngt werden. Bei Kletterrosen, die im Jahr mehrmalig blühen, schneidet man alte, unproduktive Triebe direkt über einem jungen Seitentrieb ab.

Starkwüchsige Kletterpflanzen wie Blauregen und Bergwaldrebe *(Clematis montana)* bilden bald schlingende Triebe. Sie lassen sich zähmen, wenn man die langen Sommertriebe nach der Blüte zurückschneidet. Um das holzige Astgerüst kümmern Sie sich bequemer im Winter. Einige Clematis-Sorten mit später Blüte blühen nur auf neuen Trieben, weshalb man sie im Spätwinter oder Vorfrühling direkt über der frischen Blattknospe beschneidet.

AUSNAHMEN

Überalterte Pflanzen ersetzen Sie besser; ausgewachsene Bäume und Hecken erholen sich nach dem Rückschnitt sehr langsam. Bereiten Bäume Probleme – wenn beispielsweise ein Ast bricht oder abstirbt –, dann muss man ihn schneiden (vgl. ab Seite 212). Bei Bäumen ist ein Verjüngungsschnitt mit mehr Aufwand verbunden und sollte vom Fachmann ausgeführt werden. Hinweise zum Schneiden von Hecken finden Sie auf Seite 210–213.

PROBLEME VERHINDERN

Einmal wöchentlich mit der Gartenschere einen Spaziergang durch den Garten zu machen ist ratsam, um entstehende Probleme rasch zu beseitigen. Pflanzen mit panaschierten Blättern zum Beispiel bilden manchmal Zweige mit einfarbig grünen Blättern, die schneller wachsen und die Mutterpflanze erdrücken. Knipsen Sie daher alle grünen Triebe sofort ab.

Unerwünschte Wildtriebe müssen Sie rasch entfernen, solange sie weich sind. Sie werden an der Basis der Mutterpflanze abgerissen und nicht abgeschnitten, da dies nur deren Wachstum noch anregt. Müssen Sie doch zur Schere greifen, so muss der Wildtrieb genau am Ansatz sorgfältig herausgeschnitten werden. Achten Sie auf solche Wildtriebe bei Rosen und gepfropften Rhododendren. Weitere Schnitt-Techniken finden Sie ab Seite 210 erläutert.

◁ **KLETTERROSE**
Gesunde Kletterrosen können nach der Blüte zurückgeschnitten werden. Alte oder kopflastige Rosen brauchen eine Verjüngung, die man am besten im Winter vornimmt. Im Frühjahr ist mulchen und düngen notwendig.

RASEN AUSBESSERN

Ein gut gepflegter Rasen kann für den Garten ein Juwel darstellen. Finden Sie aber einen Problemrasen vor, dann verzweifeln Sie nicht. Auch solch eine Grasfläche kann ihre ursprüngliche Schönheit zurückgewinnen. Ist der Rasen allerdings völlig kaputt, dann ist es ratsamer, ihn ganz neu anzulegen.

△ **WENIG PFLEGE**
Einen makellosen Rasen zu übernehmen, mag einschüchtern. Um seine Form zu bewahren, müssen Sie jedoch im Frühjahr kaum mehr als ein Pflege-Wochenende opfern und während der Wachstumsperiode regelmäßig mähen.

Selbst wenn Sie den Rasen entfernen oder seine Lage verändern wollen, sollten Sie zunächst das Vorhaben aufschieben bis Sie die übrigen Gartenarbeiten erledigt haben. Immerhin sind nur wenige Flächen so günstig und einfach auszubessern wie ein Rasen. Ihn abzutragen kann sich zudem als kostspieliger Irrtum erweisen, wenn danach klar wird, dass etwa den Kindern nun ein Spielrasen fehlt. Der Erfolg einer Schnelllösung ist abhängig vom Zeitpunkt der Maßnahme, von Art und Höhe des Grases – und davon, wozu der Rasen auf Dauer dienen soll.

EIN ABGETRETENER RASEN

Ein Rasen, der viel genutzt und wenig gepflegt wurde, lässt sich leicht wiederherstellen – am besten im Herbst oder Frühjahr (vgl. Seite 216–217). Der Fachhandel bietet eine Anzahl Komplettpackungen für die schnelle Rasenrenovierung an. Die Grassamen sind in einem speziellen Streuer und oft mit einem Dünger kombiniert, um dem Gras einen guten Start zu geben. Hat der Rasen breite, flache Grashalme, wählen Sie eine Weidegras-Mischung; hat er mehr schmale, nadelförmige Halme, ist eine Zierrasen-Mischung gut. Für vereinzelt kahle Rasenstellen ist ein Reparaturset ideal. Bei einem stark abgenutzten Rasen muss man jedoch auf der gesamten Fläche säen. Sobald neues Gras keimt, verjüngt sich der Rasen.

EIN MAKELLOSER RASEN

Dieser Rasen war sicher der ganze Stolz des Vorbesitzers, Ihnen aber mag der Gedanke an die aufwändige Instandhaltung weniger Freude bereiten. Doch keine Sorge – es ist besser, Sie mähen häufiger, um das Gras auf der erforderlichen Höhe zu halten, als das Gras hoch wachsen zu lassen und dann kräftig zu mähen. Eine Intensivbehandlung mit Düngemitteln ist unnötig, doch hartnäckiges Unkraut sollten Sie sofort ausstechen oder mit Unkrautvernichter behandeln.

Solch ein perfekter Rasen besteht wahrscheinlich aus einer Ziergras-Mischung mit feinen Halmen ohne Weidegras-Anteil. Zierrasen kann sehr kurz geschnitten werden, ist aber nicht sonderlich trittfest. Neuerdings gibt es recht robuste Weidegrassorten mit sehr feinen Halmen, die über den gesamten Rasen ausgesät werden. Man hält ihn dann durch regelmäßiges Mähen etwa 2,5 cm hoch, was für Weidegras förderlich ist. Geeignetes Weidegras finden Sie gegebenenfalls auch im landwirtschaftlichen Fachhandel.

HOHES GRAS

Hoch gewachsenes Gras sollten Sie unbedingt zuerst mit der Hand- oder Motorsense auf eine Länge schneiden, die der Mäher danach gut bewältigt. Erlauben Sie aber dem Rasen, sich ein paar Tage zu erholen, bevor Sie mit dem Mäher bei höchster Ein-

stellung über die Rasenfläche gehen. Möglich ist auch, eine Wildblumenwiese wachsen zu lassen und nur eine kleine Teilfläche frei zu halten, die regelmäßig auf 2,5 cm gekürzt wird. Oder Sie schaffen eine Lichtung und mähen einen Pfad dorthin – oder einen Weg zu einem Blickfang. Die übrigen Grasflächen könnten teilweise ca 10 cm hoch werden und andere zur Wildblumenwiese auswachsen, die Sie nur zweimal im Jahr mähen müssen.

△ **LANG UND KURZ**
Bei einem großen Garten erleichtert es die Arbeit, wenn man Teilflächen als blühende Wildblumenwiese wachsen lässt.

EIN KONTURLOSER RASEN

Ein vernachlässigter Rasen kann in Randbeete wachsen oder gar über Gartengrenzen hinaus. Hat er eher die klare Form etwa eines Kreises, Quadrats oder Rechtecks, kann er im Garten ein Gestaltungselement sein. Fehlt eine klare Rasenkontur, so stechen Sie saubere Kanten mit einem Kantenstecher (Halbmondspaten, Seite 218) ab. Haben Sie Größe und Form des Rasens festgelegt, sind Kantensteine aus Ziegel oder Pflastersteine sinnvoll, die man knapp unterhalb der Rasenfläche verlegt. Nun können Sie mit dem Mäher auch über die Rasenkanten fahren, die Sie somit nicht mehr separat säubern müssen.

△ **FORMEN SCHNEIDEN**
Eine interessante Gestaltung aus langem und kurzem Gras. Solche Experimente bringen Sie vielleicht auf Ideen für eine fantasievolle Langzeitlösung.

BLÜHENDE BEETE ZAUBERN

Mit einjährigen Pflanzen füllen Sie Beetlücken oder kleine Bereiche und verschönern Ihren Garten augenblicklich. Einjährige ersetzen alte Pflanzen, die entfernt wurden, oder beleben ein Strächerbeet. Da sie kurzlebig sind, kann man die Wirkung von Blütenfarben und Pflanzstilen zuerst ausprobieren.

▽ **SOMMERGEWAND**
Petunien werden in vielen Einzelfarben angeboten – in einfarbigen und gemischten Tönen. Hier strahlt an einem sonnigen, trockenen Standort die Sorte ›Devon Cream‹ in hübschen Sommerfarben.

Einjährige Sommerblüher sind meistens frostempfindlich, und kommen deshalb im Frühjahr nach dem letzten Frost ins Beet. Teilweise blühen sie sogar mehrere Monate hindurch. Mit dem ersten Frost sterben sie ab und werden ausgegraben. Kurzlebige Stauden und einjährige Winterblüher pflanzt man bei sich abkühlendem Herbstwetter ein, dann können sie noch vor der Kälteperiode gesundes Wurzelwerk ausbilden.

Ein Jahresbeet zu gestalten kostet Zeit. Es gibt jedoch auch einfache Lösungen. Starkwüchsige Arten, die überhängen – etwa Petunie Surfinia®, Strohblume *(Helichrysum petiolare)*, Zweizahn *(Bidens ferulifolia)*, Eisenkraut oder Spaltglocke –, machen sich in geringerer Zahl zwischen Sträuchern gut, wo sie sich frei ausbreiten dürfen. Kompaktere Arten sollten als Lückenfüller eher Gruppen mit drei bis fünf Pflanzen bilden. Auch einzelne, größere Einjährige wie Pelargonien, Australheide *(Epacris longiflora)* oder Strauchmargeriten füllen freie Stellen schön aus.

WUCHSTYPEN

Haben Sie wenig Platz oder möchten ein formales Beet anlegen, so pflanzen Sie zwergwüchsige Arten, die in ihrer Höhe und Blütezeit zusammenpassen. Wählen Sie Züchtungen (F1-Hybriden), die gleichmäßig ausfallen. Zum Schließen von Lücken im Staudenbeet bieten sich im Sommer höhere Arten wie Schmuckkörbchen *(Cosmos)* oder Ziertabak an. Ebenso harmonieren Korbblütler wie Margerite und Kap-Aster oder andere Pflanzen wie Mehlsalbei *(Salvia farinacea)* und Löwenmaul.

NEUE STRÄUCHERBEETE

Zu Saisonanfang sehen Inseln aus Einjährigen im Gehölzbeet sehr hübsch aus, um kahle Bodenstellen zu beseitigen. Gut geeignet sind niedrige Sorten wie Fleißiges Lieschen, Mittagsgold *(Gazania)* oder Petunien, die den jungen Sträuchern genügend Luft lassen. Da Sträucher einen neutralen Hintergrund abgeben, dürfen Sie nach Belieben Ihre Farbwahl treffen – sei es nun eine ein- oder mehrfarbige Gestaltung.

ERFOLGREICHE STANDORTE

Da Einjährige ohnehin nur eine Saison lang blühen, sind gute Startbedingungen wichtig. Die meisten Einjährigen bevorzugen Sonne und müssen ausreichend gegossen werden; sie gedeihen aber auch im Halbschatten. Einen schattigen Platz vertragen Schiefblatt *(Begonia semperflorens)* und Fleißiges Lieschen *(Impatiens)* am besten.

Es gibt Einjährige für feuchte und für trockene Böden. Falls Sie Ihren Garten noch nicht so gut kennen, kaufen Sie von jeder Sorte ein paar. Viel Regen tolerieren beispielsweise Löwenmaul, Ziertabak, Begonien, Lobelien bzw. Männertreu, Stiefmütterchen und Fleißiges Lieschen. Trockenheit dagegen erdulden Zweizahn, Doppelsporn *(Diascia)*, Kap-Aster *(Felicia)*, Mittagsgold, Petunie, Storchschnabel-Arten und Zinnie.

Einjährige Blattpflanzen sind weniger wetterabhängig als Blumen. Ungewöhnlich wirkt das attraktive Blattwerk der Duftpelargonie *(Pelargonium x fragrans)* – etwa ›Lady Plymouth‹ oder ›Chocolate Peppermint‹.

▷ **LÜCKENFÜLLER**
Einjährige sind praktische Lückenfüller in einem alten Stauden- oder Gehölzbeet. In dieser Rabatte bilden schattentolerante Begonien einen wirkungsvollen Beetabschluss.

▽ **GUTE PARTNER**
Der lockere Wuchs und die Strahlenblüten der Kapmargeriten passen gut zum silberblättrigen Wollziest. Die Kapmargeriten sind frostempfindliche Stauden, die bei uns meist als Einjährige kultiviert werden.

ABSCHIRMEN UND ÖFFNEN

Durch Sichtschutzgitter wirkt ein Garten interessanter – sie trennen Stil-, Farb- und Zweckbereiche. Sie sind ideal, um leidige Anblicke zu verstecken. Ein Torbogen zwischen Gittern verlockt und weckt den Entdeckerdrang, oder er bildet einen perfekten Rahmen für Dekorationsstücke.

▽ **HARMONISCH**
Größere Gartenbauten sollten zu den anderen Gartenelementen und zum Haus passen. Diese dekorativen Gitterwände bilden mit dem Wintergarten eine vollendete Einheit.

Einige der hier beschriebenen Konstruktionen wie ein Bogen etwa sind als Bausatz käuflich. Alle sind aber auch von einem geübten Heimwerker übers Wochenende zu fertigen. In der Regel müssen Pfosten eine Bodenverankerung erhalten. Am schnellsten und einfachsten kann man mit Metallschuhen die Pfosten ins Erdreich einschlagen (vgl. Seite 201).

SICHTSCHUTZGITTER

Billige Gitterelemente sind oft schlecht und zu schwach gebaut – und besondere Formen sind teuer. Es lohnt sich deshalb, sie selbst herzustellen oder in Auftrag zu geben. Fertige Dachlatten sind preiswert und haben die richtige Stärke, um sie an den Stützpfosten zu befestigen und so ein Gitter zu bilden.

Abschlussbogen lassen sich mit der Stichsäge aus imprägniertem Sperrholz zusägen.

KETTEN UND TAUE

Oft sind Mauerpfeiler mit dicken, durchhängenden Tauen für große Gärten typisch. Sie unterteilen den Garten, ohne den Durchblick zu verwehren. Dasselbe können Sie auf rasche Art mit Holzpfosten erzielen. Obenauf setzen Sie passende Dekorabschlüsse und schrauben Messinghaken zum Einhängen einer Kette an.

RUSTIKALES FLECHTWERK

Geflochtene Trennelemente aus Weiden oder Haselnusszweigen haben eine sehr alte Tradition. Sie passen stilgerecht in Cottage- und Naturgärten, aber auch gut in moderne Gärten. Naturmaterialien wie Rohr bzw. Schilf, erhältlich als Matten bzw. Rollenware, eignen sich ebenfalls und halten ungefähr drei bis fünf Jahre.

ARKADE UND ROSENBOGEN

Ein einzelner Bogen auf Stützen markiert den Übergang von einem Bereich zum anderen. Obwohl solch eine Arkade rasch aufgestellt ist, muss die Standortwahl gut durchdacht sein. Als Unterbrechung zwischen Gitterwänden oder einer Hecke ist die Wirkung oft noch schöner. Sofern Sie einen Bogen über einem Fußweg aufstellen, mag eine Abtrennung schon existieren – beispielsweise Sie errichten ihn über einer Gartentüre, an die sich beidseitig ein Zaun, eine Mauer oder Hecke anschließt. Sonst kann man vielleicht Rabatten verlängern, um einen ähnlichen Effekt zu erzielen. Bleibt gar keine andere Möglichkeit, so sind auch schnell Gitterwände aufgestellt, die sich mit einem Bogen gleichen Stils verbinden lassen.

PFLANZTROG MIT RANKGITTER

Große Pflanzkästen aus Holz, kombiniert mit Rankgittern, kann man kaufen oder selbst bauen. Ihre Vorteile sind: Sie bieten vorübergehend guten Sichtschutz, und man muss keine Stützen im Boden verankern – sind also auch dort verwendbar, wo kaum oder gar kein Erdreich vorhanden ist. Wählen Sie aber Kletterpflanzen, die in den Kästen genügend Platz finden.

△ **ÜBERGANG**
Metall ist gut formbar, wie dieser Durchgang beweist. Man kann Metallelemente streichen oder einfach natürliche Patina entstehen lassen.

GEEIGNETE PFLANZEN

Bis eine Gitterwand oder eine Arkade von Kletterpflanzen berankt ist dauert seine Zeit. Schnellwüchsige Pflanzen sind nicht immer ratsam, da sie gerne für leichte Gerüste zu schwer werden. Für einen vorübergehenden Sichtschutz sind einjährige Kletter- oder Topfpflanzen gut. Stellen Sie vor dem Gitter mehrere Kübel auf oder je einen Kübel beidseitig der Arkade. Hohe Pflanzen wirken hierbei weicher. Oder Sie befestigen kleine Töpfe mit schnellwüchsigen Hängepflanzen an den Pfosten oder Querstreben. Die Pflanzen sollten Trockenheit vertragen oder bewässert werden.

Rosen von mittlerer Wuchsdauer eignen sich für Rankbogen ebenso gut wie viele andere neue Kletterpflanzen. Größere Rosen können Sie in Behältern kaufen; erstehen Sie für einen Bogen ein Paar, damit die Rosen beidseitig hochranken.

▽ **DURCHGANG**
Diese Holz-Pergola verbindet und trennt zugleich einzelne Gartenbereiche.

FLINKE KLETTERER

Die sehr starkwüchsigen Arten begrünen schnell Mauern, Zäune und Rankgitter. Viele sind einjährig oder frostempfindlich. Die kurze Lebensdauer hat Vorteile, wenn noch kein festes Gestaltungskonzept für den Garten besteht. Die Platzierung Mehrjähriger will dagegen gut überlegt sein.

▽ **FARBE UND DUFT**
Mit einem von Wicken berankten Gerüst holen Sie im Handumdrehen Duft und Farbe in den Garten. Sie können Wicken im Frühjahr oder Herbst an geschützten Standorten direkt ins Freiland säen. Sie keimen bei etwa 15° C.

Einjährige Kletterer entwickeln ein üppiges Wachstum, werden nicht schwer und sind für leichte oder befristete Rankstützen ideal. Sie können auch als Lückenfüller zwischen Stauden dienen, wenn man sie an Stangen hochranken lässt. Dadurch erreichen Sie den zusätzlichen Effekt des Höhenunterschieds. Die Einjährigen verlangen einen warmen, geschützten und sonnigen Standort, und die meisten lieben feuchte, aber durchlässige Erde. Fehlen diese Bedingungen, sollten Sie starkwüchsige Mehrjährige wählen (siehe Kasten gegenüber).

PFLANZEN AUFZIEHEN

Meistens werden Einjährige zu Frühjahrsbeginn drinnen aus Samen in Töpfen herangezogen. Kapuzinerkresse und Duftwicken kann man jedoch auch direkt ins Freiland säen. Da die Blüte der Einjährigen sehr vom Wetter abhängt, empfiehlt sich, im Frühjahr monatlich ein paar Samen zu säen, um für eine gute Blühfolge zu sorgen. Ist der Zeitpunkt für die Aussaat verpasst, kann man etwas später Jungpflanzen im Gartencenter kaufen oder im Frühsommer bereits größere Pflanzen.

MIT ESSBAREN FRÜCHTEN

Bis der Küchengarten richtig angelegt ist vergeht eine Zeit; doch Feuerbohnen und Kürbisse gehören zu den Gemüsearten, die in jedem Garten nahezu ohne Mühe wachsen. Beide sind sehr anpassungsfähig und lassen sich auf fast beliebige Art ziehen – ob an einer sonnigen Wand, ob in einem leeren Beet an einem dreibeinigen

EINJÄHRIGE KLETTERER

Asarina (Maurandie). Bis 2 m hohe, rankende Art mit kleinen violetten oder roten Blüten.

Cobaea scandens (Glockenrebe). Rankend; schöne Blüten, die sich gelblich-grün öffnen und später violett färben. Wuchshöhe bis 4 m.

Codonopsis (Glockenwinde). Schlingpflanze, verschiedene Sorten; Wuchshöhe 1–3 m. Meist blaue, glockenförmige Blüten.

Cucurbita pepo (Zierkürbis). Wuchshöhe über 2 m. Trägt interessante Früchte, die vor allem an Arkaden gut zur Geltung kommen.

Eccremocarpus scaber (Schönranke). Wuchshöhe 2–3 m. Trägt vom Sommer bis zum Herbst zahlreiche orangerote Blüten.

Ipomoea (Prunkwinde). Wuchshöhe bis 3 m; bevorzugt sonnigen Standort. Blaue, rosa oder rote trompetenförmige Blüten.

Lathyrus odoratus (Duft- bzw. Edelwicke). Wird wegen ihres Dufts und ihrer Farben als Schnittblume gezogen. Braucht relativ viel Pflege; rankend. Wuchshöhe 2–3 m.

Thunbergia alata (Schwarzäugige Susanne). Nicht allzu wüchsig, rankend, Wuchshöhe etwa 1 m. Gut für Kübelkultur. Blüten orange, gelb oder weiß.

Tropaeolum majus (Kapuzinerkresse). Rankende Sorten mit interessanten Blüten in Rot-, Orange- und Gelbtönen; bis 1,20 m lange Ranken. Ideal zum Begrünen von niedrigen Mauern. Gedeiht auch in mageren Böden.

Tropaeolum peregrinum (Kapuzinerkresse). Dichtes Blattwerk; gelappte Blattform, gelbe Blüten. Wuchshöhe etwa 3 m.

◁ **SCHNELLE KLETTERER**
Feuerbohnen sind sehr schnellwüchsige Einjährige, die auch im Kübel gut gedeihen. Eine einzige Pflanze bringt reichliche Ernte, außerdem haben sie hübsche Blüten und sorgen rasch für Sichtschutz.

Gerüst oder einem improvisierten Bambusgerüst oder an Bogenpfosten. Sie benötigen aber einen geschützten Standort und viel Feuchtigkeit, da sie schnell wachsen. Man kombiniert sie zudem gerne mit Wicken, um Insekten für die Bestäubung anzulocken.

Für Feuerbohnen sollte man vor der Aussaat den Boden mit Kompost anreichern und später gut mulchen. Günstig ist, im Herbst ins Gemüsebeet zuvor Gartenabfälle einzugraben. Sie können auch drinnen Kürbisse und Feuerbohnen in Töpfen heranziehen und nach den Eisheiligen ins Freiland setzen. Stecken Sie im Abstand von 30 cm eine Kletterstange in den Boden, an denen je zwei Bohnenpflanzen hochranken. Kürbisse lassen Sie an Bögen, Stangen oder Gittern emporklettern. Da die starkwüchsigen Pflanzen in die Höhe wachsen, sparen Sie zudem Platz.

Mehrjährige Kletterer

Sie bilden rasch eine dichte Begrünung. Da sie tief wurzeln, brauchen sie weniger Wasser als Einjährige, aber stabile Stützen; Rückschnitt notwendig, wenn sie auf Nachbarpflanzen übergreifen.

Ampelopsis und **Parthenocissus** (Scheinrebe und Jungfernrebe bzw. Wilder Wein). Laubwerfende Selbstklimmer für große Mauern. Schöne Herbstfärbung mit Beeren. Wuchshöhe: Scheinrebe 5–10 m, Jungfernrebe 9–10 m.

Clematis montana (Bergwaldrebe). Schnellwüchsige Rankpflanze, blüht im Frühling an Vorjahrestrieben, laubabwerfend. Einige Sorten duften; Wuchshöhe: ca. 10 m.

Fallopia baldschuanica (Bucharischer Knöterich). Wächst am schnellsten, braucht viel Platz. Weiße, attraktive Blüten im Sommer, laubabwerfende Schlingpflanze. Wuchshöhe: etwa 12 m.

Hedera canariensis und **H. colchica** (Efeu-Arten). Immergrüne Selbstklimmer, großblättrige Sorten zur schnellen Begrünung. Wuchshöhe: 6 m.

Humulus lupulus ›Aureus‹ (Goldhopfen). Winterharte Schlingpflanze, mit goldgelben Blättern. Rückschnitt im Herbst. Wuchshöhe: 6 m.

Lonicera japonica (Japanisches Geißblatt). Immergrüne oder laubwerfende Sorten, Schlingpflanze zur schnellen Begrünung. Wuchshöhe: 6 m.

RASCHE FARBEFFEKTE

Farben und Holzlasuren können Ihren Garten wirkungsvoll auffrischen. Im Fachhandel gibt es hierfür eine breite Farb- und Produktpalette. Auf diese Art erzielen Sie schnelleren Erfolg als mit Pflanzen – und Farbe heitert Ihren Garten sogar im Winter auf. Sind Sie den Farbton leid, ist er rasch überstrichen.

△ **BLINDFENSTER**
Mit Farbe erhält ein langweiliger, aber solider, alter Schuppen neues Leben wie dieses falsche Fenster beweist. Größere Gebäude kann man wunderbar als »Leinwand« für allerlei kreative Ideen benützen.

Farbvorlieben hängen vom eigenen Geschmack und der Mode ab. Ehe Sie einem Trend folgen, bedenken Sie den Lichteinfluss auf die Farbe. Lebhafte Farben sind in der starken Sonne des Südens hinreißend, doch in nördlichen Regionen sind sanfte, gedämpfte Farben die bessere Wahl. Farbe verbindet Gartenelemente optisch, so etwa Kübel und Sitzmöbel. Aber Vorsicht, zu viel des Guten wirkt leicht eintönig.

Überlegen Sie gut, ob Sie durch die Farbe den Kontrast oder die Harmonie zu den vorgegebenen Farbtönen der Pflanzen und jeweiligen Gartenelementen möchten. Fällt Ihnen die Entscheidung schwer, so kaufen Sie verschiedene Farben in kleinsten Mengen, und streichen Sie ein paar Holzstücke an, die Sie auslegen. Beobachten Sie einige Tage zu unterschiedlichen Tageszeiten die Farbwirkung. Wollen Sie ein zu gewichtiges Erscheinungsbild eines Baues – etwa eines Schuppens – mildern, dann wählen Sie zweierlei Abtönungen einer harmonischen Farbe.

AUSSENFARBEN UND FARBLACKE

Sie sind ideal, um in Außenbereichen Farbtupfer zu schaffen oder farbliche Pflanzschemas zu ergänzen. Wollen Sie ein Element hervorheben, empfehlen sich Glanzfarben. Matte Farboberflächen »verschlucken« Licht, weshalb sie gedämpfter wirken.

Farben basieren auf Lösungsmitteln, davon einige auf Wasserbasis. Unbehandeltes Holz verlangt zuerst einen Grund- oder Voranstrich. Wollen Sie einen alten Anstrich mit frischer Farbe versehen, dann wird zuerst die Oberfläche mit einer Drahtbürste von lockeren Farbteilen befreit, mit heißem Seifenwasser dann gereinigt und nach dem Trocknen mit Sandpapier leicht angeschliffen.

HOLZLASUR UND BEIZE

Sie dringen ins Holz ein und verändern die Oberflächenfarbe, ohne die Maserung abzudecken. Sie eignen sich gut zum Tönen von hellem Holz wie etwa Kiefer. So können Sie eine Pergola oder Gitterwerk an die natürliche Gartenumgebung anpassen. Holzlasuren auf Wasserbasis sind angenehm zu verarbeiten und naturverträglicher als andere.

SCHNELLE ERFOLGE

Die folgenden Dekorationsvorschläge verwirklichen Sie gut an einem Tag. Farben auf Wasserbasis sind etwa nach drei Stunden grifffest. Für solche Arbeiten ist ein sonniger, leicht windiger Frühlingstag ideal, ehe die Pflanzzeit beginnt.

Sitzmöbel. Stühle und Bänke aus Leisten sind wegen der vielen Einzelflächen mühsam zu streichen. Man kann tragbare Sitze aber schon im Winter drinnen streichen. Wählen Sie zum Umfeld eine tongleiche oder kontrastreiche Farbe.

Gitter. Mit einem Farbanstrich sehen sie im Frühjahr, ehe Pflanzen daran hochwachsen, wirkungsvoll aus. Aber die Malerarbeit ist aufwendig; mit der richtigen Pinselwahl geht es leichter. Oder Sie verwenden einen Farbsprüher.

Stützstangen. Da sie im Boden stecken, wenn die Pflanzen noch klein sind, könnten sie als Gartendecor dienen, wenn Sie etwa alle Holzstützen in einem Beet im gleichen Farbton streichen. Dasselbe gilt für Bambusstäbe, die man zuvor aber leicht anschleifen muss. Auch formale Rankpyramiden z. B. bezaubern mit neuem Farbauftritt.

Beeteinfassung. Nur sichtbare Holzkanten werden gestrichen, und zwar bevor Sie die Beete mulchen. Der Farbton lässt sich den übrigen Elementen angleichen oder den Beetpflanzen.

Kübel. Wenn Sie in einem Holzkübel z. B. oder Balkonkasten die Bepflanzung ändern, können Sie ihm eine neue Farbe geben und zusätzlich mit Hilfe von Schablonen verzieren.

Schuppen und Gewächshaus. Anstatt solche Holzbauten schamhaft hinter Sichtschutzwänden zu verbergen, könnten sie auch ein markantes Aussehen erhalten. Gerade ein Schuppen erlaubt zum Teil der Kreativität viel Spielraum. Wie wäre es mit einer Umwandlung in eine Strand- oder Clubhütte etwa oder was Ihre Fantasie Ihnen sonst eingeben mag.

Wenn Sie aufgrund des reichhaltigen Angebots bei der Wahl des jeweils richtigen Farbprodukts unschlüssig sind, sollten Sie sich in einem Fachmarkt entsprechenden Rat einholen.

△ **RUHIGE TÖNE**
Diese kleine Laube wirkt durch die sanften blaugrünen Töne einladend und entspannend. Die blau karierten Kissen und der zartfarbene Blumenstrauß betonen die friedliche Stimmung.

◁ **SCHNELLKUR**
Um einen Gartenstil zu gestalten, brauchen Sie nicht viel Geld für Dekorationen und Pflanzen auszugeben. Allein durch den Einsatz passender Farben auf Wand, Fenster und Stuhl ist hier ein Sitzplatz im mediterranen Stil entstanden.

MAUERDEKOR

Eine völlig intakte Mauer kann eine ideale Leinwand für kreative Ideen darstellen – insbesondere, wenn die Gartenfläche begrenzt ist. Diese pfiffigen Dekorationen sind vor allem auch wirkungsvoll in Bereichen, wo Erdreich fehlt, um Außenwände mit Kletterpflanzen begrünen zu können.

◁ **GARTENKUNST**
Ein Wandgemälde macht aus Ihrer Mauer ein Kunstwerk. Aber man muss malen können oder malen lassen. Das Motiv sollte zu seiner Umgebung passen. Dieses provençalische Motiv mit Zypressen und Lavendel harmoniert gut mit dem Stil der Mauer.

Die Auswahl an Außenfarben für Zement, Putz und Mauern ist groß. Viele sind auf Wasserbasis und trocknen innerhalb von vier Stunden. Eine dunkle Ecke gewinnt durch Weiß oder Pastellfarben, die mehr Licht reflektieren. Für eine sonnige Wand sind kräftigere Töne wie Ocker möglich, die einen schönen Hintergrund für Pflanzen wie Lavendel und Zistrose abgeben.

Hängepflanzen in Wandkästen begrünen schnell eine Mauer. An Sonnenseiten sind Pflanzen ratsam, die Trockenheit gut vertragen – z. B. Pelargonien, Portulakröschen und panaschierte Thymianarten. Für eine schattige Wand eignen sich Begonien, Fuchsien, Efeu oder das Kleine Immergrün.

Wo kaum Platz am Boden zur Verfügung steht, sind halbkreisförmige Kübel praktisch, die man direkt an die Wand stellen kann. Und für Winkel gibt es inzwischen dreieckige Kübel.

In Sitzplatznähe mag auch ein Wandbrunnen überaus reizvoll sein. Solche Brunnen sind als Bausatz zu kaufen und leicht zu installieren. Als Stromanschluss genügt eine Steckdose im Haus. Wer Zeit hat, kann einen individuellen Wandbrunnen auch selbst bauen und mit Mosaiksteinen etwa gestalten. Eine üppige Bepflanzung ringsherum versteckt Kabel und Schlauch.

OPTISCHE TÄUSCHUNG

Trompe l'œil ist eine Augentäuschung und hat lange Tradition. Durch ein Bild werden dem Betrachter Objekte, eine Weite oder Größe vorgegaukelt, die nicht

existieren. Mit modernen Materialien kann man solche Effekte im Handumdrehen zaubern. Diese Technik bietet sich für kleine Gärten oder für ummauerte Bereiche mit Pflasterboden geradezu an.

Welcher Art ein Trompe l'œil auch sein mag, am besten wirkt es in einem Rahmen. Am einfachsten zu fertigen ist ein Holzrahmen oder ein vorgetäuschter Torbogen, doch auch mit Farbe oder Ziegeln lassen sich Effekte erzielen. Sofern Sie ein gutes räumliches Vorstellungsvermögen besitzen, können Sie sogar eine falsche Tür mit Rahmen aufmalen. Viele Blattpflanzen zu beiden Seiten machen das Bild glaubwürdig.

Gitterwand. Sie können ein Gitterwerk, das einen Bogendurchgang vortäuscht, kaufen. Damit solch ein Gitter an der Wand allerdings gut zur Geltung kommt, muss es sich von seinem Hintergrund farblich klar genug abheben.

Silhouetten. Die Illusion einer Abendstimmung gelingt mit einer großen schwarzen Holzsilhouette von Pflanzkübeln, die man an der Wand befestigt. Solche Schattenrisse gibt es auch zu kaufen. Mit Farbe und einer Außenbeleuchtung entsteht so ein überzeugender Sonnenuntergang.

Spiegel. Ein Spiegel erweitert den Gartenbereich optisch und fängt Licht ein. Nehmen Sie einen Qualitätsspiegel speziell für den Außenbereich. Testen Sie zuerst verschiedene Winkel und Neigungen, ehe Sie ihn sicher befestigen.

Wandgemälde. Mit Außenfarben lässt sich eine Mauer bemalen. Sollten Sie kein Maltalent sein, wählen Sie ein einfaches Motiv oder verwenden Sie Schablonen. Wem ein Holzrahmen nicht gefällt, mag den Rahmen auch selbst malen.

GASBETONSTEINE – GANZ LEICHT

Gasbeton gehört zu den billigsten Baustoffen. In einem modernen Garten kann eine gut gestaltete Wand attraktiv aussehen. Sie wirkt mit üppigen Blattpflanzen weicher – beispielsweise in Schattenbereichen mit Efeu und Farnen oder an sonnigen Standorten mit Gräsern oder Yucca. Oder man verwendet Muscheln bzw. andere Fundstücke als Dekor für die leichten Wände.

AUSWAHL NEUER PFLANZEN

Kletterpflanzen und manche Sträucher sind zur Mauerbegrünung vorteilhaft. Vielleicht möchten Sie aber zuerst herausfinden, welche Pflanzen sich dort wohl fühlen und welche Ihnen gefallen. Entscheidend für das Gedeihen von Pflanzen ist die Lage der Mauer. Oft ist hier der Boden sehr trocken und nährstoffarm und muss verbessert werden. Manchmal ist auch überhaupt keine Erde vorhanden, dann sind Pflanzkübel die einzige Lösung (siehe Seite 44–51).

◁ **SPIEGEL-TRICK**
Um ein Trompe l'œil zu gestalten, müssen Sie nicht zum Pinsel greifen. Hier wird durch ein perspektivisch angeordnetes Leistengitter und einen Spiegel geschickt vorgetäuscht, dass die Türe zu einem weiteren Gartenbereich führt. Ein kleiner Garten gewinnt dadurch an Weite.

▽ **MUSCHEL-MOSAIK**
Einfache Muschelmuster machen einen Maueranstrich lebendiger. Solche Motive passen gut in trockene Klimazonen oder auf sonnige Wände, denn auf schattigem Gemäuer breiten sich zu schnell Algen und Moose aus.

DEKORATIVE GARTENOBJEKTE

Eine sorgfältig platzierte Dekoration wie ein edler Kübel oder eine Skulptur verschönert rasch Ihren Garten und verleiht ihm einen unverwechselbaren Stil. Neben dem eher formalen Gartenschmuck eignen sich auch viele Fundstücke und wiederverwertbare Objekte als Dekoration.

△ **VERSTECKTE STATUE**
Klassische Statuen in einem ausgewachsenen Garten vermitteln etwas Menschliches. Eine Steinbüste passt nicht nur in einen formalen Garten, sondern sorgt auch im Gehölzbeet oder in einem Hain für eine willkommene Überraschung.

▷ **SONNENUHR**
Von den Blüten des französischen Lavendels und Edeldisteln eingeschlossen, wartet diese Sonnenuhr darauf, ab Herbst wieder eine Hauptrolle zu spielen, wenn die Stauden verwelkt sind.

Dekorationen sind vielseitig einsetzbar; da die meisten zudem transportabel sind, lassen sie sich ab und zu umstellen, wodurch der Garten immer wieder ein anderes Gesicht erhält.

Am Endpunkt des Weges oder der Allee. Die hier platzierten Objekte ziehen Blicke auf sich und fordern zum Hingehen auf. Dies kann eine Urne auf einem Sockel oder eine Standfigur sein.

Im Randbeet. Manche Stauden wie Frauenmantel und Fenchel haben weiches Laub – ein Terrakottakübel oder eine Amphore dazwischen gibt dem Beet Reiz.

Am Eingang. Ein Objekt-Paar, das einen Eingang flankiert, hebt dessen Bedeutung hervor. Beliebt sind Hunde als Türwächter, doch auch Kugeln oder Obelisken wirken eindrucksvoll.

Als Mittelpunkt. Ein formaler Bereich wie ein Rosen- oder Kräutergarten gewinnt durch eine Dekoration im Zentrum an Wirkung, die jedoch von allen Seiten gleich gut aussehen sollte – etwa ein Wasserbecken, eine Vogeltränke oder Sonnenuhr.

In einem versteckten Winkel. Solche Ecken sind oft für viele Pflanzen zu schattig, aber einige Objekte können den Eindruck eines stillen, geheimnisumwitterten Ortes geben – etwa badende Gestalten oder Tiere an einem Gewässer.

RICHTIGE AUSWAHL

Der persönliche Geschmack spielt eine wichtige Rolle bei der Objektwahl, doch ist er nicht das einzige Kriterium. Manche Objekte passen einfach nicht in ihre Umgebung, ganz gleich wie teuer sie waren. Die Auswahl einer Dekoration fällt leichter, wenn Sie genau wissen, wo sie stehen soll. Studieren Sie den vorgesehenen Standort genau – ob er in der Sonne oder im Schatten liegt, ob er einsehbar oder eher versteckt ist. All das macht die Atmosphäre eines Platzes aus und gibt wertvolle Hinweise, welche Art von Dekoration geeignet ist. Beispielsweise passt ein Faun oder Maskaron gut in ein Gehölzbeet – zwischen Zweigen und Blättern halb versteckt. Geometrische Objekte wie ein Obelisk oder eine moderne Skulptur verlangen dagegen eher einen offenen Bereich, um zu wirken.

Oft wird der Fehler gemacht, ein Objekt zu kaufen, das für dekorative Zwecke zu klein ist. Probieren Sie deshalb die richtige Größe zuvor mit zusammengebundenen Stangen aus, die Sie aus einiger Entfernung betrachten sollten. Notieren Sie die gewünschte Höhe und Breite.

In einem Garten mit einem klaren Konzept ergibt sich der passende Dekorationsstil fast von selbst (vgl. Kapitel 4). Sind Sie auf keinen Stil festgelegt, so versuchen Sie etwas zu finden, das der Stimmung des Gartens entspricht.

◁ **SCHLICHT HALTEN**
Starke Kontraste können effektvoll sein, wenn sie schlicht gehalten werden. Dieser Obelisk bildet einen Kontrast zu den Blättern und Blüten der Schmucklilien. Die Kombination ist stimmig, weil keine weiteren Gestaltungsdetails Unruhe ins Bild bringen.

▽ **UMGEKIPPTE URNE**
Ist das ein Überbleibsel aus vergangenen Zeiten – oder eine neue Dekoration, die gekonnt platziert und mit Jogurt eingepinselt wurde, um den Moosbewuchs zu fördern? Auf alle Fälle passt sie großartig in den Vordergrund des Gehölzbeetes.

Ehrwürdige Patina

Bronze oder Terrakotta bekommen von Natur aus schöne Altersspuren. Bei Beton und Zementguss muss man etwas nachhelfen. Auf porösen Oberflächen siedelt sich an feuchten, schattigen Standorten bald Moos an. Durch Einpinseln mit Jogurt wird der Prozess beschleunigt. Auf glattem Zement finden Moose schwer Halt, hier hilft leichtes Anschleifen vor der Jogurtbehandlung. Diese Techniken eignen sich auch zum »Altern« von Pflanzkübeln. Flechten gedeihen nur in sehr sauberer Luft und sind in Gärten kaum noch zu finden.

▷ **VOLLENDETER RAHMEN**
Die schlichte, schöne Form eines Olivenkruges passt in fast jeden Garten, selbst in einen ultramodernen – sie muss nur richtig platziert sein; auch braucht sie keine Verschönerung.

PLATZIERUNG

Manche Objekte wie klassische Urnen, Büsten und frei stehende Sonnenuhren brauchen oftmals einen Sockel, um zur Geltung zu kommen; dasselbe gilt für bescheidenere Objekte, die auf einer leicht erhöhten Basis erst richtig ins Auge fallen.

Bei großen Objekten, die man nur von einer Seite sieht, kommt es dagegen auf den Hintergrund an. Immergrüne Pflanzen bieten ganzjährig die geeigneten Bedingungen hierfür. Im Idealfall sollte die Dekoration zu ihrem Hintergrund einen Kontrast bilden. Efeu und andere kleinblättrige Pflanzen passen gut zu schlichten, glatten Formen, während Dekorationen mit vielen kleinen Details besser vor großblättrigen Pflanzen zum Ausdruck kommen. Wuchtige Formen, wie zum Beispiel eine große Terrakotta-Urne, gewinnen an Schönheit, wenn sie aus einer Blütenwolke aufzutauchen scheinen – aber dieser Effekt ist eher kurzlebig.

STANDSICHERHEIT

Wertvolle Dekorationen sollten so standsicher sein, dass kräftiger Wind oder Kinder sie nicht umwerfen können. Soll ein Objekt ganzjährig im Freien bleiben, prüfen Sie beim Kauf, ob es auch Frost und Kälte übersteht. Im Zweifelsfalle überwintern gute Stücke besser im Wintergarten oder im Haus.

◁ **LEBENSGROSS**
Diese naturgetreue Antilope wirkt verblüffend echt und effektvoll. In einem gewachsenen Garten kann ein einziges großes Dekorationsobjekt oft völlig genügen.

▷ **FRIEDLICHE POSE**
Nicht nur die Wahl der Skulptur bestimmt die Atmosphäre des Gartens, sondern auch das Arrangement, wie die beiden Tauben hier beweisen, die einander zugewandt sind.

SITZPLATZ EINRICHTEN

Sitze, wo Sie sich entspannen oder unterhalten können, sind leicht und rasch aufgebaut; zudem geben sie Ihrem Garten sofort eine eigene Note. Mit folgenden Ideen können Sie im Augenblick bewegliche Sitzgelegenheiten im Garten schaffen, bis Sie eine Dauerlösung gefunden haben.

▽ **FLEXIBLE MÖBEL**
Diese Regiestühle lassen sich besonders leicht umstellen. Dadurch können Sie den optimalen Platz für einen Dauersitzplatz herausfinden. Bei Regenwetter sollten die mit Segeltuch bespannten Stühle abgedeckt oder untergestellt werden.

Die Auswahl an Sitzmöbeln ist insgesamt riesengroß – einschließlich der klassischen Garten- bzw. Wintergartenmöbel sowie der Stücke aus dem Hausrat oder vom Trödler. Natürlich spielt der Stil eine Rolle, doch Gesichtspunkte wie Haltbarkeit, Bequemlichkeit, Pflegeansprüche und Lagerung sind gleichfalls wichtig.

Sie sollten zudem überlegen, wo Sie die Sitze nutzen möchten. Etwa nur auf der Terrasse oder auch an anderen Plätzen – mit einer schönen Aussicht, an einem sonnigen oder schattigen Standort? Soll der Sitzplatz zurückgezogen sein, soll er für eine oder mehrere Personen ausreichen? Oder möchten Sie alle drei Varianten und an verschiedenen Orten? Sobald Sie sich im Sommer in Ihrem Garten aufhalten, werden Sie es herausfinden.

EINZELSITZE

Klappstühle aus Holz und Regiestühle sind vorteilhaft und eignen sich gut als Übergangslösung im Sommer – doch eben nicht auf längere Dauer. Ein Stuhl aus Hartholz oder Gusseisen ist widerstandsfähiger und hat dekorativen Charakter; mit Farbe oder Holzschutzmittel behandelt, kann er ganzjährig draußen bleiben.

EINLADENDE BÄNKE

Eine Bank ist nicht so flexibel wie ein Einzelstuhl, doch manche lassen sich auch verschieben, je nach Wunsch. Holz, Gusseisen und Stein sind die gängigsten Materialien, wobei Holz am beliebtesten ist. Preiswertere Bänke sind aus Weichholz wie die Kiefer, aber weniger haltbar als solche aus Hartholz wie Teak. Testen Sie vor dem Kauf verschiedene Bänke – auch eine billige Bank sollte bequem sein und den Rücken ausreichend stützen.

Klassische Bänke aus Gusseisen sind weniger bequem, aber sehr dekorativ – zum Beispiel mit behaglichen Kissen an einem Wegrand.

Bänke lassen sich auch mit festen Elementen verbinden, was allerdings handwerkliches Geschick erfordert. Denken Sie an eine Schaukelbank unter einer Pergola oder Arkade, an eine Holzbank auf Planken oder eine Steinbank, die in eine Hochbeetmauer eingelassen ist. Praktisch und preiswert sind Baumaterialien wie Eisenbahnschwellen oder alte Balken. Doch achten Sie hier auf deren Stabilität und etwaige Splitter.

LAUBEN

Eine klassische Laube ist ein »offener«, überdachter Sitzplatz, der über Jahre mit Pflanzen eingewachsen ist. Heute gibt es andere recht gute, aber schnelle Lösungen. Lauben stehen in vielen Größen, Stilarten und Materialien zur Auswahl. Damit eine Laube wirkungsvoll ist, sollte der Gartenstil festliegen. Oder Sie bauen sich zunächst eine Laube aus geflochtenen Zweigen bzw. Weidenruten. Sie ist rasch aufgestellt und macht sich gut zwischen großen Bäumen. Als Sitze genügen Holzstühle oder Baumstammabschnitte. In einem offeneren Bereich sind Gitterlauben als Bausatz vorteilhaft.

◁ **SCHLICHT**
Die schmiedeeiserne Bank und der Holzklapptisch harmonieren, da beide klare, schlichte Formen und helle Farben haben.

▽ **ENTSPANNUNG**
Ältere Gärten bieten einen herrlichen Sonnen-, Wind- und Sichtschutz sowie behagliche Orte, wo man die Vorzüge des Gartens genießen und auch mal einschlummern kann.

GARTENVERGNÜGEN

Viele träumen von einem Bereich im Freien zum Essen in gepflegter Atmosphäre oder für stimmungsvolle Nachtfeste. Solch einen Platz mit Grill und Beleuchtung einzurichten, dauert seine Zeit. Wollen Sie Ihren Garten aber jetzt schon für gesellige Treffen nutzen, können Sie folgende Ideen aufgreifen.

Möchten Sie während des Gartenumbaus Gäste empfangen, so handeln Sie zweigleisig, damit sich alle wohlfühlen können. Vor allem müssen die Flächen, die benutzt werden, sauber und ordentlich aussehen – manche Details oder Pflanzen spielen zu diesem Zeitpunkt nicht die Hauptrolle. Zum anderen sollten Gäste behaglich sitzen dürfen. Neben wichtigen Punkten wie Sicht- und Windschutz, Schatten oder Aussicht sind auch sinnliche Eindrücke zu bedenken wie etwa duftende Pflanzen oder die Beleuchtung.

In welchem Stadium Ihr Garten auch sein mag – gepflegt wirkt er schöner. Denken Sie daran, den Rasen zu mähen, die Kanten zu schneiden, den Grasschnitt abzuräumen sowie Wege und Terrasse zu fegen. Neue oder leere Beete sehen gleich besser aus, wenn eine frische Mulchschicht aufliegt.

Treffen die Gäste ein, sollten Möbel und standfeste Sonnenschirme bereitstehen. Ordnen Sie Kübelpflanzen zu ausdrucksvollen Gruppen an, die vom Sitzplatz aus sichtbar sind. Besitzen Sie einen Wandbrunnen, sollte er plätschern.

Ein Gartenpavillon ist eine schnelle und preiswerte Lösung, um Schatten, Intimsphäre und Schutz bei kurzen Regenschauern zu bieten. Die Stoffseitenwände können geschlossen oder offen bleiben; die Stützen müssen auf der Terrasse oder im Rasen sicher verankert sein.

NÄCHTLICHER GARTEN

Außenlicht kann eine wundervolle Atmosphäre zaubern und bestimmte Gartenelemente – eine Dekoration oder ausgefallene Pflanze – besonders betonen. Stromleitungen im Garten muss ein Fachmann verlegen; das kostet etwas Zeit und Planung, da man Erdkabel tief eingraben muss.

Die schnellere Lösung bieten Laternen und Kerzen sowie Niedervoltlampen, die nur einen Transformator benötigen, der an eine Steckdose im Haus angeschlossen wird. Da die Kabel oberirdisch geführt werden, sind die Leuchten auch leicht dort aufzustellen, wo Bedarf ist. Allerdings hat dieses System auch Nachteile: Manche sind recht teuer und geben relativ wenig Licht. Bevor Sie sich zum Kauf entschließen, sollten Sie daher die Lichtstärke prüfen und verschiedene Systeme und Produkte vergleichen; die Qualitätsunterschiede sind zum Teil erheblich.

DÜFTE HERBEIZAUBERN

Duftende Sträucher und Kletterpflanzen wie Rosen oder Geißblatt brauchen Zeit zum Wachsen. Folgende Duftpflanzen eignen sich für Kübel und schmale Terrassenbeete.

Heliotropium (Vanille- bzw. Sonnenwendblume). Süßer Duft; meist violette Blüten im Spätsommer.

Hesperis matronalis (Nachtviole). Zweijährig, weiße oder lila Blüten im Frühsommer.

Lilium regale (Königslilie). Herrlich duftende Lilie für Kübel und Beet. Weiße Trompetenblüten.

Lobularia maritima (Strandsilberkraut bzw. Duftsteinrich). Einjährige mit Honigduft, weiße, rosa oder purpurrote Blüten.

Mirabilis jalapa (Wunderblume). Rosa oder rote Blüten; öffnen sich am Spätnachmittag und schließen morgens.

Nicotiana alata und **N. sylvestris** (Ziertabak). Attraktive Blüten in Weiß, Hellgrün, Rosa oder Rot.

Pelargonium (Duftpelargonie). Viele Sorten mit Duftvarianten wie u. a. Zitrone, Gewürznelke, Pfefferminze, Apfel oder Rose. Im Bild ›Lemon Meringue‹.

Kerzen oder Fackeln schaffen ein natürliches Licht; für den Garten gibt es dazu Spezialhalter. Das Angebot ist insgesamt vielfältig. Auch Windlichter sind sehr dekorativ. Kerzen mit einem Zusatz von Citronella vertreiben Insekten. Einen intensiven Duft verströmen abends beispielsweise Levkojen, Nachtviolen und Ziertabak und ihre zartfarbenen Blüten bezaubern in der Dämmerung (vgl. Kasten gegenüber).

Achten Sie darauf, dass benutzte Wege, Stufen und Durchgänge gut beleuchtet sind und es keine Stolperfallen gibt. Räumen Sie mögliche Hindernisse vorher weg. Auf lockere Pflaster und Steine können Sie einem Pflanzkübel stellen, um Unfälle zu vermeiden.

GRILLPLATZ AUS DEM STEHGREIF

Ein Grill lässt sich in kaum zwei Stunden bauen. Bei einer Höhe von 75 cm benötigen Sie etwa 100 Ziegelsteine. Legen Sie die Steine ohne Mörtel in Kreis- oder Quadratform aufeinander, und lassen Sie zwischen jedem Stein eine kleine Lücke frei. Ferner brauchen Sie einen Stein oder ein Gitter für die Kohlen und den Grillrost. Eine sichere Arbeitsfläche, die u. a. auch Platz für Geschirr bietet, ist sinnvoll. Eine Holz- oder Banktruhe erfüllt denselben Zweck und kann zudem als Tisch oder Sitz dienen. Wählen Sie den Grillplatz mit Bedacht aus, so dass durch überhängende Zweige keine Feuergefahr entsteht und Ihre Nachbarn nicht eingeräuchert werden.

◁ **SANFTES LICHT**
Für ein geselliges Beisammensein ist sanfte, gedämpfte Beleuchtung am schönsten. Zum Essen allerdings sollte noch genügend Licht gegeben sein. Einzelne Pflanzen oder Objekte können zusätzlich angestrahlt werden.

▽ **KERZEN-KÖRBCHEN**
Solch ein Drahtkörbchen mit runden Kieselsteinen und einigen Kerzen sorgt schnell für passende Stimmung bei einem abendlichen Treffen im Garten.

PROBLEM-LÖSUNGEN

Im vorigen Kapitel bezogen sich die Vorschläge auf die einfachen, schnellen Lösungswege, die Ihren Garten aufwerten. Hier gehen wir einigen Problemen mehr auf den Grund und zeigen Ihnen durchführbare Dauerlösungen. Die Probleme werden in weit gefassten Themengruppen angepackt: Entwurf und Gestaltung, Bodenart, Klima und Gartenlage, bestimmte Situationen der Bepflanzung sowie Gartenmerkmale und -strukturen. Wir behandeln solch unterschiedliche Fälle wie langweilige Grundstücksformen, Windschutz für offene Bereiche, die Gestaltung eines reizvollen Rosengartens und die knifflige Frage nach der besten Lösung für einen Schuppen.

△ **GUT GEPLANT**
Der kleine Bereich wurde klug aufgeteilt. Er beherbergt einen gefliesten Sitzplatz, einen Teich und eine Pergola.

◁ **RUHIGER GARTEN**
Ein Refugium mitten in der Großstadt. Die Besitzer haben die schattige Lage zum Vorteil verwandelt und dekorative Waldrand-Pflanzen und Gräser wie Hainsimse und Hirschzungenfarn gepflanzt.

EINFACH LANGWEILIG

Ein Garten voll schönster Pflanzen kann durch eine fantasielose Aufteilung dennoch langweilig aussehen. Das beste Beispiel ist der mittige Rasen, den beidseitig schnurgerade Beete säumen. Hier ist zwar alles auf einen Blick überschaubar, doch geheimnisvolle oder überraschende Momente fehlen.

△ **BEWEGTE FORMEN**
Wie ein Fluss schlängelt sich der Rasen um den großen Strauch – und wohin führt er? Vielleicht zu einem Sommerhaus, versteckten Gartenteil oder zu einer schattigen Bank? Durch solche natürlichen Sichtbarrieren wird jeder Garten interessanter.

Die Möglichkeiten, einen langweiligen Garten zu beleben, hängen von der Größe des Gartens und seiner Nutzung ab. Hier finden Sie Hinweise, die fast immer anzuwenden oder leicht abzuwandeln sind.

RANDBEETE AUSDEHNEN

Einmal kann man ganz einfach die Randbeete in den Rasen vorziehen und dadurch seine Form im Nu verändern. Zuerst sollten Sie aber die Änderungen auf dem Boden vorzeichnen oder einen Grundriss anfertigen (vgl. Seite 38–41). Auf dem Grundriss hier wurde der Garten zunächst von seiner Grenze oben bis zur Pflasterung unten in drei gleiche Abschnitte unterteilt. Nun wird an jeder gedachten Trennlinie die Kante des Beetes in einem sanft auslaufenden Bogen in den Rasen hinein gezogen, und zwar oben von rechts nach links und unten von links nach rechts. Die Linienführung sollte sich möglichst an einem passenden Baum oder Strauch orientieren wie hier. Übertragen Sie Ihre Zeichnung auf den Garten, indem Sie mit einem Schlauch und Blumentöpfen den Entwurf ausprobieren. Lassen Sie das Ergebnis so einige Tage stehen. Erst wenn Sie tatsächlich überzeugt sind, beginnen Sie mit der Verwirklichung.

Durch solch eine Aufgliederung entstehen Einzelbereiche, die Sie unterschiedlich nutzen können, etwa für einen Küchengarten oder versteckten Sitzplatz.

FORMEN VERÄNDERN

Das Ausstechen unterschiedlich geformter Beete – etwa in Kreis- oder Nierenformen – ist eine gängige Technik, damit der Garten optisch an Reiz gewinnt. Vom ersten Stock aus betrachtet mag das wirkungsvoll aussehen, aber weniger von der Ebene des Gartens aus. In jedem Fall verändert eine Umgestaltung der Beetform automatisch auch die Rasenform.

◁ **MARKANTER BLICK**
Eine etwas fantasielose Gartenanlage mit einer Rasenfläche in der Mitte lässt sich im Nu verwandeln – so wie hier. Durch einen schönen Sitzplatz unter einer berankten Pergola hat der Garten einen markanten Blickfang erhalten.

△ **VERSCHLEIERTE LINIEN**
Die rechteckige Form des Gartens wurde aufgelöst, indem die Blumenbeete zur Mitte hin vorgezogen wurden. Die Laube ist ringsum mit hohen Sträuchern bepflanzt und wirkt verwunschen und geheimnisvoll.

Sie können die neue Form des Rasens zuerst auf Ihrem Grundriss einzeichnen oder gleich an Ort und Stelle ausprobieren. Um geschwungene Linien zu markieren, ist ein Gartenschlauch ideal, für geradlinige Kanten spannen Sie besser eine Schnur zwischen Pflöcke, und bei einer kreisrunden Form bestimmen Sie zuerst den Durchmesser (siehe Seite 216). Vorhandene Bäume und Sträucher sind gute Orientierungspunkte, wenn die Anlage in unregelmäßig geschwungenen Linien verlaufen soll.

EINEN BLICKFANG SCHAFFEN

Wenn Ihr Garten eine interessante Form hat, Sie aber trotzdem etwas vermissen, so kann ein Blickfang fehlen, durch den die Anlage eine klare optische Ausrichtung erhält, etwa einfach durch eine Bank, eine auffällige Pflanze oder eine Skulptur. Solch ein Blickfang muss allerdings sorgfältig platziert werden, damit er die gewünschte Wirkung hat. Überlegen Sie, wie Ihre Hauptblickrichtung ist. Möchten Sie den Blickfang vom Wohnzimmerfenster aus sehen oder wenn Sie den Garten betreten? Ist vielleicht mehr als ein Blickfang notwendig, um verschiedene Gartenbereiche optisch zu verbinden? Denken Sie hierbei praktisch: stellen Sie eine Bank etwa nur dort hin, wo Sie auch gerne sitzen möchten. Steht der Blickfang an seinem Platz, dann betrachten Sie ihn aus gewisser Entfernung. Vielleicht braucht er ja noch einen Rahmen – etwa Pflanzen oder Gitterwerk.

In formalen Gärten wird solch ein Blickfang gerne betont, indem man beidseitig je eine große Kübelpflanze aufstellt und zwei weitere Pflanzen in die Nähe des Betrachterstandortes.

VORGARTEN

Hinter dem Haus mag Ihr Privatbereich liegen, doch der Vorgarten ist Ihre Visitenkarte für die Außenwelt und verrät viel über Ihre Person. Außerdem soll er sich ins Straßenbild einfügen, den Zugang zur Haustüre leicht und sicher ermöglichen und vielleicht noch Platz für Fahrräder oder das Auto bieten.

△ **LOCKERER STIL**
Dieser Vorgarten mit seiner üppigen Bepflanzung und gemütlichen Unordnung lädt ein, langsam und mit Genuss hindurch zu schlendern.

▷ **KLASSISCH**
Der Blauregen windet sich um Geländer und rankt ums Fenster und bildet so einen herrlichen Rahmen für diesen Hauseingang. Er muss aber jeden Winter mit Sorgfalt hart zurückgeschnitten werden.

Ein Vorgarten dient in erster Linie dazu, den ungehinderten Zugang von der Straße zum Haus zu erlauben. Er soll aber auch optisch verbinden, vor allem wenn sich die Strecke zum Haus hinzieht. Blickt man dann noch beispielsweise auf eine kahle Einfahrt ohne Bepflanzung, so wirkt das Haus von der Straße aus verloren und abweisend – selbst wenn das Tor von Bäumen flankiert sein mag. Um das Gebäude mit der Umgebung und seinem Zugang zu verbinden, wird traditionell eine Hecke oder Baumreihe entlang der Einfahrt gepflanzt – doch ist diese Lösung mehr formal. Das Erscheinungsbild sieht hingegen lockerer aus, wenn Strauch- oder Baumgruppen den Weg säumen – etwa zierliche Weißbirken *(Betula pendula)*, die recht attraktiv sind.

BEPFLANZUNG

Die Auswahl der Pflanzen ist entscheidend. Soll ein Stadthaus edel und formal wirken, dann muss der Garten auch so angelegt sein. Ein größerer Zierbaum wie die Magnolie kann in einem dekorativ eingefassten Kiesrondell ein Zentrum bilden.

Wer den ungezwungenen Stil eher mag, pflanzt eine Sträuchergruppe nach einem Farbthema – etwa einen rotblättrigen Perückenstrauch *(Cotinus coggygria)*, durch den eine rosa Waldrebe rankt. An schattigen Plätzen sorgt großblättriger Efeu für ruhige Stimmung. Pflanzen Sie ihn aber nicht direkt neben Sträucher und Bäume, denn er schlingt sich gern um die Stämme.

HAUSTÜRE EINRAHMEN

Lenken Sie durch einen Rahmen den Blick auf die Haustüre. In Form geschnittene immergrüne Gewächse in Kübeln wirken formal und elegant. Eine von Kletterpflanzen eingerahmte Türe kann sehr reizvoll und einladend aussehen. Befestigen Sie ein Rankgitter beidseitig der Türe. Das Gerüst muss aber für die Pflanzen ausreichend stabil sein. Wählen Sie langsam wachsende Kletterer, etwa Arten der Waldrebe, die alljährlich zurückgeschnitten wird – aber keine Bergwaldrebe, die gerne wuchert.

WEGE UND EINFAHRTEN

Pflegeleicht sind Kiesflächen. Attraktives Kopfsteinpflaster oder Kiesel bilden für viel benutzte Wege jedoch eine zu holprige Oberfläche.

Die meisten Menschen parken nach Möglichkeit ihr Auto lieber auf dem Grundstück, sodass die Bepflanzung zweitrangig wird. Doch auch hierfür gibt es eine Lösung. Bepflanzen Sie den Mittelstreifen der Einfahrt mit einem robusten Bodendecker – an sonnigen Stellen etwa mit Blaukissen, an schattigen mit Immergrün *(Vinca minor)*.

Eine Kieseinfahrt kann man mit Unkrautvernichter begießen, danach eine neue, 20 cm dicke Kiesschicht auflegen und mit der Harke verteilen; die Kiesel sollten mindestens 2 cm groß sein. Damit sie sich nicht bald über Blumenbeete und Straße verteilen, achten Sie auf gut befestigte Kanten.

Hat die Einfahrt einen Plattenbelag, so wird er mit einem Hochdruckreiniger gesäubert und gegebenenfalls neu verfugt. Unebene oder gebrochene Gehwegplatten sollte ein Fachmann ersetzen. Eine alte Teerbetondecke mit Rissen dagegen wird am besten völlig erneuert, da sie zudem hässlich aussieht.

37

HOHER PFLEGEAUFWAND

Die meisten von uns akzeptieren, dass selbst ein winziger Garten etwas Arbeit verlangt, wenn man die Natur im Zaum halten und eine schöne, angenehme Atmosphäre schaffen will. Fordert der Garten aber zu viel Zeit und Mühe, so sind Maßnahmen zur Arbeitserleichterung durchaus angebracht.

Vielleicht ist Ihr neu erworbener Garten sehr pflegeintensiv und das Gärtnern Neuland für Sie – kein Grund zum Verzweifeln, und vor allem überstürzen Sie nichts. Möglicherweise entdecken Sie ja zu Ihrer eigenen Überraschung – wenn Ihr Verständnis und Wissen wächst –, dass Ihnen die zeitraubende Arbeit sogar reines Vergnügen bedeutet. Zweifellos können aber einige wohl überlegte, kleine Veränderungen den Arbeitsaufwand erheblich mindern.

VERSTREUTE EINZELBEETE

Besonders pflegeintensiv ist etwa ein Rasen mit vereinzelten Blumenbeeten. Die kleinen Grasflächen dazwischen sind schwer zu mähen, und das Schneiden der vielen Kanten ist mühevoll.

△ **LEICHTES MÄHEN**
Kantensteine oder Wege als Rasenbegrenzung erleichtern das Mähen ungemein. Bei einem abgerundeten Rasen lassen sich überdies weite Bögen leichter mähen als enge Kurven.

Sind solche Beete rechteckig und liegen parallel zu den Rabatten, dann entfernen Sie am einfachsten die Rasenstreifen dazwischen. Dadurch wird das Randbeet zwar größer, aber dafür das Mähen und Kantenschneiden einfacher. Sitzen die Beete eher zur Rasenmitte hin, so kann man hier die Grasdecke entfernen und ein großes Beet als interessanten »Raumteiler« schaffen (vgl. Seite 78–79). Oder umgekehrt, Sie nehmen die Blumen heraus und verlegen einen Rollrasen. Ebnen Sie zuvor jedoch den Boden ein, und warten Sie vier Wochen, ehe Sie den Rollrasen verlegen, sonst sacken die neuen Rasenflächen ab (siehe Seite 217). Oder Sie sähen den Rasen Anfang Frühjahr bzw. im Herbst; der Boden muss vorher aber vorbereitet werden.

RASENKANTEN

Ein Garten wirkt optisch größer, wenn der Rasen an den Zaun oder die Gartenmauer grenzt, doch sollte er etwa 30 cm vor dem Zaun enden, damit Sie die Kanten problemlos schneiden können. Die meisten Rasenkanten verändern sich im Lauf der Zeit. Entweder wächst das Gras langsam in die Blumenbeete hinein oder wird unter Bäumen und Sträuchern dünner. Sollen die Kanten sauber aussehen, dann müssen sie in der Wachstumszeit einmal wöchentlich mit der Kantenschere geschnitten werden. Zusätzlich sollte man sie ein- oder zweimal im Jahr mit einem Kantenstecher sauber abstechen (vgl. Seite 216–217). Grassämlinge, die sich in den Beeten eingenistet haben, werden mindestens einmal im Monat mit der Hacke entfernt.

Eine attraktive wie auch wirkungsvolle Lösung ist eine Steinkante. Sie sollte mindestens 20 cm breit sein, damit die Pflanzen des angrenzenden Beetes locker überhängen können – Ziegelsteine haben hierfür ein ideales Maß. Die Kantensteine werden in einem Mörtelbett so verlegt, dass sie knapp unter dem Rasenniveau liegen. Dadurch nimmt beim Mähen das Messer des Rasenmähers keinen Schaden. Solche befestigten Rasenkanten brauchen nur etwa ein- bis zweimal im Jahr eine Extrapflege.

Für geradlinige Rasenkanten sind ebenso Beton- oder Steinplatten geeignet – für eine geschwungene Kantenlinie hingegen kleine Gehwegplatten oder Ziegel. Sofern es der Platz erlaubt, sieht eine breitere Steinkante, die zugleich als Weg dient, übrigens auch schön aus.

PFLEGEINTENSIVE PFLANZEN

Manche Pflanzen machen mehr Arbeit als andere. Einjährige Pflanzen sind ungemein arbeitsintensiv und recht teuer, weil sie alljährlich ersetzt werden müssen. Wer einen ganzjährigen Blütenflor wünscht, muss sie sogar zweimal im Jahr erneuern.

Viele beliebte Pflanzen wie Astern, Sonnenhut, Staudensonnenblumen oder Sonnenbraut verlieren an Blühfreudigkeit, wenn sie nicht alle zwei bis drei Jahre geteilt und umgepflanzt werden.

Hochstammrosen brauchen sogar besonders viel Pflege. Sie müssen sorgfältig angebunden werden, da sie durch die Bildung neuer Seitentriebe versuchen, wieder ihre Naturform zu erreichen. Trauerwüchsige Rosen benötigen zusätzlich einen regelmäßigen Rückschnitt bis ans Astgerüst. Ferner müssen Rosen regelmäßig gespritzt werden, um die Ausbreitung von Krankheiten und Schädlingen zu vermeiden. Haben Sie viele Schnecken im Garten und pflanzen hier Hostas ein, dann sind Schneckenfallen notwendig oder Schneckenkorn – oder von den Pflanzen bleibt kaum etwas übrig. Starkwüchsige Bäume, Sträucher und Kletterpflanzen, etwa Bambus und Essigbaum, müssen Sie regelmäßig zurückschneiden.

△ **SEHENSWERT**
Ein großes Stauden- oder ein Inselbeet braucht eine wirkungsvolle Bepflanzung, damit der hohe Pflegeaufwand sich auch sichtbar lohnt.

◁ **STIMMUNGSVOLL**
Das Mähen großer Rasenflächen kann mühsam sein, oder man pflastert eine Teilfläche wie hier. So entsteht ein Bereich, der dem Garten zusätzlichen Reiz gibt.

Arbeit verursachen auch hohe Stauden, die gestützt werden müssen. Zu diesen gehören Rittersporn, hohe Nelken, Dahlien, Königskerzen und Pfingstrosen. Übernehmen jedoch niedrigere Pflanzen ringsum diese Stützfunktion, wäre das Problem behoben. Wo dies nicht funktioniert, können Sie erwägen, solche Sorten zu ersetzen. Es gibt viele hohe Stauden, die ohne Stütze auskommen, etwa Fingerhut, Kugeldistel *(Echinops bannaticus)* und Eisenkraut *(Verbena bonariensis)*.

Mögen Sie sehr pflegeintensive Pflanzen, so müssen Sie ihnen in der arbeitsreicheren Jahreszeit auch die notwendige Aufmerksamkeit schenken. Ist dies nicht möglich, so ist es besser, sie durch pflegeleichtere Sorten zu ersetzen – diese sollten dann aber für den Zweck und zum Bodentyp passen.

▽ **BESCHNITTENE EIBE**
Die hohe Eibenhecke wurde mit Lavendel elegant kombiniert. Lavendel ist recht pflegeleicht, doch Eibenhecken müssen regelmäßig geschnitten werden, um die streng geometrische Form zu erhalten.

FORMALE ELEMENTE

Formale Gärten verlangen in der Regel besonders viel Pflege. Aber auch hier gibt es Lösungen, wenn Sie trotzdem einen formalen Stil wünschen, ohne dafür allzu viel Zeit aufwenden zu müssen. Werden Ihre Beete von der Grauen Heiligenblume oder Zwergbuchs gesäumt, die einen regelmäßigen Formschnitt fordern, dann ersetzen Sie jede zweite Pflanze durch einen niedrigen Strauch, der sich entwickeln darf. Dadurch wird die Einfassung weicher, bleibt aber dennoch ordentlich. Pflanzen Sie Arten mit ähnlicher Laubfarbe. Graublättrige Sorten wie

▷ **BUCHSHECKEN**
Die niedrigen Buchsbaumhecken müssen regelmäßig und sorgfältig beschnitten werden, damit ihre formale Wirkung gewahrt bleibt. Dieser Aufwand wird durch den pflegeleichten Plattenbelag ausgeglichen.

Lavendel und Salbei passen gut zu Heiligenkraut. Buchsbaum harmoniert mit Strauchveronika und Fleischbeere.

Ein formaler Torbogen in einer Hecke ist zwar attraktiv, das Schneiden mit Hilfe einer Leiter dafür recht umständlich. Wenn Sie nur den Bogen entfernen, aber einen Teil der Hecke als Formschnittpfeiler beidseitig stehen lassen, dann geht der Rahmeneffekt keineswegs verloren. Solche beschnittenen »Bogenpfosten« sehen vor allem an einer Eingangspforte ausgesprochen schön aus.

BODENDECKER

Wenn etwas den Arbeitsaufwand im Garten erhöht, dann ist es nacktes Erdreich zwischen den Pflanzen – es trocknet schnell aus, verlangt häufiges Gießen, und Unkraut siedelt sich an. Eine dicke Mulchschicht (vgl. Seite 208–209) verringert die Verdunstung und die Ausbreitung von Unkräutern; doch langfristig sind bodendeckende Pflanzen die schönere Lösung. Gut geeignet für saure Böden ist beispielsweise Heidekraut; Zistrosen wiederum sind ideal für trockene, sonnige Standorte. Teppich bildende Arten breiten sich durch Schösslinge aus, die ebenfalls anwurzeln. Zu den beliebtesten Sorten gehören Immergrün-Arten *(Vinca)* und Johanniskraut *(Hypericum calycinum)*, die sich beide auch im Schatten wohl fühlen.

JEDE PFLANZE AM RICHTIGEN ORT

Steht eine Pflanze am falschen Standort, braucht sie automatisch mehr Pflege. Gedeiht sie trotzdem nicht, muss man sie ausgraben. Vielleicht haben Sie eine sonnenhungrige Art in den Schatten gesetzt oder eine Pflanze, die saure Erde liebt, in einen basischen Boden. Kalk-Hasser wie Rhododendren, Kamelien, Magnolien und Heidekrautgewächse kämpfen auf alkalischen Böden oft ums Überleben. Ist Ihr Garten trocken und sonnig, so wählen Sie Zistrosen und andere mediterrane Pflanzen. Frostempfindliche Pflanzen brauchen speziellen Winterschutz oder müssen im Haus überwintern, so z. B. die Schmucklilie. Auch Dahlien, Chrysanthemen und die aus Südafrika stammende Hakenlilie müssen im Winter meistens ausgegraben und frostfrei untergebracht werden.

△ **PFLEGELEICHTE GRÄSER** *Gräser verlangen wenig Pflege, aber die Sorten müssen zu den Standortbedingungen passen. Hier gedeihen Riesenfedergras und zottiges Federborstengras in der Sonne.*

◁ **GUT BEDECKT** *Der Felsen-Storchschnabel bildet zusammen mit Efeu einen schönen Bodenteppich in Schattenlage. Efeu am Fuß von Bäumen und Sträuchern muss regelmäßig geschnitten werden, damit er nicht an den Stämmen empor klettert.*

SITZPLATZ

Eine formschöne, sorgfältig platzierte Sitzgelegenheit lädt dazu ein, Platz zu nehmen und den Garten zu genießen. Sitzplätze müssen nicht auf die Terrasse beschränkt sein. Mit etwas Fantasie entdecken Sie bestimmt viele Stellen im Garten, an denen Sie sich gerne einmal niederlassen.

△ **FORMSCHNITT-BANK**
Aus Buchsbaum in Form geschnitten wurde dieser amüsante Armstuhl, der auch in einen formalen Garten passt. Der Buchs harmoniert mit der Hecke im Hintergrund.

Wenn Sie einen festen Sitzplatz einrichten, ist die Wahl des Standortes sehr entscheidend. Denken Sie lange und gründlich darüber nach. Probieren Sie die Möglichkeiten zunächst mit beweglichen Gartenmöbeln aus (vgl. Seite 72–73).

Ein wichtiger Gesichtspunkt ist das Klima. Sitzen Sie lieber in der Sonne oder im Schatten? Dabei spielt natürlich eine Rolle, wie heiß der Sommer in Ihrer Region ist. Eine Pergola oder ein Rankbogen gibt einen angenehmen Schatten. Auf der Terrasse kann an heißen Tagen ein Sonnenschirm Kühlung bringen oder eine Markise. Oder wollen Sie eher vor neugierigen Blicken geschützt sein? Vielleicht brauchen Sie auch einen Windschutz?

ESSPLATZ

Geht es um einen Essplatz im Freien, sollten Sie sich besondere Mühe geben. Eine Terrasse etwa muss genügend Platz für Tisch und Stühle bieten und außerdem ausreichend Bewegungsfreiheit. Zusätzlicher Platzbedarf entsteht durch einen Grill, der an der windabgekehrten Seite des Tisches stehen sollte.

HOCHBEET MIT SITZPLATZ

Rahmen Sie einen geeigneten Platz an zwei oder drei Seiten mit Hochbeeten ein, und gestalten Sie diese gleichzeitig als Bank – das sieht nicht nur attraktiv aus, sondern Sie gewinnen auch begehrte Sitzmöglichkeiten bei Gartenfesten etwa. Fassen Sie die Beete mit einer Mauer aus Ziegelsteinen ein, und machen Sie den Mauerabschluss so breit, dass man bequem darauf sitzen kann. Sie können die Hochbeete auch mit preiswerteren Eisenbahnschwellen befestigen. Pflanzen Sie ins Beet aromatisch duftende Kräuter – etwa Lavendel, Rosmarin, Minze oder Thymian – oder setzen Sie Steinkraut und Blaukissen hinein, die über den Rand hängen. Ist ein Hochbeet bereits vorhanden, kann man durch Auflegen von Steinplatten einen Sitzplatz schaffen.

▷ **ZUM VERWEILEN**
Dieser mit schlichten Platten belegte Platz und die schön geschwungene Holzbank sind ideal, um die Aussicht zu genießen sowie den Duft der Lilien und des Thymian. Hier fällt das Aufstehen schwer.

VERSTECKTER SITZPLATZ

Vergnügen macht eine Sitzgelegenheit an unerwarteten Plätzen, etwa in einer entlegenen Ecke oder hinter einer Gitterwand. Ein großer Strauch, der sich über ein Randbeet wölbt, mag gerade noch Platz für eine kleine Bank oder einen Stuhl bieten. Dasselbe gilt für eine Beetlücke, wo nichts gedeihen will – hier kann eine Bank einen Blickfang bilden.

Bereiche mit Bäumen und Sträuchern sind für einen versteckten Sitzplatz ideal. Hier passen rustikale Materialien, die der Umgebung entsprechen.

Perfekt versteckt ist ein lauschiger Sitzplatz hinter einer Pergola oder Arkade. Wenn Sie einen Torbogen über einen Weg spannen wollen, dann bauen Sie ihn etwas größer und breiter, sodass darunter eine Ecke für einen ruhigen, schattigen Platz zum Sitzen entsteht. Auch die Höhe ist wichtig, damit herabhängende Weintrauben oder Blüten eines Blauregen z. B. nicht den Kopf streifen. Schön ist eine Bank in einer verborgenen Nische – für ein Vier-Augen-Gespräch oder um sich hier alleine auszustrecken.

BEFESTIGTER STANDORT

Steht Ihr Sitzplatz auf trockenem, befestigtem Boden, so vermeiden Sie verschmutzte Schuhe. Wenn Sie die richtige Stelle gefunden haben, legen Sie am einfachsten zunächst sechs große Gehwegplatten probeweise aus, und stellen Sie für einige Wochen ein bewegliches Sitzmöbel auf. Sind Sie danach von diesem Platz wirklich überzeugt, dann ebnen Sie den Boden sorgfältig ein. Ist hier Gras, so stechen Sie die Rasensoden aus, füllen eine Sandschicht auf und verlegen die Platten im Sandbett. Einen schönen, schützenden Rahmen geben große, duftende Sträucher zu beiden Seiten des Sitzplatzes – etwa Rosen oder Sommerjasmin bzw. Pfeifenstrauch, in der Erde oder im Kübel. Die Pflanzen sollten aber von der Bank mindestens 1 m entfernt sein, sonst fühlen Sie sich beengt.

▽ **BAUMSTUMPF**
Dieser Sitz wurde aus einem alten Baumstumpf gestaltet und ist von Efeu überwuchert. Ein schönes Beispiel für kreatives Recycling.

▽ ▽ **UNTERSCHLUPF**
Schneidet man aus einer mächtigen Hecke eine Sitznische heraus, so wird die gleichförmige Fläche angenehm aufgelockert – und es entsteht ein geschützter Sitzplatz zum Entspannen.

SPIELFLÄCHE

Für Kinder ist der Garten ein wunderbarer Bereich für allerlei Beschäftigungen – vom Bewegungsspiel bis hin zum Fantasiespiel im Zelt oder Baumhaus. Ein Spielplatz will gut durchdacht sein, wenn er sich im Garten so einfügen soll, dass Kinder und Erwachsene froh werden.

Der Erfolg eines Spielbereichs hängt von der umsichtigen Planung und Gestaltung ab. Sie müssen die Sicherheit und das Vergnügen der Kinder bedenken sowie Ihre eigenen Bedürfnisse. Sind die Kinder noch sehr klein, bestimmen Sie, was richtig für sie ist. Sind sie jedoch älter, sollten sie ihre Wünsche beisteuern dürfen. Es hat keinen Sinn, ein teures Spielhaus zu kaufen, wenn die Kinder lieber Rad fahren oder Fußball spielen. Dann ist nämlich nur eine große, freie Rasenfläche notwendig, die von einem Weg ohne Randbeete umgeben ist.

Entscheiden Sie, in wieweit Sie die Wünsche Ihrer Kinder berücksichtigen können und welche Auswirkungen die Umsetzung langfristig hat. Das schönste Spielhaus verliert oft schnell an Reiz, weil viele Kinder am liebsten ihre eigenen Höhlen und Verstecke bauen. Lassen Sie Ihre Kinder dann gewähren, und sorgen Sie für einfache Materialien.

▽ **GUT VERSTECKT**
In einem kleinen Garten soll sich der Spielbereich gut in die Umgebung einfügen und Kindern wie Erwachsenen ein friedliches Nebeneinander bieten. Dieses Klettergerüst aus rustikalen Rundhölzern ist zwischen Kletterpflanzen und Büschen versteckt.

▷ **FANTASIEVOLL**
Dieser farbenfrohe Kinder-Garten mit Silikon-Bodenbelag wurde für eine Ausstellung gestaltet. Im wirklichen Leben hält solch eine Randbepflanzung wohl nicht lange, da sind Kübel eine Lösung.

DIE BODENFLÄCHE

Der Spielbereichboden sollte weich sein. Rasen bekommt jedoch bei ständiger Benutzung schnell abgenutzte, kahle Stellen. Eine 20 cm dicke Rindenmulchschicht ist schön weich, ebenso Gummiplatten, die allerdings teuer sind.

KLEINE KINDER

Es ist angenehm, wenn Babys und kleine Kinder eine Weile spielen können, ohne dass Sie besorgt sein müssen. Eine Terrasse ist eine gute, ebene Spielfläche, aber achten Sie darauf, dass Wasser gut ablaufen kann. Entfernen Sie der Rutschgefahr wegen regelmäßig Moose und Algen.

Damit kleine Kinder nicht unbemerkt auf Entdeckungsreise gehen können, grenzen Sie den Spielbereich durch einen niedrigen Zaun mit Pforte ab. Eine Höhe von 1 m genügt, da sich die Kinder sonst gerne eingesperrt fühlen. Eine Bepflanzung vor dem Zaun macht den Bereich freundlicher.

Eine einfache Spielmöglichkeit für kleine Kinder bilden Trittsteine im Rasen. Sie können auf Umwegen zu einem Spielhaus führen oder sich geheimnisvoll zwischen Gehölzen hindurchschlängeln.

ÄLTERE KINDER

Ältere Kinder spielen gerne mit etwas mehr Abstand zu den Erwachsenen, was meist auf Gegenseitigkeit beruht. Getrennte Bereiche sind die beste Lösung. Kinder brauchen meist mehr Platz als Erwachsene, darum überlassen Sie ihnen den größeren Teil des Gartens – und zwar möglichst weit entfernt vom Haus. Trennen Sie den Bereich durch einen Schuppen oder ein ähnliches Gebäude ab, woran sich als Verlängerung eine Gitterwand anschließt.

Eine praktische Lösung ist auch eine Terrasse am Haus mit einem Sitzplatz und attraktiver Bepflanzung. Während hier dann Ballspiele absolut tabu sind – ist dafür eine große Wiese weiter entfernt vorgesehen. Eine Umsäumung mit Ranunkelsträuchern *(Kerria)* oder anderen robusten Pflanzen schirmt den Bereich der Kinder von dem der Erwachsenen ab.

SPIELBAUTEN AUS WEIDEN

Aus Weidenruten kann man beispielsweise schöne und aufregende Höhlen, Tunnel oder sogar Tierskulpturen gestalten, die für Kinder aller Altersstufen faszinierend sind. Stecken Sie zum Beispiel Weidenruten einfach in die Erde – sie werden anwurzeln und wieder austreiben. Solche Weidenkonstruktionen wachsen auf diese Weise mit den Kindern. Im Lauf der Jahre kann man Anbauten und Erweiterungen hinzufügen.

Die meisten Weidensorten eignen sich für solche Bauten, darunter auch die fürs Korbflechten verwendete Silberweide und Korbweide. Weiden bevorzugen allerdings feuchte Böden. Auf trockenem Grund könnten Sie Hartriegel *(Cornus sanguinea)* ausprobieren.

Verwenden Sie dickere, zweijährige Triebe als Stützen, die Sie einfach senkrecht in den Boden stecken, und dünne einjährige Ruten, die Sie durch die Stützen hindurchflechten. Probieren Sie verschiedene Formen. Sie werden über Ihre eigenen Resultate staunen.

△ **WIGWAM**
Die einfachsten Materialien sind oft die besten. Äste und Zweige, die beim Rückschnitt im Garten anfallen, können das Gerüst für ein Wigwam bilden wie hier. Eine alte Decke dient dem Innen-Komfort.

SICHER SPIELEN

Die Grenze zwischen Abenteuer und Gefahr ist beim Spielen dünn. Kinder brauchen körperliche Herausforderungen und Anregungen für die Fantasie, doch ist Sicherheit oberstes Gebot. Wenn Sie Spielgeräte für Ihre Kinder selbst bauen wollen, achten Sie vor allem darauf, mögliche Gefahren auszuschalten.

Alternativ finden Sie im Fachhandel eine Reihe guter und fantasievoller Spielgeräte. Verlangen Sie stets den Nachweis, dass die Geräte auf Sicherheit geprüft wurden. Manche Hersteller übernehmen den Aufbau, andere geben eine Anleitung mit.

Spielgeräte müssen regelmäßig auf Schäden und Schwächen kontrolliert werden. Achten Sie auf Splitter an Holzelementen und prüfen Sie, ob Schaukeln und Leitern intakt und sicher befestigt sind. Decken Sie Sandkisten ab, wenn sie nicht benutzt werden, damit Hunde oder Katzen sie nicht verunreinigen.

▽ **BAUMHAUS**
Eine idyllische Spielhütte, die aus einem alten Schuppen gebaut und auf einer Holzplattform zwischen zwei Bäumen fixiert wurde.

PRIVATSPHÄRE SCHAFFEN

Die meisten Menschen lieben im Garten die Privatsphäre. Für Stadtbewohner in enger Nachbarschaft klingt das wie ein Traum. Doch manchmal möchte man auch den Blicken der Familie einfach entfliehen. Dabei ist die Anlage von gut versteckten Plätzen gar nicht so schwierig.

▽ **HEIMLICHER ORT**
Diesen Sitz- und Essplatz schützen von oben rankende Brombeeren und seitlich Sträucher. Solche Elemente sind in offenen, einsehbaren Gärten von hohem Wert.

Hecken, Gitterwände und Zäune sind die besten Lösungen, um größere oder kleinere Bereiche des Gartens abzuschirmen. Gitterwerk und Zäune können zugleich als willkommene Klettergerüste für allerlei Pflanzen dienen, doch achten Sie darauf, dass die Pflanzen zur Umgebung passen (Pflanzvorschläge siehe Seite 62–63 und 128–129).

EINSCHLIESSEN UND ABSCHIRMEN

Wenn Ihr Garten klein ist, könnten Sie ihn insgesamt abschirmen. Ein Zaun von etwa 1,80 m Höhe hält alle Blicke der Nachbarschaft aus Erdgeschosshöhe ab. Vielleicht möchten Sie sich aber auch vor Blicken aus dem ersten Stock schützen. Hier besteht die Lösung darin, einen kleineren Bereich abzuschirmen.

Legen Sie zunächst fest, in welchen Bereichen des Gartens Sie sich eine Privatsphäre wünschen. Sie könnten die Fläche, die Sie zum ungestörten Lesen oder Sonnenbaden nutzen möchten, einfach mit Gitterwänden abschirmen, unterbrochen vielleicht durch einen Rankbogen. Als »Privatzimmer im Freien« ist die Terrasse beliebt. Die Umgrenzung mit einem höheren Zaun ist durchaus üblich. Beachten Sie aber, dass eine Trennwand auf der Seite der stärksten Sonneneinstrahlung auch stärkeren Schatten wirft. In diesem Fall kann eine Bepflanzung die bessere Lösung sein.

SICHTSCHUTZ-PFLANZEN

Für eine Terrasse mag ein größerer Strauch von etwa 1,8 bis 2,4 m Höhe – kombiniert mit einigen kleineren Pflanzen – als Sichtschutz schon ausreichen. Schöne laubabwerfende Sträucher sind Schmetterlingsflieder (*Buddleia* ›Lochinch‹), Sommerjasmin oder Strauchrosen wie die Sorte ›Frühlingsgold‹. Über einen Essplatz passt eine locker berankte Pergola gut, die einen lichten Schatten wirft.

An anderer Stelle im Garten können Sträucher einen kleineren Bereich mit Sitzplatz abschirmen. Durch eine Strächerreihe – geradlinig oder im sanften Bogen – lassen sich auch größere Flächen abgrenzen. Immergrüne wie Klebsame *(Pittosporum),* Ölweide *(Elaeagnus)* oder Schneeball *(Viburnum)* geben das ganze Jahr über Sichtschutz. Zwar kann auch eine Hecke diese Aufgabe übernehmen, doch sie braucht viel mehr Platz als ein oder zwei richtig platzierte Sträucher. Ehe Sie eine Hecke pflanzen, sollten Sie sicher sein, dass Ihr Garten dafür wirklich groß genug ist.

PRIVATE BEREICHE SCHAFFEN

Abgeschlossene Privatbereiche im Garten kann man auf vielfältige Weise schaffen. Gitter eignen sich als Sichtschutz an einer Seite eines Sitzplatzes oder zum Abtrennen einer ruhigen Ecke.

Eine Pergola, eine berankte Laube oder ein Rankbogen ist ein romantischer Rahmen, um sich allein oder zu zweit zurückziehen und entspannen oder lesen zu können. Platzieren Sie solche Elemente so, dass man sie von anderen Bereichen des Gartens aus nur ahnen kann. Lassen Sie Kletterrosen oder Geißblatt darüber wuchern, pflanzen Sie Vergissmeinnicht und Veilchen ringsherum zur poetischen Anmutung, und flüchten Sie in eine andere Welt.

EIN GEFÜHL VON ABGESCHIEDENHEIT

Vielleicht entdecken Sie während der Gartenumgestaltung, dass sich die Abschirmung von selbst erledigt. Sind neue Bereiche definiert und abgegrenzt, entstehen plötzlich private Winkel durch einen neuen, großen Strauch oder Schuppen.

Indem der Garten durch die veränderte Anlage und Bepflanzung interessanter und abwechslungsreicher wird, verschwindet auch der Einblick von außen allmählich hinter den üppig heranwachsenden Pflanzen an der Gartengrenze. Dieser Effekt verstärkt sich noch, wenn ein Blickfang im Innern des Gartens das Auge ablenkt – zum Beispiel ein Weg, der zu einer Bank führt, oder ein eindrucksvoller Baum oder Strauch. Gewinnt der Innenraum stärker an Bedeutung, so kann sich auch das Gefühl, fremden Blicken ausgesetzt zu sein, langsam verlieren.

◁ **GITTERWAND**
Das Gitter schirmt den hinteren Teil des Gartens unmittelbar ab und schafft eine echte Privatsphäre, sobald es von den Kletterpflanzen bewachsen ist. Die Pergola betont die Wirkung und rahmt den Henkelkrug ein.

△ **KONZENTRIERT**
Diese Gartenanlage mit dem zentral gelegenen Teich wirkt nach innen gekehrt und besitzt eine meditative Stimmung, die durch den formalen Charakter der Hecken und des Pflasters verstärkt wird. So wird der Blick ins Garteninnere gelenkt.

BAUGENEHMIGUNG

Ehe Sie größere Bauten errichten bzw. bauliche Veränderungen in Angriff nehmen, sollten Sie sich erkundigen, ob eine behördliche Genehmigung notwendig ist. In folgenden Fällen ist eine Nachfrage ratsam:

- Zäune mit über 2 m Höhe oder über 1 m, sofern sie an einer Autoverkehrstraße entlang führen.
- Gartengebäude wie Schuppen, die höher als 3 m sind.
- Veränderungen zur Straße hin wie z. B. eine neue Autoeinfahrt.
- Gebäude oder bauliche Elemente im Vorgarten.
- Veränderungen allgemein zugänglicher Stellplätze, z. B. für Mülltonnen.

Die Bestimmungen können regional sehr unterschiedlich sein, z. B. im Bereich Denkmalschutz oder Gesundheit und Sicherheit. Im Zweifelsfall ist es stets besser, sich bei der örtlichen Baubehörde zu informieren.

LEHM- UND TONBODEN

Lehmboden ist für seine Fruchtbarkeit bekannt. Er nährt Stauden, Bäume und Sträucher. Doch schwerer Lehmboden bereitet Probleme. Die Staunässe im Winter kann mehr Pflanzen abtöten als die Kälte. Im Sommer trocknet Lehm leicht aus und bildet Risse, was den Wurzeln zu schaffen macht.

Wenn Sie lehmigen Boden haben und die Pflanzen gut darin gedeihen, dann braucht er nur eine frische Mulchschicht. In einigen Fällen muss der Lehmboden jedoch verbessert werden – aber tun Sie dies nicht, so lange der Boden sehr feucht ist. Schwere Geräte oder auch Fußtritte verdichten nämlich den feuchten Lehmboden zu stark, und er wird hart.

LEHMBÖDEN VERBESSERN

Ist der Lehmboden in Ihren Beeten bereits verdichtet, so graben Sie ihn gründlich um, bevor Sie neue Pflanzen im Frühjahr einsetzen, und zwar am besten im Winter, wenn der Boden leicht feucht, aber nicht zu nass ist.

Die meisten Lehmböden müssen in jedem Frühjahr gemulcht werden. Geben Sie reichlich organisches Material wie Kompost, gut verrotteten Stallmist oder Torfmoos auf die Beete. Arbeiten Sie alles gründlich ein, indem Sie den Boden umgraben und die Schollen so lange wenden, bis der Mulch gut untergemischt ist. Guter Mulch verbindet sich mit dem Boden und lockert ihn auf. Dadurch verhindern Sie die Staunässe im Winter, während im Sommer der Boden nicht so leicht austrocknet. Eine dicke Mulchschicht muss eventuell durch eine erhöhte Beetkante gehalten werden. Schwerer Lehmboden kann auch mit grobem Kies aufgelockert werden.

△ **GEHÖLZBEET**
Ein Strauchbeet ist eine attraktive, pflegeleichte Lösung für schwere Lehmböden. Zu den vielen Sträuchern, die den nasskalten Boden im Winter vertragen, gehört der Tatarische Hartriegel.

BEPFLANZEN

In Lehmböden gedeihen viele Sträucher gut. Gruppieren Sie diese in einem großen Randbeet, so erhalten Sie rund ums Jahr einen schönen Anblick (siehe Kasten gegenüber). Durch das Umgraben und Einpflanzen haben Sie einen pflegeleichten Bereich geschaffen, der mindestens 10 Jahre unverändert bleiben kann. Legen Sie ein neues Gehölzbeet an, dann lassen Sie zwischen den einzelnen Sträuchern entsprechend viel Platz, damit sie sich ungehindert entwickeln können. Trittsteine im hinteren Bereich erleichtern Ihnen die Arbeit beim Rückschnitt. Dazu passende Stauden sind Günsel, Montbretie, Christrose *(Helleborus niger)*, Taglilie und Pfingstrosen.

Ist der Lehmboden ganzjährig feucht (aber nicht nass) und reichlich organisches Material zur besseren Belüftung eingearbeitet, so können Sie versuchen, einen Teil des Gartens in ein Sumpfbeet zu verwandeln (vgl. Kasten gegenüber).

GESTALTERISCHE EINGRIFFE

Wo die Bodenqualität sehr schlecht ist, wird sie nur mit äußerst hohem Arbeitsaufwand zu verbessern sein. Ist solch eine Fläche relativ klein, kann es besser sein, den Bereich kurzerhand zu pflastern und ihn als Sitzplatz zu gestalten.

Sie können aber auch Hochbeete mit gutem Mutterboden anlegen. Schichten Sie einen Erdhügel auf, der durch Steine gehalten wird, oder bauen Sie ein Beet – so hoch wie ein Pflanztrog – aus Steinen, Ziegeln, Beton oder Holz. Die Höhe hängt davon ab,

△ **UFERSZENE**
Ein Streifen Zimmerkalla gedeiht im feuchten Lehmboden – entweder am Wasser oder in einem sonnigen Beet. Relativ frostfest ist die Sorte ›Crowborough‹; als Jungpflanze braucht sie aber einen Winterschutz.

◁ **SUMPFGARTEN**
Im sommerlichen Sumpfbeet wirken die gelben Blütenstände der Ligularie oder die cremefarbenen Blüten des Waldgeißbart eindrucksvoll – doch auch die gelbe Sumpfschwertlilie vorne.

was Sie einpflanzen wollen. Kleine Bäume brauchen 45–90 cm Bodentiefe, die Einjährigen meist nur 15–20 cm Erdtiefe. Bei einer befestigten Einfassung müssen Sie für eine gute Drainage sorgen, damit die Pflanzen nicht zu feucht stehen.

Sträucher für Lehmböden

Berberis (Berberitze). Ob früh blühende, immergrüne oder rotblättrige, laubabwerfende Arten, alle gedeihen gut.

Chaenomeles speciosa (Scheinquitte). Früh blühender Strauch für Rabatten, Mauern, Zäune oder als Hecke.

Cornus (Hartriegel). Panaschierte Art C. alba mit roten Wintertrieben. C. kousa und C. florida haben schönen Wuchs.

Philadelphus (Sommerjasmin bzw. Pfeifenstrauch). Duftende Sommerblüten; je nach Art und Sorte 1–4 m hoch.

Rosa (Rose). Rosen gedeihen gut in Lehmböden, brauchen aber jährlich Kompost bzw. Dünger.

Salix (Weide). Die meisten der vielen Arten lieben feuchten Boden.

Viburnum (Schneeball). Immergrüne oder laubabwerfende Arten, blühen im Winter oder Frühling; große, pflegeleichte Sträucher, mit Beeren.

Pflanzen für Sumpfbeete

Aruncus dioicus (Waldgeißbart). Schöne, bis 1 m hohe Staude; braucht stets feuchten Boden; im Frühsommer aparte Blüten.

Astilbe (Astilbe bzw. Prachtspiere). Farbenprächtige Sommerblüten; braucht feuchte oder sumpfige Böden; liebt Halbschatten.

Caltha palustris (Sumpfdotterblume). Gelbe Frühlingsblüten; wächst in feuchten Böden oder flachem Wasser.

Gunnera manicata (Mammutblatt). Pflanze mit riesigen Blättern; braucht tiefgründig nahrhaften, bevorzugt feuchten Boden; verträgt keine Staunässe im Winter.

Iris laevigata (Asiatische Sumpfschwertlilie). Gedeiht in flachem Wasser, lavendelblaue Sommerblüten.

Ligularia (Ligularie bzw. Goldkolben). Eindrucksvolle Stauden; dichte Blätter, gelbe Sommerblüten.

Primula japonica (Japan. Etagenprimel). Größere Gruppen sehen zur Blütezeit hinreißend aus.

Rodgersia (Schaublatt). Dekorative Blüten und Blätter; braucht feuchten, geschützten Standort.

SANDBODEN

Sandige Böden bestehen aus Mineralkörnern und sind sehr luftig. Daher kann Wasser abfließen und der Boden ist zu jeder Jahreszeit gut zu bearbeiten, und im Frühjahr erwärmt er sich rasch. Der Nachteil – im Sommer kann er schnell austrocknen und Nährstoffe werden leicht ausgewaschen.

▽ **KIESBEET**
Ein Kiesgarten mit guter Drainage bietet ideale Bedingungen für Edeldisteln (Eryngium) mit ihren metallisch glänzenden, gezackten Blättern. Auch die interessante rotblättrige Purpur-Fetthenne fühlt sich hier wohl.

Trockenheit ist eines der Hauptprobleme. Setzt alljährlich das warme Wetter ein, beginnen sandige Böden auszutrocknen und nur die widerstandsfähigsten Pflanzen überleben – vor allem Unkräuter. Zierpflanzen, die durchkommen, bleiben oft kümmerlich. Ist der Mutterboden dünn, können sich Bäume und größere Sträucher nur schwer verankern. Ein Problem ist auch die gute Bodendrainage, da mit dem Wasser lebenswichtiger Stickstoff abfließt.

SANDIGE BÖDEN VERBESSERN

Es gibt verschiedene Möglichkeiten, sandige Böden zu behandeln. Sie können das Wasserhaltevermögen des Bodens erhöhen oder Pflanzen wählen, die Trockenheit vertragen und Nährstoffmangel, oder die Bewässerung verstärken.

Ausgewaschene Nährstoffe können durch Dünger ersetzt werden, doch muss dies zum richtigen Zeitpunkt geschehen, damit er wirken kann. Düngen Sie sandige Böden im Frühjahr, wenn das Wurzelwachstum einsetzt. Eventuell muss im Frühsommer nachgedüngt werden. Gut verrottetes organisches Material, etwa Kompost oder Stallmist, erhöht das Wasserhaltevermögen, ohne den Boden schwer zu machen. In jedem Frühling sollten Sie zudem eine dicke Mulchschicht auflegen, um die Wasserverdunstung zu verringern. Der Mulch verrottet mit der Zeit und verbessert so automatisch die Bodenstruktur.

Ist die fruchtbare Deckschicht sehr dünn, sollten Sie speziell für Bäume und Sträucher die Pflanzlöcher besonders tief ausheben und beim Auffüllen reichlich organisches Material einarbeiten. Zusätzlich wird im Frühjahr gedüngt, um den Nährstoffverlust des Winters auszugleichen.

PFLANZEN FÜR TROCKENEN BODEN

Viele Pflanzen sind in Gebieten mit heißen Sommern und trockenen Böden zu Hause. Sie fühlen sich in sandigem Boden wohl, sofern sie nur genügend Sonne erhalten (siehe Kasten gegenüber). Haben sie sich einmal etabliert, machen sie weit weniger Arbeit als andere Sorten, da regelmäßiges Gießen entfällt.

KRÄUTERGÄRTEN

Wenn Sie ein sonniges Grundstück mit sandigem Boden haben, ist ein Kräutergarten eine gute Lösung. Die meisten Küchenkräuter gedeihen in durchlässigen, nährstoffarmen Böden sogar besonders gut und entwickeln ein kräftiges Aroma – ebenso Duftkräuter; besonders attraktiv sind Lavendel und Ysop.

BEWÄSSERUNGSSYSTEME

Natürlich kann man den Boden auch bewässern, doch wählen Sie ein System, das kein Wasser verschwendet. Perforierte Wasserschläuche (vgl. Seite 209) kann man unter einer Mulchschicht verstecken, um Jungpflanzen zu berieseln.

◁ **FARBKONTRASTE**
Der kultivierte Trockengarten beschränkt sich auf eine kleine Farbpalette. Die Basis bilden interessante Blattgewächse, dazwischen leuchten die Blüten von Lavendel und Zierlauch-Arten.

△ **SONNENBEET**
Gelb blühende Brandkraut-Art in zwei Sorten (Phlomis fruticosa und P. fruticosa x Halimiocistus bildet die pflegeleichte Bepflanzung für einen sonnigen Standort mit gut durchlässigem Boden.

KIESGÄRTEN

Die Gestaltung eines Kiesgartens ist eine äußerst dekorative Lösung der Hauptprobleme dieses Bodens. Er wird weniger dicht bepflanzt als traditionelle Randbeete. Halten Sie das Unkraut im Zaum, so ist die Konkurrenz um das Wasser deutlich geringer. Wichtig ist nur, dass durch interessante Pflanzen und andere dekorative Elemente wie große Steine oder Treibholz für Abwechslung gesorgt ist.

Kies ist viel einfacher zu pflegen, wenn er auf einem dicken Vlies verlegt wird (siehe Seite 208–209) und durch befestigte Beetkanten zurückgehalten wird, damit er sich nicht auf Nachbarbeete verteilt. Das Vlies lässt Wasser in den Boden durchsickern und verhindert Unkraut. Sie legen zuerst das Vlies aus und schneiden dann dort Löcher hinein, wo Sie Pflanzen einsetzen wollen. Wählen Sie Pflanzen, die Trockenheit vertragen, und beschränken Sie sich auf wenige Arten mit auffallender Optik. Königskerze, Eselsdistel oder große Ziergräser zum Beispiel wirken schöner als viele kleine Pflanzen. Verteilen Sie mit der Harke den Kies so, dass das Vlies nicht mehr sichtbar ist.

PFLANZEN FÜR TROCKENEN BODEN

Cistus (Zistrose). Im Frühsommer blühende Straucharten; bedingt winterhart, gedeihen an sonnigem, geschütztem Standort.

Eryngium (Edeldistel). Dekorative Arten mit ausdauernden Blüten in Silber- oder Blautönen.

Euphorbia (Wolfsmilch). Strauchige Arten; dekorative Wuchsformen, Blätter und Brakteen.

Kniphofia (Fackellilie). Bei durchlässigem Boden sind neue Sorten meist winterhart; prächtige Herbstblüten.

Onopordum (Eselsdistel). Faszinierende Arten, die etwa 2,50 m hoch werden können; silbrig grün.

Perovskia (Silber-Perowskie). Halbstrauch mit silbergrauen Blättern und blauen Blütenständen im Spätsommer.

Sedum (Fetthenne). Viele Arten mit meist fleischigen Blättern; blühen vom Spätsommer bis Herbst.

Verbascum (Königskerze). Zweijährige Staude mit dekorativem Blütenstand, passt gut ins Kiesbeet.

SÄUREGEHALT DES BODENS

Sehr viele Pflanzen gedeihen in kalkhaltigem oder saurem Boden prächtig. Haben Sie einen dieser Böden, so sollten Sie das als Vorteil werten. Probleme tauchen erst auf, wenn Pflanzen nicht zum Boden passen. Dies mag ein Grund sein, weshalb einige Ihrer Pflanzen kränklich aussehen.

△ **BUNTE KLETTERER**
Einige beliebte Kletterpflanzen fühlen sich auf kalkhaltigen Böden wohl. Hier verweben sich Echte Weinrebe, Goldhopfen sowie zwei Clematis-Sorten ›Ernest Markham‹ in Rot und ›perle D'Azur‹ in Blau zu einem farbenfrohen Bild.

Ob der Boden in Ihrem Garten sauer oder kalkhaltig (basisch) ist, können Sie mit einem pH-Test-Set feststellen – erhältlich im Gartencenter. Das ist eine gute Hilfe beim Pflanzenkauf und klärt Misserfolge mit Pflanzen auf. Testen Sie jedes Beet, da auf einem Grundstück verschiedene Bodenqualitäten vorkommen können.

Die meisten Gartenböden haben einen pH-Wert zwischen 5,5 und 7,5 (7 ist neutral). Ein leicht saurer Boden (pH 6,5) ist für viele Pflanzen ideal, etwa für Rasen und Obstgehölze. Liegen die Werte deutlich außerhalb dem üblichen Bereich, schränkt das Ihre Pflanzmöglichkeiten ein. Stimmen Sie neue Pflanzen stets auf die Gesamtbedingungen des Gartens ab und nicht nur auf den pH-Wert allein.

KALKHALTIGE BÖDEN

Böden mit einem pH-Wert über 7 sind basisch. Sie liegen meist auf einer Kalk- oder Kalksandsteinschicht. Die Bodeneigenschaften lassen sich langfristig kaum verändern. Durch Zugabe von reichlich organischem Material hält der Boden eher Feuchtigkeit und eine Erddeckschicht baut sich auf.

Bei kalkhaltigem Boden zeigen viele Pflanzen eventuell blasse Blätter mit dunklen Adern. Das sind typische Anzeichen einer Chlorose, hervorgerufen durch Kalk, und besonders bei Rosen, Hortensien und Obstgehölzen zu beobachten. Als Soforthilfe kann man Eisendünger geben. Hortensien verändern ihre Blütenfarbe je nach Säuregehalt des Bodens.

Kalktolerante Pflanzen. Auf kalkhaltigem Boden gedeihen Waldrebe, viele Zwiebel- und Knollengewächse und kleine Sträucher, die durchlässigen Boden verlangen, z. B. Zistrose und Sonnenröschen. Selbst unter Pflanzen, die keinen Kalk vertragen, gibt es tolerante Arten wie Königslilie, Schneeheide und immergrüne Magnolie.

Wildblumenwiesen. Wegen seiner geringen Fruchtbarkeit eignet sich kalkhaltiger Boden ausgezeichnet für Blumenwiesen. Eine Frühlingswiese mit Schlüsselblumen und Zwiebelgewächsen sollte man erst im Hochsommer auf etwa 8 cm herunterschneiden; ein zweiter Schnitt folgt im Frühherbst, während man eine Sommerwiese im Frühherbst zum ersten Mal mäht.

SAURE BÖDEN

Gehölze und Heidekraut sind charakteristisch für saure Böden. Im Wald ist der Boden fruchtbar und durch die langsam verrottende Laubschicht stets feucht. In offeneren Lagen wie Heidegebieten ist er dagegen trockener und oft sandig.

Bewaldete Gärten. Rhododendren sind typisch für viele alte Gärten mit saurem Boden. Diese Gewächse sehen zwar im Frühling atemberaubend aus, doch sollten Sie andere Arten dazupflanzen, um rund ums Jahr für Abwechslung zu sorgen. Ferner kann man Zwiebelblüher stecken wie Zeitlose *(Colchicum speciosum)*, Waldlilie und Narzisse *(Narcissus cyclamineus)*.

Heidegärten. Viele der für diesen Standort geeigneten Pflanzen sind kurzlebig, darum ist es oft lohnender, überalterte Pflanzen zu ersetzen. Wenn Ihr Rasen wegen des mageren Bodens nicht gedeiht, können Sie eine Teilfläche in eine kleine Heidelandschaft verwandeln. Mehr Pflege als einen Rückschnitt im Herbst braucht sie nicht.

◁ **THYMIAN-TEPPICH**
Ein blühender Thymianteppich ist eine einfache Lösung, um kalkhaltigen Boden großflächig zu bedecken. Die sonnenhungrige, immergrüne Sandthymian-Sorte ist pflegeleicht, da sie nur einmal nach der Blüte zurückgeschnitten werden muss. Die Blätter duften lieblich, wenn man auf die Pflanze tritt.

Pflanzen für kalkhaltige Böden

Clematis (Waldrebe). Viele früh- bis spätblühende Arten und Sorten in vielen Farben.

Helianthemum (Sonnenröschen). Niedrige, immergrüne Arten; Frühsommerblüten in vielen Farben; bevorzugen sonnigen Standort mit durchlässigem Boden.

Humulus lupulus ›Aureus‹ (Goldhopfen). Winterharter, laubabwerfender Kletterer; bedeckt mit goldgelben Blättern schnell große Flächen.

Thymus (Thymian). Duftende, immergrüne, z. T. panaschierte Arten; bilden Farbteppich; lieben Sonnenplatz.

Veronica (Ehrenpreis). Pflegeleichte Arten mit Blüten in Blau, Rosa oder Weiß, 30–90 cm hoch; Bienenweide.

Vitis vinifera (Echte Weinrebe). Kletterpflanze mit schönem Blattwerk für große Mauern; gedeiht in mageren Böden; wird in fünf Jahren um 3 m hoch.

Pflanzen für saure Böden

Waldpflanzen

Athyrium filix-femina (Frauenfarn) und **Blechnum spicant** (Rippenfarn). Zählen zu den Gartenfarnen, die saure Böden bevorzugen.

Gaultheria procumbens (Niedrige Scheinbeere). Kriechende, immergrüne Art mit roten Blatträndern und roten Herbstbeeren.

Hydrangea (Hortensie). Blaue, rosa oder weiße Blütenbälle im Sommer; braucht feuchten Boden.

Kalmia latifolia (Lorbeerrose). Immergrüner Strauch mit schönen Blüten im Frühsommer.

Meconopsis betonicifolia (Tibet-Scheinmohn). Braucht Halbschatten; blüht im Frühsommer.

Pieris (Lavendelheide bzw. Weißglockenstrauch). Arten mit frühen Blüten und Blattwerk in schönen Farben.

Skimmia (Skimmie). Rundliche, immergrüne Straucharten mit weißen Blütenrispen.

Heidepflanzen

Calluna vulgaris (Besenheide). Immergrüner Bodendecker für sandige Böden, blüht im Sommer.

Cytisus x praecox (Elfenbeinginster). Frühlingsblüher in vielen Farben; braucht sonnigen Platz.

Erica cinerea (Graue Heide). Erica-Sorten mit farbigen Blättern blühen vom Sommer bis zum Herbst.

◁ **WALDFARNE**
Viele Farne bevorzugen sauren oder neutralen Boden. Am besten gedeihen sie in einer dicken Schicht aus Laubmulch. Sie vertragen sich gut mit früh blühenden Zwiebelgewächsen, deren Blätter welken, wenn sich die Farnwedel entrollen.

HANGLAGE

Hanggrundstücke und teilweise auch Niveauunterschiede innerhalb eines Gartens bereiten gerne Probleme hinsichtlich der Drainage, Bepflanzung und Nutzung. Scheut man keine Mühen, lassen sich diese Probleme aber lösen. Solche Lagen bieten nämlich oft faszinierende Gestaltungsmöglichkeiten.

△ **KASKADEN**
An einem schattigen Hang bildet ein Wasserlauf mit Kaskaden und mit schattenliebenden Blattpflanzen wie Hosta ein erfrischendes und beruhigendes Element.

Überlegen Sie zuerst, wie der Garten genutzt und betrachtet wird. Zu welcher Himmelsrichtung neigt sich der Hang? Wo sind Sitzplatz, Schuppen und andere Elemente am besten platziert? Danach legen Sie die Lage von Stufen und Wegen fest. Wenn der Garten vom Haus weg abfällt, bildet eine Holzplattform am Haus einen schönen Aussichtspunkt. Fällt der Garten aber zum Haus hin ab, ist die Gestaltung schwieriger (vgl. Seite 38–41). Hier mag man am Fuß des Hanges einen eher abgeschlossenen Bereich schaffen, den Stufen mit offeneren Flächen verbinden.

HÄNGE BEPFLANZEN

Wer einen Hang bepflanzt, muss die Bodenqualität (vgl. Seite 92–97) und Himmelsrichtung beachten. Süd- und Westhänge sind von der Sonne begünstigt, und die Frostgefahr sinkt, aber sie sind gerne trocken und nährstoffarm. Nord- und Osthänge erhalten weniger Sonne, dafür mag der Boden feuchter sein als in anderen Gartenbereichen.

Ein Steingarten ist eine pflegeleichte Lösung für sonnige oder schattige Hänge. Platzieren Sie die einzelnen Natursteine sorgfältig. Wenn die erkennbare Schichtstruktur eines jeden Natursteins parallel zum Hang verläuft, wirkt es naturnah. Am Hang muss man aus Sicherheitsgründen alle Steine ein Stück weit eingraben. In Sonnenlagen gedeihen alpine Pflanzen, im Schatten z. B. Zwiebelgewächse.

▷ **SONNENHANG**
Ein nach Süden gerichteter Hang ist ideal für mediterrane Pflanzen und Kräuter z. B., die viel Sonne und gute Drainage schätzen. In gemäßigtem Klima sollte man frostempfindliche Sorten wie Agaven in Kübel pflanzen und im Haus überwintern.

▽ **MINI-STEINGARTEN**
Kleine Höhenunterschiede sind geeignet für Pflanzen mit rosettenförmigem Wuchs wie Dachhauswurz (Sempervivum), die Sonne und eine gute Drainage lieben.

▷ **TERRASSENGARTEN**
Einen steilen Hang zu terrassieren, ist sehr arbeitsaufwendig, aber lohnend. Hier wurde mit Bahnschwellen ein faszinierender Garten auf vielen Ebenen gestaltet.

Eine weitere pflegeleichte Lösung sind Bodendecker. Betrachten Sie den Hang einfach als Leinwand, worauf Sie große Farbflecke malen. Gut geeignet für halbschattige Hänge sind der dunkelblättrige Günsel und gelbliche Gräser wie die Segge *Carex hachijoensis* ›Evergold‹. An schattigen Hängen fühlen sich Farn, Bergenie und Hosta wohl, in der Sonne gedeihen Fackellilie und Schmucklilie. Zu den interessanten Blattgewächsen für sonnige Hänge zählen der Schlangenbart *(Ophiopogon planiscapus* ›Nigrescens‹) oder Blauschwingel, vielleicht mit einer Unterpflanzung aus fleißigen Lieschen und Zwiebelblühern. Um Höhe ins Spiel zu bringen, eignen sich für schattige Bereiche Baumfarne, für sonnige dagegen kleinwüchsige Koniferen.

Rasen ist auf einem Hang schwierig zu mähen. Verwandeln Sie ihn jedoch in eine Wildblumenwiese, muss er nur ein bis zwei Mal im Jahr mit dem Freischneider gemäht werden. An einem großen Steilhang wirkt eine schräg verlaufende Treppe mit bepflanzter Stützmauer sehr dekorativ und verhindert das Abrutschen des Erdreichs.

WASSERSPIELE

Wird ein Hang von Stützmauern gehalten, so lässt sich leicht ein Wandbrunnen mit Reservoir einbauen. Im Steingarten kann ein Bach über mehrere Stufen fließen und das Bild beleben, wobei ein Wasserfall sich eher für steile Hänge eignet.

TERRASSEN ANLEGEN

Terrassen schaffen mehrere ebene Bereiche für einen Sitzplatz, Beete oder Kübel. Eine gut durchdachte Terrassierung ist keine preiswerte Lösung, aber eine gute Investition. Will man die Arbeit selbst ausführen, kann man sie über mehrere Jahre verteilen. Bei der hier gezeigten Methode wird die Erde auf dem Hang abgetragen und hinter den Stützmauern aufgefüllt. So muss man nicht zusätzlich teueren Mutterboden kaufen. Beim Abgraben des Hanges sollte man Deckerde und Unterboden sorgfältig getrennt halten.

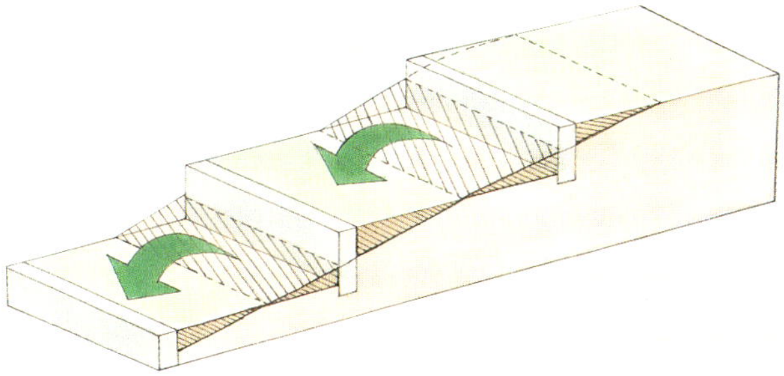

PRALLE SONNE

Alle Pflanzen brauchen Licht zum Wachsen und viele lieben die Sonne. Doch zu intensives Licht und Hitze lassen leicht Blüten verblassen, Blätter schrumpeln und den Boden austrocknen. Und auch Menschen, die keine Sonnenanbeter sind, wünschen sich im Garten einen schattigen Rückzugsplatz.

▽ **ELEMENT WASSER**
Der Teich nimmt in dem heißen, trockenen Garten eine zentrale Lage ein und wird durch eine Wasserrinne gespeist. Der schattierte Sitzplatz daneben gewinnt durch die erfrischende Wirkung des Wassers.

Die meisten Probleme, die durch sehr helles Licht und Hitze hervorgerufen werden, lassen sich durch eine gut durchdachte Anlage und Bepflanzung lösen. Achten Sie zunächst einmal darauf, wie Menschen heißer Länder mit Vor- und Nachteilen der Sonne umgehen – vielleicht können Sie einige dieser Ideen für Ihren Garten übernehmen und anpassen.

TROCKENLANDSCHAFT

In Trockenregionen unserer Erde wie etwa die Sandwüste haben sich Pflanzen entwickelt, die unter härtesten Bedingungen überleben können. In einem sonnigen Garten solch eine Landschaft nachzugestalten, verlangt kaum Arbeit und ergibt eine faszinierende Wirkung. Kies, Steine und Felsbrocken bilden die Kulisse und halten zugleich den Boden feucht und kühl. Bizzare Pflanzen wie Yucca, Agave, Aloe und Echeveria prägen das Bild (siehe gegenüber). All diese Sorten müssen jedoch frostfrei überwintern.

MITTELMEERPFLANZEN

Mediterranes Flair vermitteln Kübel mit großen Pflanzen, die Trockenheit gut vertragen; in kühlen Regionen beziehen sie im Haus ihr Winterquartier. Citrus-Arten, kleine Olivenbäume *(Olea europaea)* oder Lorbeer *(Laurus nobilis)* gedeihen in Tonkübeln prächtig. Kräuter wie Rosmarin, Thymian und Lavendel mögen pralle Sonne wie auch silber- oder graublättrige Pflanzen – etwa die Ackerwinden-Art *Convolvulus cneorum* oder der frostempfindliche Hornklee *(Lotus berthelotti)*; die beiden Sträucher sind hübsche Alternativen zu Einjährigen.

PERGOLA

Eine Pergola mit Kletterpflanzen gibt einem Weg oder Sitzplatz auf attraktive Weise Schatten. Ob nach Maß gebaut oder als Bausatz gekauft – die Pergola sollte zum Stil des Gartens passen und stabil genug sein, um ihre grüne Last zu tragen. Weinreben und andere großblättrige Kletterer sind ebenso empfeh-

▷ **HEISSE FARBEN**
In heißen, trockenen Gärten gedeihen oft Pflanzen mit lebhaften Farben wie in diesem Beispiel in Südafrika – mit leuchtend roter Aloe und orangefarbenen Gazanien. Es mag Sie anregen, eine sonnige Ecke ähnlich zu bepflanzen.

lenswert, wie starkwüchsige, blühende Arten, so etwa Blauregen oder Bergwaldrebe. Im Spätfrühling genießt man die Blüten, und im Sommer sucht man Schutz unter dem Blätterdach. Wenn Sie Blüten im Sommer möchten, sollten Sie eine Kletterrose wählen.

SCHATTEN SPENDENDE BÄUME

Pflanzen Sie einen relativ großen Baum in den Boden oder aber in einen großen Kübel, wenn der Sitzplatz sofort Schatten haben soll (vgl. Seite 52–53). Wählen Sie Bäume, die eine schöne Krone bilden wie der Essigbaum *(Rhus hirta)* oder Trompetenbaum *(Catalpa bignonioides)*. In einer sonnigen Ecke weckt eine Akazie das Bild eines südfranzösischen Gartens. In kühleren Gebieten kann es auch ein Obstbaum sein – ein Apfel-, Kirsch- oder Pflaumenbaum.

WASSERSPIELE

Ein Teich, Bachlauf, Springbrunnen, Wasserfall oder eine Kombination verschiedener Wasserelemente sorgt im sonnigsten Teil des Gartens für Kühle.

Um das Wasserspiel auch genießen zu können, richten Sie in Sichtweite einen schattigen Sitzplatz ein – dicht am Haus wäre eine Markise eine praktische Lösung. Die Atmosphäre dieser schattigen Oase können Sie verstärken, wenn Sie rings um den Sitzplatz üppige Blattgewächse pflanzen, gegebenenfalls auch in Kübeln.

▽ **SCHATTEN-OASE**
Eine von duftenden Kletterrosen berankte Pergola mit Bank bietet einen willkommenen Schutz vor der brennenden Sonne.

PFLANZEN FÜR HEISSE, SONNIGE STANDORTE*

Acanthus. Große Stauden-Arten mit lang anhaltenden Blütenständen; bildet dichte Gruppen.

Cistus (Zistrose). Einige Arten sind auf durchlässigen Böden winterhart; rosa oder weiße Frühlingsblüten; passen zu graublättrigen Pflanzen.

Cynara cardunculus (Wilde Artischocke). Beeindruckende, distel-ähnliche Pflanzen mit attraktiven Blättern und ausdauernden Blüten.

Lavandula stoechas (Schopflavendel). Blüten duften, Sorten mit rosa, weißen oder violetten Blüten.

Phormium (Neuseeländer Flachs). Immergrüne Staude mit schwertförmigen Blättern, Sorten von P. tenax mit gefärbten Blättern.

Rosmarinus (Rosmarin). Viele Arten, vom kriechenden bis zum strauchigen Wuchs.

*winterhart je nach Klimaregion

VIEL SCHATTEN

Nachbargebäude, Abgrenzungen des Grundstücks, Bäume und das eigene Haus tauchen kleine und mittelgroße Gärten oftmals völlig in Schatten. Doch das ist keineswegs ein Unglück. Zwar schränkt der Schatten die Wahl der Pflanzen ein, aber deswegen muss ein Garten durchaus nicht langweilig wirken.

△ **HERBSTFARBEN**
Ein robuster Kletterer wie die Jungfernrebe gedeiht gut an einer schattigen Wand und sorgt für leuchtende Herbstfarben.

Bevor Sie eine Auswahl an Pflanzen treffen, ermitteln Sie zuallererst das Ausmaß und die Dauer des Schattens während eines Tages. Das wird je nach Jahreszeit schwanken. Auch über die Qualität Ihres Gartenbodens sollten Sie Bescheid wissen.

Zahlreiche Waldpflanzen gedeihen im Halbschatten sehr gut, besonders bei feuchtem Boden (siehe Seite 125). Die Anzahl derjenigen Pflanzen, die hingegen tiefen Schatten und trockenen Boden tolerieren, ist eher gering; hier bringen dekorative Objekte oder farbige Gitterelemente Abwechslung.

SCHATTEN AN MAUER UND ZAUN

Liegt ein Zaun oder eine Mauer den größten Teil des Tages im Schatten, dann ist der Boden hier entweder angenehm feucht oder knochentrocken, hart und verdichtet. Ist der Boden trocken, so graben Sie möglichst viel organisches Material unter. Wollen Sie eine Wand dauerhaft begrünen, empfiehlt sich ein Pflanzabstand von 20–60 cm, wo der Boden meist besser ist (vgl. Seite 205).

▽ **WALDBEWOHNER**
Im feuchten Schatten unter Bäumen fühlen sich typische Waldpflanzen wohl.

Kletterpflanzen und Sträucher dürfen große, schattige Mauern bewachsen, wenn das Mauerwerk und die Fugen intakt sind. Die Zahl schattenverträglicher und blühender Kletterpflanzen ist recht klein, wählen Sie stattdessen Blattgewächse mit dekorativer Färbung – allzu dunkle Arten vermeiden Sie jedoch besser. Selbstklimmer wie Efeu und Jungfernrebe brauchen keine Kletterhilfe. Für andere Arten sind Rankgitter oder waagerecht gespannte Drähte nötig. Wachsen Kletterpflanzen mit Haftwurzeln an Hauswänden hoch, so muss man Türen, Fenster und Luken regelmäßig freischneiden.

WANDBEGRÜNUNG IM SCHATTEN

Akebia quinata (Akebie). Halbimmergrüne, fingerblättrige Kletterpflanze. Trägt im Frühling bräunlich-violette Blüten.

Decumaria barbara (Sternhortensie). Halbimmergrüne Kletterpflanze für geschützte Standorte.

Hedera helix und **H. colchia** (Efeu). Diese Arten vertragen tiefen Schatten und schwierige Wachstumsbedingungen. Panaschierte Sorten können dunkle Ecken aufhellen.

Jasminum nudiflorum (Winterjasmin). Robuster Wandstrauch, gedeiht fast überall. Trägt im Winter gelbe Blüten an kahlen Zweigen; nach der Blüte kräftig zurückschneiden. Kann auch frei stehend gehalten werden.

Parthenocissus (Jungfernrebe bzw. Wilder Wein). Kletterer mit schön geformten Blättern, dunkelrote Herbstfärbung. Verträgt trockenen Schatten; kann auch als Bodendecker gepflanzt werden.

◁ **SCHATTIGER WINKEL**
Hosta verträgt auch tiefen Schatten. Weiße Veilchen, Lupine und die Rose ›Albéric Barbier‹ mögen Halbschatten.

▽ **SCHATTENDASEIN**
Rasen mag keinen Schatten. Mähen Sie den Bereich nicht, und warten Sie ab, welche Wildblumen auftauchen.

Für kleinere Mauerflächen eignet sich schwachwüchsiger Efeu (Hedera helix). Da er in feuchter Erde am besten gedeiht, sollten Sie hier den Boden verbessern. Den Blütenflor im Frühling können die Alpen- oder Bergwaldrebe beisteuern. Feuchten Boden mögen auch kleine Zwiebelblüher, die im Frühjahr zwischen Bodendeckern hübsch wirken.

Zu den wenigen Pflanzen, die trockenen Schatten an Mauern oder Zäunen vertragen, gehören der Aronstab *(Arum italicum* ›Pictum‹) mit seinen schön gezeichneten Blättern und der dekorativen Spatha, Zeitlose (Colchicum speciosum) und Alpenveilchen (Cyclamen hederifolium). Ist der Boden sehr karg – oder fehlt er gar, so befestigen Sie ein Spalier an der Wand und ziehen daran einen Strauch im Kübel hoch, z. B. Feuerdorn.

SCHATTEN AN HECKEN

Hecken werfen nicht nur Schatten, ihre Wurzeln entziehen dem Boden auch Wasser und Nährstoffe. In ungezwungenen Gärten sind einheimische Pflanzen oder ihre kultivierten Verwandten vorteilhaft. Vor einer dunklen Hecke wirkt Fingerhut *(Digitalis)* mit einer Unterpflanzung von Veilchen oder Silberling-Arten *(Lunaria)* sehr dekorativ. Am Fuß einer laubabwerfenden Hecke sind kleine Zwiebelpflanzen wie Blaustern *(Scilla)* hübsch. Formschnitthecken in formalen Gärten gewinnen durch eine ausgeschnittene Nische für einen Sitzplatz im Schatten an optischem Reiz oder durch einen Kübel bzw. ein Dekorationsobjekt.

OHNE WINDSCHUTZ

Für Gärtner ist steter, starker Wind meist ein Alptraum. Er schädigt Pflanzen und macht den Garten ungastlich. Diese Gärten liegen jedoch oft am Hang, an der Küste oder auf dem Dach und bieten darum einen herrlichen Ausblick. Aber es gibt Lösungen, ohne die Aussicht einzubüßen.

△ **METALLGITTER**
Das Metallgitter, das diesen Dachgarten umgibt, ist gleichzeitig Windschutz und Stütze für die Kletterpflanzen. Tröge mit dem robusten, hohen Moor-Reitgras sorgen zusätzlich für ganzjährigen Schutz der Privatsphäre. Das Gras mit den langen Blütenständen trotzt dem Wind in aufrechter Haltung.

Unabhängig von übrigen Bedingungen muss ein Garten vor stetem Wind geschützt werden, um eine Pflanzenvielfalt halten und Bereiche schaffen zu können, wo man sich gerne aufhält. Legen Sie den Garten neu an, so finden Sie zuerst den besten Windschutz heraus, den Sie zunächst installieren. Vom Erfolg dieser Maßnahmen hängt die weitere Bepflanzung ab – und Ihre Freude am Garten.

WINDSCHUTZ – WINDBRECHER

Ein Windbrecher schützt auf einer Fläche, die etwa der achtfachen Höhe des Windschutzes entspricht. Darum reicht für die meisten kleinen und mittelgroßen Gärten eine Höhe von 2 m völlig aus. In einem großen Garten kann die Kraft des Windes auch durch Bäume oder eine Reihe kleinerer Wind-

WINDVERTRÄGLICHE PFLANZEN

Salztolerante Windschutz-Pflanzen

Cotoneaster simonsii (Himalaya-Zwergmispel). Halbimmergrüner oder laubabwerfender Strauch, mit Herbstbeeren; gut auch als Formschnitthecke.

Escallonia. Strauch mit Sommerblüten für milde Lagen; ›Crimson Spire‹ (purpurrote Blüten) und ›Iveyi‹ (weiße Blüten) sind schöne Sorten z. B.

Euonymus japonicus (Japan. Spindelstrauch). Wächst zur dichten, immergrünen Hecke heran. Verträgt karge Böden und verunreinigte Luft.

Rhamnus (Kreuzdorn). Laubabwerfender Strauch für hohe Windschutz-Hecken; z. B. Purgier-Kreuzdorn (R. cathartica) und Faulbaum (R. frangula = Frangula alnus); als dichte, immergrüne Hecke eignet sich R. alaternus.

Stauden

Alchemilla mollis (Frauenmantel). Weiche, hübsche Blätter, viele winzige, gelbe Frühlingsblüten; bildet Gruppen und verträgt fast jede Bedingung.

Crocosmia (Montbretie). Schwertförmige Blätter, Blüten in leuchtenden Gelb-, Orange- und Rottönen; nur bedingt winterhart! Rote Sorten wie ›Lucifer‹ sind am robustesten.

Kniphofia (Fackellilie). Im Spätsommer auffällige Blütenstände in Orange, Rot, Gelb oder Cremeweiß; braucht Sonne und durchlässigen Boden.

Stachys lanata (Wollziest). Bildet mit den haarigen, silbrigen Blättern einen Teppich; die Blätter können Feuchtigkeit speichern; nicht blühende Sorten sind langlebiger.

◁ **KÜSTENGARTEN**
In ungeschützter Küstenlage kann ein Windbrecher die beneidenswerte Aussicht rauben. Wählen Sie niedrige Küstenpflanzen. In diesem abfallenden Garten gedeihen Lichtnelken in Pink und Weiß sowie Strauchiges Brandkraut.

△ **WEIDENSCHUTZ**
Die Lücken der Flechtwand bremsen den Wind besser als eine geschlossene Wand.

brecher gemildert werden. Ein Windschutz mit Lücken hat oft Vorteile gegenüber einer Mauer oder einem geschlossenen Zaun. Durch die Löcher wird die Kraft des Windes gebrochen und sanft umgelenkt. An einer Mauer dagegen können unangenehme Turbulenzen entstehen, wenn der Luftstrom nach oben gedrückt wird und auf der anderen Seite wieder abfällt. Die beste Langzeitlösung ist ein lebender Windschutz – eine Hecke oder Bäume und Sträucher gemischt; wählen Sie Arten, die das örtliche Klima vertragen.

Ein lebender Windschutz benötigt zum Heranwachsen etwa fünf Jahre. Bis dahin brauchen Sie eine wirksame Übergangslösung – ob Holzgitter, Flechtzäune, Plastikgewebe, Eisengitter, Vliesmatten, Bambusrollen oder Steckreisig.

DACHGARTEN

Bei Dachgärten ist zudem Sicherheit ein wichtiger Aspekt. Hier kann ein stabiles Geländer mit Metallgeflecht ideal sein, das zugleich als Rankgerüst für robuste Kletterer dient. Kübel mit hohen Gräsern oder Bambus bilden auf der Innenseite der Brüstung einen schönen Windschutz.

GARTEN AM MEER

Meerwind ist salzhaltig, darum gedeihen hier nur salztolerante Pflanzen (vgl. Kasten). Wiederum ist Meerklima oft milder, sodass man Pflanzen auswählen kann, die im Landesinneren kaum gedeihen. Wer keinen lebenden Windschutz möchte, muss bedenken, dass Metall durch die Salzluft rostet, während Holz nur ausbleicht.

PFLANZEN-PFLEGE

- Neu gepflanzte Bäume und Sträucher müssen gut im Boden sitzen und Bäume meist angebunden werden (vgl. Seite 204–205).
- Schützen Sie die zarten, frischen Triebe von winterharten Bäumen und Sträuchern (z. B. Koniferen oder Japanischer Zierahorn) vor kalten Frühjahrswinden.
- Kletterpflanzen – besonders großblütige – sind sehr windempfindlich. Binden Sie diese an stabilen Stützen gut fest, die sicher im Boden verankert sein müssen.
- Hochstielige Stauden mit großen Blüten werden leicht vom Wind flach gelegt. Am besten Sie schirmen sie durch eine Hecke ab und binden sie frühzeitig an.
- Hängeampeln eher vermeiden.
- Niedrige Einjährige zwischen höheren Sträuchern brauchen kaum Extrazuwendung.

GARTENDSCHUNGEL

Ist Ihr Garten überwachsen und Sie haben weder Zeit noch Geld, ihn total zu erneuern, so kann ein Dschungelgarten die Ideallösung sein. Solch ein Garten ist für Kinder wie für die Natur selbst ein Segen. Zudem erlaubt er, hier einige der faszinierend exotischen Pflanzen mit einzubeziehen, die es zu kaufen gibt.

Ein Dschungelgarten ist für Kinder ein Paradies und erspart Ihnen regelmäßiges Rasenmähen. Aber er kann auch ein ruhiger Zufluchtsort sein – besonders in der Stadt. Durch die dichte Bepflanzung steigt die Temperatur im Garten leicht an, sodass hier viele interessante Pflanzen gedeihen, die sonst nur sehr bedingt den Winter überstehen.

AUFRÄUMEN UND ZÄHMEN

Eine »Wildnis« verwandeln Sie am einfachsten in einen Dschungelgarten, indem Sie sich zuerst ein paar Pfade bahnen und den Rest sich selbst überlassen. Vom ersten Stock aus entdecken Sie leicht, wo der sonnigste Fleck ist, dann schneiden Sie sich durchs Unterholz den Weg frei.

Dazu brauchen Sie eine kräftige Schere, feste Handschuhe und eine alte Jacke. Sind Sie an Ihrem Ziel angekommen, so schaffen Sie genügend Platz, damit Sie zurücktreten und Ihr Werk betrachten können. Vielleicht wären mehrere Wege schön, die strahlenförmig zum Zentrum führen?

Im zweiten Arbeitsgang rücken Sie den dickeren Ästen mit einer Säge zu Leibe. Sie können die abgeschnittenen Zweige als kleine »Öko-Haufen« unter Sträuchern verstecken; hier finden viele kleine Tiere Unterschlupf bis die Gartenabfälle im Laufe der Zeit zu nahrhaftem Humus verrotten.

Wenn Sie beim Zurückschneiden hohes Gras auf den Wegen und Lichtungen vorfinden dann kürzen Sie es auf eine praktische Länge. Verwenden Sie zunächst einen Freischneider und danach einen hoch eingestellten Rasenmäher. Später wird alle zwei Wochen gemäht.

Mögen Sie Dickicht nicht, nehmen Sie die besonders starkwüchsigen Pflanzen heraus. Entfernen Sie mit ro-

△ **ROBUSTE EXOTIN**
Trotz ihres exotischen Aussehens kann die Zimmeraralie (Fatsia japonica) in milder Region frostverträglich sein, wo sich der immergrüne Strauch gut für Dschungel-Gärten eignet. Ihre stolze Höhe von bis zu 1,80 m und die glänzenden, gelappten, großen Blätter geben ihr eine ausgefallene Optik. Ihre milchig-weißen Blüten locken u. a. Bienen an.

PFLANZEN FÜR DEN DSCHUNGELGARTEN

Aristolochia macrophylla (Pfeifenblume). Wüchsiger, laubabwerfender Kletterer; Höhe bis zu 6 m. Herzförmige grüne Blätter, im Sommer grünliche Blüten.

Fargesia nitida (Bambus-Gattung). Immergrüne Art mit dunkel-violetten Stielen und grünen Blättern. Höhe bis 4,5 m. Neigt zum Wuchern.

Kerria japonica (Ranunkelstrauch bzw. Japan. Goldröschen). Wüchsiger, laubabwerfender Strauch mit bambusähnlichen Stielen, im Frühling leuchtend gelbe Blüten. Höhe bis 1,8 m, Breite bis 1,5 m.

Sasa palmata (Zwergbambus). Immergrüne, schnellwüchsige Art; bildet dichte Gruppen. Auffällige, große Blätter. Höhe bis 3 m. Neigt zum Wuchern.

Symphoricarpos albus (Gewöhnliche Schneebeere). Laubabwerfender Strauch; im Spätsommer/Herbst runde, weiße Beeren. Höhe und Breite ca. 1,8 m.

busten Handschuhen vor allem wuchernde Dornensträucher, die an den Spitzen ihrer langen Triebe Wurzeln bilden, – z. B. Brombeeren – sowie alle Nesselgewächse. Starkwüchsige, arbeitsintensive Kletterpflanzen beseitigen Sie, andere schneiden Sie stark zurück und bändigen sie – durch Anbinden an eine Rankhilfe, die auch ein Zaun sein kann.

Wie bei den eher gewaltigen Dschungelgärten können Sie ebenso einige Wege bereiten, die zu einer »Waldlichtung« führen. Wäre Ihnen ohnehin eine Waldlandschaft lieber, so finden Sie für die Umsetzung Pflanzvorschläge auf Seite 125.

BEPFLANZUNG

Sollte Ihnen der »Dschungel« nicht dicht genug sein, oder wollen Sie einen Dschungelgarten völlig neu anlegen, dann gibt es eine Reihe geeigneter Pflanzen: In erster Linie Bambus, dann die relativ winterharte Hanfpalme *(Trachycarpus fortunei)*, der Ranunkelstrauch *(Kerria japonica)* oder die Schneebeere *(Symphoricarpos)*. Dazu passt eine Unterpflanzung aus Farnen, Hosta und anderen dekorativen Blattgewächsen (siehe Kasten).

SPIELBEREICHE

Dschungelgärten sind Spielparadiese für Kinder jeden Alters. Für ältere Kinder können Sie ein Baumhaus oder ein Klettergerüst mit einer erhöhten Plattform errichten. Kleinere Kinder freuen sich über ein Spielhaus oder eine Höhle – möglichst so platziert, dass die Kinder leicht zu beaufsichtigen sind. Weitere Ideen hierzu finden Sie auf Seite 88–89.

△ **SCHAUKEL-DUO**
In einem kalifornischen Garten ist das Gerüst der beiden Schaukeln von Kletterpflanzen bewachsen, die zugleich Schatten spenden. Die Schaukeln finden bei Kindern und Erwachsenen gleichermaßen Anklang.

◁ **DSCHUNGELPFAD**
Solch ein Stil ist auch in Gärten mitten in der Stadt leicht zu gestalten. Ein begrenztes Pflanzschema mit Bambus, Palmen und Farne genügt – ein schlichter Pfad lädt zum Entdecken ein.

RASEN

Es muss kein Edelrasen sein, der sehr viel Zeit kostet. Umgekehrt ist es gar nicht so aufwändig, einen geschundenen Rasen wieder zu erneuern und ihn laufend zu betreuen. Das Ergebnis ist eine wohltuend natürliche Fläche. Wem auch das zu mühsam ist, der hat Alternativen.

△ **BILDERBUCH-RASEN**
Ein kurz geschnittener, gestreifter Rasen nimmt die Schlüsselrolle in einer formalen Gartenanlage wie hier ein – aber Sie müssen dafür Zeit aufbringen.

▽ **SOMMERWIESE**
Eine lebhaft blühende Wildblumenwiese mit Witwenblume, Flockenblumen und Saat-Wucherblume.

Eine Soforthilfe für gestresste Rasenflächen finden Sie auf Seite 56–57. Hier wollen wir uns mit den langfristigeren Maßnahmen beschäftigen.

DER RASEN IST ZU GROSS

Wenn Ihnen der Rasen zu groß ist, lässt er sich leicht auf ein handliches Format verkleinern. Hierbei können Sie eventuell auch gleich den Verlauf der Rasenform verändern (vgl. Seite 216–217) und Kantensteine setzen (siehe Seite 82). Die abgestochenen Grassoden stapeln Sie Gras auf Gras zum Verrotten; das ergibt einen wunderbaren Humus.

DER RASEN WIRD ZUR WIESE

Ist Ihnen der Zeitaufwand für die Rasenpflege zu hoch, oder Sie wollen ohnehin einen Naturgarten, so wandeln Sie die Rasenfläche oder einen Teil in eine pflegeleichte Wildblumenwiese um. Lassen Sie das Gras wachsen, und verwenden Sie weder Dünger noch Unkrautvernichter. »Unkräuter« werden sich bald als Wildblumen zu erkennen geben, blühen und Samen ausbilden. Kahle Stellen kann man mit Wildblumen bepflanzen, die in Töpfen vorkultiviert wurden.

Es hängt vom Wiesentyp ab, wie oft gemäht werden muss. Blüht die Wiese im Frühling, so sollte sie mindestens bis zum Frühsommer ohne Schnitt bleiben. Dann wird sie auf 5–8 cm Höhe gemäht und anschließend auf dieser Höhe gehalten. Oder man lässt sie erneut wachsen und mäht ein zweites Mal erst wieder im Frühherbst.

Blüht die Wiese hingegen im Sommer, so warten Sie mit dem ersten Mähen bis zum Frühherbst. Oder man hält sie vom Frühling bis zum Frühsommer auf 8 cm Grashöhe und setzt dann mit dem Mähen bis zum Frühherbst aus.

Bei beiden Wiesentypen lassen Sie das Gras zunächst einige Tage liegen und trocknen; danach räumen Sie das Heu ab, sonst nimmt der Boden zu viele Nährstoffe auf.

DER RASEN IST ABGENUTZT

Wenn ein Rasen an einigen Stellen abgenutzt ist, empfiehlt sich ein Bodenbelag, der widerstandsfähiger ist; oder man kann beispielsweise Trittsteine setzen, die im Schrittabstand knapp unter Rasenniveau in einem Sandbett verlegt werden. Hat der abgenutzte Rasen Hanglage, ließen sich Stufen einbauen (vgl. Seite 146–149). Im Spielbereich kann man zertretenen Rasen durch Rindenmulch ersetzen (vgl. Seite 89).

◁ **TRITTSTEINE**
Trittsteine schonen den Rasen und bereiten Kindern Spaß. Ziegel, Steinplatten oder flache Natursteine wie hier setzt man einfach in ein Sandbett.

▽ **KAMILLENRASEN**
Das weiche, saftige Grün der Kamille bildet einen schönen Kontrast zu gepflasterten Bereichen, eignet sich aber nur für kleinere Flächen.

Rasen-Alternativen

Alternativen zum Rasen sind besonders ratsam für allzu sonnige oder schattige Flächen oder für ungünstig geformte Bereiche, wo das Mähen mühsam ist. Anderseits ist keine Pflanze so widerstandsfähig wie Gras – die meisten Rasen-Alternativen vertragen regelmäßiges Betreten schlecht.

Ajuga reptans (Kriech-Günsel). Immergrün, für Sonne und Schatten. Einige Sorten haben farbiges Laub.

Chamaemelum nobile ›Treneague‹ (Römische Kamille). Nicht blühend. Braucht einen warmen, sonnigen Standort und durchlässigen Boden. Verströmt beim Betreten einen aromatischen Duft, muss aber oftmals alljährlich erneuert werden.

Hedera helix (Efeu). Gut als Bodendecker für den Schatten.

Lamium maculatum (Gefleckte Taubnessel). Anspruchslos und pflegeleicht, gedeiht auch im Schatten. Sieht zwischen Frühling und Herbst am schönsten aus. ›Beacon Silver‹ hat schönes, silbriges Blattwerk.

Lysimachia nummularia ›Aurea‹ (Pfennigkraut). Gelb blühender, immergrüner Bodendecker. Wächst am besten auf feuchten Böden.

Mentha pulegium (Poleiminze). Niedrige, aromatische Minze für feuchte, schattige Standorte.

Origanum vulgare (Oregano). Aromatische Blätter. Benötigt warmen Standort auf kalkhaltigem Boden. Rückschnitt erforderlich.

Thymus serpyllum (Sandthymian). Aromatisch duftendes, trittfestes Kraut. Blüht im Frühling rosa oder violett. Verträgt Trockenheit. Rückschnitt nach der Blüte.

Vinca minor (Kleines Immergrün). Robuster Bodendecker mit blauen Blüten von Frühling bis Frühsommer.

HECKEN

Eine ausgewachsene Hecke ist ein hoher Gewinn. Sie gibt dem Garten ehrwürdiges Gepräge und schützt weit besser vor Wind als ein massiver Zaun oder eine Mauer. Eine alte Hecke sieht zwar gerne verwildert, lückenhaft oder ungepflegt aus, aber dank einiger Techniken, lässt sie sich wieder instand setzen.

▽ **GRÜNE ARCHITEKTUR**
Diese Hecke ist mit ihrem Torbogen und den Fenstern ein beeindruckendes Kunstwerk. Sie gibt dem Tisch einen Rahmen und einen gewissen Einblick in den Garten dahinter.

Steht die verwilderte Hecke genau auf der Gartengrenze? Betrifft die notwendige Sanierung oder Erneuerung beide Seiten, so sollten Sie sich mit Ihrem Nachbarn einigen. In der Regel hat jeder für die Instandhaltung auf der eigenen Seite zu sorgen. Im Zweifelsfall erkundigen Sie sich beim örtlichen Grundbuch- oder Ordnungsamt.

EINE HECKE INSTAND SETZEN

Wer eine verwilderte Hecke kurieren will, muss zuerst sämtliches Unkraut jäten, das sich am Fuß der Hecke angesiedelt hat. Danach wird der Boden gut vorbereitet. Etwaige Lücken kann man neu bepflanzen. Nun wird die Hecke kräftig zurückgeschnitten (vgl. Seite 212–213). Eine alte Hecke kann man ganz zurückschneiden und bis zur gewünschten Höhe wachsen lassen – oder nur in der Höhe und/oder Breite normal reduzieren; hierfür genügt im Regelfall eine Heckenschere. Selbst bei regelmäßigem Schnitt werden Hecken jährlich etwas höher. Schneiden Sie die Hecke 15 cm niedriger als die gewünschte Endhöhe sein soll.

Ist die Hecke zu breit? Solch ein Schnitt beansprucht zwei Jahre (siehe Seite 213). Danach sieht die Hecke zwar kahl aus, doch sie treibt bald neu aus. Nach dem Schneiden den Boden unter der Hecke mulchen oder mit reichlich Kompost versorgen – zusätzlich Knochenmehl streuen.

Diese Radikalkur verträgt keine Koniferenhecke, da sie kaum wieder austreibt. Bei kahlen Hecken hilft nur neu pflanzen. Als langlebige Hecke eignen sich Eibe, Ilex, Buchsbaum und Buche am besten. Liguster und Geißblatt bzw. Heckenkirsche wachsen zwar sehr schnell – was anfangs ein Vorteil ist – doch dafür muss man sie später häufig schneiden.

EINE HECKE AUSPUTZEN

Eine ländliche Hecke aus Hasel, Weißdorn oder Esche wird traditionell durch Ausputzen verjüngt. Schneiden Sie zuerst bis auf die senkrechten Triebe alle Zweige ab. Die übrigen Zweige schneiden Sie an der Basis bis auf etwa ein Viertel ihrer Dicke ein, sodass man sie im Winkel von 45° abknicken kann; diese Zweige bilden dann neue Triebe. Schlagen Sie nun einfache Holzstützen in den Boden, die ca. 1 m herausragen. An diesen binden Sie jetzt die abgeknickten Zweige fest und schneiden ihre Spitzen auf Stützhöhe ab. Diese Verjüngungskur ist etwa alle 20 Jahre sinnvoll.

HECKE MIT DURCHBLICK

Heckenlücken lassen sich zu reizvollen Fenstern erweitern, etwa mit gotischem Spitzbogen – in der Mitte kann man einen Stamm stehen lassen, um »Fensterflügel« anzudeuten. Solche Fenster lockern eine düstere Hecke auf und/oder rahmen eine Aussicht oder einen Blickpunkt ein.

PARTNER FÜR HECKEN

Eine ausgewachsene Hecke kann einen guten Hintergrund für ein Randbeet bilden. Das grünlich-golden panaschierte Blattwerk der Dornigen Ölweide harmoniert beispielsweise schön mit rötlichen Blüten von Rosen und Ginster bzw. Geißklee *(Cytisus)*. Hecken können auch als »Gerüst« für Kletterpflanzen dienen. Goldgrüner Hopfen oder rot blühende Kapuzinerkresse gibt einen großartigen Kontrast zur dunklen Eibe.

EINE BUNTE HECKE

Damit eine Hecke wieder dicht wird, kann man auch andere Pflanzen in die Lücken setzen. Eine Hecke aus grüner und kupferfarbener Buche sieht interessant aus und das Wachstumstempo beider Arten ist ähnlich. Grüner und panaschierter Liguster lässt sich beispielsweise ebenfalls mischen – die grünen Sorten wachsen allerdings schneller. Oder Sie kombinieren mehrere verschiedene Pflanzen wie Ilex, Liguster und Buche.

▽ **BUCHENHECKE**
Unter einer dichten Buchenhecke gedeihen nur wenige Pflanzen wie z. B. diese Wolfsmilch-Art (Euphorbia characias). Sie bildet mit ihren blaugrünen Blättern einen schönen Kontrast zum Sommergrün der Hecke oder deren rotbraunem Herbstlaub.

◁ **LEBENDE STÜTZE**
Wie eine Girlande durchzieht die feuerrote Kapuzinerkresse die dunkle Eibenhecke. Für diesen Gestaltungstrick sind auch Kletterer mit Blüten in lebhaften oder hellen Farben wie die Waldrebe sehr geeignet.

FARBENSPIEL

Jeder von uns empfindet Farben anders. Der eine glaubt, in seinem Garten sei zu wenig Farbe – ein anderer meint, es sei zu viel – und dem Dritten ist es gar zu kunterbunt gemischt. Falls das Farbschema in Ihrem Garten Ihnen nicht behagt, lässt es sich möglicherweise ohne umfangreiche Neupflanzung ändern.

△ **FARBKONTRAST**
Farben nahe des Komplementärbereichs sind in dieser Beetanlage gelungen kombiniert. Die hellgrünen Blätter der Scheinakazie (Robinia pseudoacacia ›Frisia‹) bilden zu den Farbtönen Pink und Mauve im Beet einen reizvollen Kontrast.

Nicht nur Pflanzen bringen Farbe in den Garten – auch Gebäude, Kübel und Dekorationen setzen Farbeffekte. Daher sollten diese Elemente mit der Bepflanzung farblich harmonieren. Zudem übt das Licht einen großen Einfluss auf Farben aus (vgl. Seite 64–65).

ZU WENIG FARBE

»Die Menschen vergessen oft, dass auch Grün eine Farbe ist«, soll einmal Gertrude Jekyll gesagt haben. Wem schlichtes Grün absolut nicht gefällt, kann es einfach beleben. Reine Grünbereiche sehen im Schatten gerne langweilig aus, hier wirkt bereits panaschiertes Blattwerk aufhellend – oftmals gedeihen im Schatten auch Pflanzen mit gelber oder weißer Blattzeichnung gut. Setzen Sie dazwischen Blühpflanzen, die Schatten mögen. Waldbewohner wie Schlüsselblumen und Buschwindröschen ergeben mit ihren zarten Blütenfarben ein friedliches Bild. Halbschatten vertragen ferner weiße und blaue Hortensien oder Schneeball. Wer es noch lebendiger will, wählt Rot-, Orange- oder Gelbtöne – etwa Japanische Scheinquitten *(Chaenomeles japonica),* den Japanischen Spierstrauch ›Goldflame‹, Elfenblume (Epimedium x warleye) oder Wolfsmilch ›Fireglow‹.

◁ **GANZ IN BLAU**
Zu viel Blau kann problematisch sein. Hier heben sich Blauschattierungen von Mauve bis Violett vom Grün des Buchsbaums ab sowie von den weißen Blüten des Mutterkrautes.

Weiß besitzt starke Leuchtkraft. Unter den Einjährigen sind für schattige Standorte u. a. Fleißiges Lieschen geeignet und für sonnige Plätze weiße Pelargonien oder Strauchmargeriten. Die Waldrebe mag sich durch einen Strauch oder Baum ranken; ein großer Baum kann sogar einer weißen Kletterrose als Stütze dienen. Von den halbhohen Sträuchern blühen z. B. Sommerjasmin und Fingerkraut weiß und bei Stauden sind dies Phlox und viele andere.

Pflanzen Sie in ein Randbeet Sträucher mit hellgrünen, gelben und weißlichen Blättern bzw. Blüten, so genießen Sie einen frühlingshaft frischen Anblick,

DER FARBKREIS

Der Farbkreis ist auf den drei Primärfarben Rot, Gelb und Blau sowie ihren Sekundärfarben Violett, Orange und Grün aufgebaut. Gegenüberliegende Farben wie Violett und Orange sind Komplementärfarben, sie bilden den stärksten Kontrast. Benachbarte Farben wie Violett und Blau dagegen bilden Farbharmonien. Die warmen Farben reichen vom Dottergelb bis zum Rot – die kalten Farben vom reinen Gelb bis zum Blauviolett. Warme Farben kommen optisch auf den Betrachter zu, kalte weichen zurück.

z. B. die Gelbe Pfingsrose und das Johanniskraut ›Hidcote‹ und als Unterpflanzung Frauenmantel, Futter-Beinwell oder niedrige Zwiebelgewächse wie die Narzisse ›Tête à tête‹.

Das Problem mangelnder Farbe ist nicht nur bei Grün gegeben. Viele Pflanzen besitzen rot oder violett gefärbte Blätter – so die Blutbuche, der Fächerahorn oder die Blutberberitze. Richtig platziert, betonen sie manche Blütenfarbe; doch wirken Blattpflanzen selbst in diesem Farbton langweilig, wenn sie zu geballt auftreten.

Hier lösen Sie das Problem, indem Sie die Pflanzen z. B. so versetzen, dass die Sonne sie von hinten anstrahlt und die Blätter zum Leuchten bringt. Düstere Farben beleben Sie durch graublättrige Partner, so etwa Wollziest an einer Mauer, die rotes Weinlaub *(Vitis vinifera* ›Purpurea‹) bedeckt. Auch leuchtendes Pink lockert rot gefärbtes Blattwerk auf; klassisch ist die Kombination von Perückenstrauch *(Cotinus coggygria* ›Royal purple‹) und rosa Kletterrosen.

ZU VIEL FARBE

Wer ein klar erkennbares Farbschema liebt, wird von diesem entgegengesetzten Problem besonders berührt. Typisches Beispiel hierfür sind Gärten mit unterschiedlichsten Blühpflanzen im Beet sowie einer Reihe von Rhododendren. Solch ein Bild verwirrt und ermüdet das Auge. Auch Cottage-Gärten bieten Farbvielfalt, aber die Pflanzenblüten sind mehr in Pastellfarben gehalten.

Fügt man hier reichlich grüne Blattpflanzen hinzu, so wird die bunte Vielfalt gemildert. In den Heimatwäldern des Rhododendren etwa wächst eine Unzahl von Grünpflanzen, wo die leuchtenden Blüten keineswegs aufdringlich wirken. Farbharmonie lässt sich auch erzielen, indem man Pflanzen nach kalten und warmen Farben sortiert (siehe Kasten links). Sind im Beet etwa überwiegend blau bis pink blühende Pflanzen, so nehmen Sie die von orange bis rot blühenden heraus und legen mit diesen ein »warmes« Blumenbeet an – oder umgekehrt.

▽ **GELBES BEET**
In diesem Beet ragen die leuchtend gelben Blüten über das ausschließlich grüne Blattwerk hinaus. Alle anderen Blattfarben würden die Wirkung beeinträchtigen.

◁ **EDLER FARBRAHMEN**
Das kühle Graugrün des Wollziest harmoniert mit leuchtenden Farben wie Pink und Orange, aber auch mit ruhigem Dunkelgrün. In diesem Garten rahmt das Graugrün die Beete ein und nimmt den Grauton des Kiesweges auf.

ROSENGARTEN

Ein Rosengarten aus alter Zeit mag sehr romantisch klingen, aber die Wirklichkeit ist oft enttäuschend. Für wenige Monate im Sommer wird er zu einem Gemisch von Farben, aber für den Rest des Jahres kann nur eine Vielzahl ziemlich hässlicher Sträucher mit kahlen, dornigen Stielen in magerer Erde stehen.

△ **FORMALE BEETE**
Rosenbeete in stimmungsvollem Herbstlicht – doch im Winter sind die Rosenstiele und die Erde kahl.

▽ **BUCHSBAUM-KANTE**
Die Einfassung aus Buchs gibt dem Rosengarten Struktur. Stauden wie Salbei verlängern die Blühsaison.

Finden Sie solch einen Garten vor, mag die Versuchung zwar groß sein, alle Rosen herauszureißen, doch mit etwas Fürsorge und den passenden Partnerpflanzen erhält der Rosengarten sogar sein berühmtes, romantisches Flair.

DIE ANLAGE VEREINFACHEN

Ein überfülltes Rosenbeet sollten Sie zunächst einmal genau sichten. Neben Sorten, die Ihnen nicht gefallen, müssen Sie alle alten und kränklichen Exemplare mit wenigen Blättern und vielen braunen Stämmen herausnehmen. Achten Sie auf kräftige, dicke, hellgrüne Triebe. Wachsen diese jedoch aus dem Boden (bzw. unterhalb der Veredelungsstelle), so handelt es sich um Wildtriebe, die stets entfernt werden müssen.

Als nächstes sortieren Sie die Rosen nach ihren Blütenfarben. Die meisten Rosen sind auf der warmen Seite des Farbkreises angesiedelt (siehe Seite 112); die Skala der Blütenfarben reicht von Rot, Orange, Apricot, Pfirsich und Buttergelb bis zu Cremeweiß, die sich gut kombinieren lassen. Oder Sie stimmen die Farbtöne noch feiner ab und stellen etwa Gelb und Creme oder Rot und Orange zusammen. Eine kühle Farbwirkung kann man mit vielen alten Rosensorten erzielen, deren Blüten einen Hauch von Violett aufweisen, wozu reines Weiß oder ein kaltes Pink harmoniert.

KAHLE BODENSTELLEN ANGEHEN

Kahl wirkende Rosenbeete sind leicht zu behandeln. Eine formale Einfassung mit niedrigen Lavendel- oder Nelken-Arten sieht auch außerhalb der Blütezeit hübsch aus. Ebenso attraktiv ist eine niedrige Formschnitthecke aus Buchsbaum, den Sie auch einzeln an die Kanten oder nur in die Ecken pflanzen können – gemischt mit anderen niedrig wachsenden Sträuchern. Dies ergibt ein etwas lockerer wirkendes Bild.

DIE ANLAGE ÄNDERN

Als Radikallösung können Sie einen Teil des Rosengartens zweckentfremden. Eine formale Anlage ist ideal für einen Küchengarten. Haben Sie zum Beispiel vier Beete, dann überlassen Sie zwei den Rosen und nutzen die anderen für Gemüse. Die Rosen müssen Sie hier nicht unterpflanzen, doch kann eine Einfassung aus Petersilie oder Salatsorten unterschiedlicher Farbe reizvoll aussehen. Anstelle der beiden Gemüsebeete sind auch Kräuterbeete eine schöne Lösung. Durch ihren Geruch wehren manche Kräuter sogar Rosenschädlinge ab; so soll beispielsweise Schnittlauch Blattläuse abhalten – ein häufiges Problem bei Rosen.

DIE BLÜTENSAISON VERLÄNGERN

Wenn Sie noch andere Pflanzen hinzufügen, lässt sich die kurze Blütezeit eines Rosengartens verlängern, etwa durch eine Beeteinfassung aus Lavendel oder Nelken. Zusätzlich können weniger attraktive Rosen durch Stauden ersetzt werden, die zu verschiedenen Jahreszeiten blühen. Als Unterpflanzung sind Zwiebelblüher oder eine Mischung aus Narzissen und Nieswurz im Vorfrühling bezau-

bernd oder früh blühende Sträucher wie der Spierstrauch *(Spiraea nipponica)* und Schneeball *(Viburnum carlesii)*. Darf die Wirkung üppiger sein, so probieren Sie ausgefallene Tulpen- und Pfingstrosensorten. Mit Rosen harmonieren auch Stauden wie Storchschnabel z. B. sowie der blaugrüne Kriechwacholder, der einen herrlichen Hintergrund für die Rosenblüten bildet und zudem wirksam den Boden abdeckt.

△ **UNTERPFLANZUNG**
Die beiden Kletterrosen sind mit Zistrosen und niedrigen Nelken unterpflanzt.

◁ **LAVENDEL-SAUM**
Weiße Rosen und Lavendel sind klassische Partner und ergeben ein harmonisches Bild.

VERWILDERTE STRÄUCHER

Sträucher stehen oft in Gruppen beisammen. Sind die Sträucher jedoch in zu geringen Abständen gepflanzt worden, wirkt die Anlage überfüllt und unordentlich. In vielen alten Gärten sind die einst pflegeleichten Gehölzbeete so verwildert, dass sie jetzt einen größeren Pflegeaufwand benötigen.

Gehölzbeete kamen im 19. Jahrhundert in Mode. Man bepflanzte große, parkähnliche Flächen mit den neu entdeckten Rhododendren sowie mit Spindelstrauch und Liguster. Dazwischen schlängelten sich Wege. Sie sind die Vorläufer der Gehölzbeete, die man wegen des geringen Pflegeaufwandes anlegt. Doch oft werden Sträucher zu eng gesetzt, um Lücken zu vermeiden; sie sind dann bald zu groß und müssen ständig geschnitten werden.

△ **SCHLÜSSELPOSITION**
In dem Farbthema von Gelb bis Blau stellt ein großer Busch Johanniskraut den Blickpunkt dar zwischen Lavendel, Berberitze und Spierstrauch.

▷ **AUSGEWOGEN**
Ein dichtes, aber ausgewogenes Gehölzbeet in kalten Farben mit Buchsbaum, Hortensie, Berberitze, Waldrebe und Storchschnabel.

Aber unabhängig davon – ehe Sie das Beet aufräumen, müssen Sie die Namen der Sträucher herausfinden. Nehmen Sie Bücher zu Hilfe oder fragen Sie nach. Beobachten und notieren Sie, was sich bei jeder Pflanze im jahreszeitlichen Ablauf ereignet.

▽ **PLATZ ZUM WACHSEN**
Die eindrucksvollen Sträucher Scheinhasel und Sternmagnolie benötigen viel Platz, um gesund heranwachsen und ihre Schönheit entfalten zu können. Sie bevorzugen sauren Boden und reichlich Laubmulch oder Humus.

WAS SOLL BLEIBEN?

Ehe Sie die Sträucher aussortieren, sollten Sie jeweils deren besondere Qualität berücksichtigen, die für Sie wertvolle Eigenschaften darstellen (vgl. Seite 14–15).

Unverzichtbare. In einem Beet kann ein einziger Strauch das Herzstück bilden. Oft ist dies die höchste bzw. ausladendste Pflanze. Betrachten Sie die Sträucher von allen Richtungen aus – auch aus erhöhter Sicht –, damit Sie feststellen, ob ein Strauch eine willkommene Abschirmung gegen etwas darstellt. Solche Funktionen können ein ausreichender Grund sein, ihn zu erhalten.

Langblühende. Gut sind Sträucher mit langer Blühzeit und unterschiedlicher Wirkung in einzelnen Jahreszeiten.

Winterattraktive. Wertvoll sind vor allem Sträucher, die im Winter blühen oder Früchte tragen wie die Chinesische Winterblüte oder die Zaubernuss.

Bevorzugte. Mancher Strauch mag zwar nur für kurze Zeit im Jahr von hohem Reiz sein, doch kann dies als Grund genügen, ihn zu belassen, weil er z. B. einen herrlichen Duft verströmt.

Immergrüne. Sie sind für ein ausgewogenes Gehölzbeet wichtig und sorgen ganzjährig für Struktur. Einige können attraktiv aussehen, wenn sie genügend Licht und Platz haben. Eine Gruppe gleichar-

△ **BLATT-KONTRASTE**
In diesem reizvollen Beet bilden die glänzenden Blätter der Japanische Wollmispel einen schönen Kontrast zum Riesenfedergras und Sommerflieder, dessen hellvioletten Blüten als leichter Kontrast dienen.

tiger immergrüner Pflanzen wirkt allerdings langweilig. Um dies zu vermeiden, sind regelmäßige Wiederholungen ratsam. Entlang eines langen Randbeetes kann man in Abständen von 3 m z. B. Mahonien *(Mahonia* x *media* ›Charity‹) setzen, sodass ein auffallender Rhythmus entsteht – oder man pflanzt in die Lücken Sträucher mit unterschiedlich gefärbtem Blattwerk z. B.

Kerngesunde. Solche Sträucher zu entfernen wäre schade. Ist das Gehölzbeet gesäubert, so warten Sie zunächst ein weiteres Jahr ab, um genau zu erkennen, welche Vorteile der Einzelne aufweist.

Treffen Sie erst danach die Entscheidung, welche Sie ausgraben und versetzen oder wegwerfen wollen bzw. müssen. Diejenigen, die ihren Standort behalten, werden dann zurückgeschnitten und mit Dünger gut versorgt (vgl. Seite 206–213).

EIN NEUES RANDBEET ENTWERFEN

Jetzt können Sie ein Pflanzschema für ein neues Randbeet gestalten: Hier können Sie die Sträucher einsetzen, die Sie in Ihrem Garten zum Umpflanzen aussortiert haben. Halten Sie jedoch die erforderlichen Abstände dazwischen ein, indem Sie jeweils Höhe und Umfang eines ausgewachsenen Strauches berücksichtigen. Beachten Sie bei der Anordnung der Sträucher deren jeweilige Gesamtform sowie Farbe und Textur der Blätter und Blüten.

Betrachten Sie zuerst die Sträucher, die Sie im Beet behalten wollen. Wiederholen sich hohe, bogenförmige Wuchstypen, können Sie diese betonen, indem Sie Bodendecker wie Zwergmispel hinzufügen und somit zwei Höhenebenen schaffen. Oder Sie ersetzen einige dieser hohen Sträucher durch solche von eher kugeliger Gestalt wie Johanniskraut und Strauchveronika. Fehlt dem Beet die

Ausgeglichenheit, weil sich die hohen Sträucher an einem Ende zusammenballen, kann dies durch einen kleinen Baum am anderen Ende behoben werden. Sie können die Unregelmäßigkeit auch einfach akzeptieren und rundliche Sträucher mit ein paar schlankeren kombinieren.

Was die Farben anbelangt, so richten Sie Ihr Augenmerk vor allem auf die Blätter, da sie das Gartenbild für einen längeren Zeitraum beherrschen als die Blüten. Verwenden Sie einen immergrünen Strauch als Farbhintergrund. Eindrucksvoll sind panaschierte Arten; gelb-panaschiertes Blattwerk lässt sich mit allen Grünschattierungen gut kombinieren. Vor solchen Hintergrundfarben können die Blütenfarben entweder auf der warmen Tonskala Gelb bis Rot liegen oder als Kontrast dazu im Bereich Blau und Violett. Weiß-panaschierte Blätter erlauben noch mehr Möglichkeiten, da sie mit warmen und kalten Farben harmonieren (vgl. Seite 112). Versuchen Sie auch, die Blatt- und Blütenfarben aufeinander abzustimmen.

Fehlen in Ihrem Beet niedrige oder bodendeckende Pflanzen, weil die größeren Sträucher sie verdrängt haben mögen, so wählen Sie jene nach denselben Gesichtspunkten aus – zuerst die Blattfarbe als Hintergrund, dann die Blütenfarbe.

Wichtig ist auch die Blatttextur, welche die Wirkung des Lichts auf der Blattoberfläche beeinflusst. Wählen Sie vorwiegend Pflanzen mit einer matten Blattoberfläche, so erzielen Sie eine andere Stimmung wie umgekehrt mit bevorzugt glänzenden Blättern, die mehr Licht reflektieren. Sie können dadurch Harmonie oder Kontrast erzeugen – je nach erwünschtem Effekt.

Stauden sind eine wertvolle Ergänzung, um die Blühsaison zu verlängern. Viele blühen im Spätsommer, wenn die Strauchblüte meist vorbei ist.

EINE HECKE ANLEGEN

Überwiegen in einem Gehölzbeet, das als Sichtschutz dient, immergrüne Sträucher, können Sie einige davon zur Gestaltung einer bunten Mischhecke verwenden. Graben Sie im Beet die Sträucher vorne aus, während die im hinteren Bereich bleiben. Haben Sie wenig Platz, so lassen Sie nur die Sträucher stehen, die eine ziemlich gerade Reihe bilden. Sie können alle Sträucher kräftig zurückschneiden und sie dann wieder dicht zusammenwachsen lassen. Wenn Sie nur die allzu langen Triebe entfernen, wirkt die Hecke weicher und muss nicht jährlich zurückgeschnitten werden. Unterteilt das Gehölzbeet Ihren Garten, dann könnten Sie zwei benachbarte Heckensträucher zu einem Torbogen als Durchgang hochziehen.

△ **EINTÖNIGE KONTUREN**
Dieses Beet enthält vorwiegend laubabwerfende, rundförmige Sträucher. Ersetzt man einige durch breite, immergrüne Sträucher und Bodendecker, so bietet das Beet rund ums Jahr Abwechslung.

▽ **LEUCHTENDE FARBEN**
Die intensiven Farben der Rhododendren wiederholen sich in den Etagenprimeln und Schwertlilien. Sie brauchen jedoch eine Kulisse mit vielen grünen Blättern – bevorzugt große, aber nicht zu mächtige Bäume.

RHODODENDREN

Bei reichlich Platz und zwischen Bäumen entwickelt sich Rhododendron zur majestätischen Pflanze. Wirkt er kränklich oder hat gelbe Blätter, so liegt wohl Eisenmangel vor, weil der Boden nicht sauer genug ist. Ein pH-Test schafft hier Klarheit (siehe Seite 96–97). Sie können zwar Eisendünger geben, doch dieser ist teuer und garantiert keinen Erfolg. Oder vielleicht ist der Boden zu trocken? In der Regel gedeihen Rhododendren auch in voller Sonne, doch bevorzugen sie Schatten und einen feuchten Wurzelbereich. Eine dicke Schicht aus Laubmulch kann das Problem lösen – oder gut verrotteter Kompost. Reicht der Platz aus, dann pflanzen Sie einen Baum in seine Nähe, der lichten Schatten wirft. Ideal ist z. B. die Weißbirke (Betula pendula). In dem sanften Licht wirken die Blüten des Rhododendron sogar noch schöner. Gute Gesellschafter für Rhododendren sind vor allem Pflanzen, die sauren Boden lieben, wie etwa Lorbeerrose, Erdbeerbaum, Lavendelheide, Scheinbeere und immergrüne Azaleen.

KONIFEREN

Koniferen füllen in Gärten oft ganze Randbeete. Sind sie zu dicht gedrängt und von massiger Gestalt, so wirken die immergrünen Bäume geradezu herrisch – vor allem wo man sie falsch oder zu viele gepflanzt hat. Dieser verbreitete Fehler verhalf den Koniferen zu ihrem unverdient schlechten Ruf.

△ **WÜRDEVOLL**
In dieser Anlage haben die majestätischen Koniferen wie gold-grüne Lawson-Scheinzypresse und Eibe ausreichend Raum. Werden sie zu mächtig, kann eine von ihnen entfernt werden, ohne dass dadurch die besondere Atmosphäre leidet.

Beherrschen in Ihrem Garten Koniferen das Bild, können Sie eine dieser Lösungen anwenden, um die Vorteile dieser immergrünen Bäume zu nutzen.

BESTAND PRÜFEN

Sind zu viele verschiedene Arten vertreten, so entfernen Sie zuerst all die Koniferen, die Ihnen missfallen oder farblich nicht dazu passen. Behalten Sie die gesündesten Exemplare und diejenigen mit markanter Form.

GUTE GESELLSCHAFT

Harmonische Partner für Koniferen sind beispielsweise Blattgewächse und Blühpflanzen. Grauer Kriechwacholder gibt ein schönes Bild mit blassrosa Rosen ab, die Weiße Scheinzypresse passt gut in ein Beet mit prächtigem Herbstlaub, und die Blautöne vieler Koniferen finden ihren Widerhall im Blau und Violett der Krokusse.

Größere Koniferen bilden auf sauren Böden einen ruhigen Hintergrund für die Blütenpracht der Azaleen und Rhododendren im Frühling, kombiniert mit Hortensien, die im Sommer blühen, während Ahorn für die Herbstfärbung sorgt – durch sie alle wird Ihr Garten zu einem Erlebnis.

GÄRTEN IM JAPANISCHEN STIL

In Japans Gärten tragen Koniferen ihren Teil zur meditativen Schönheit bei. Das Zauberwort heißt Zurückhaltung. Das bedeutet, nicht ins Bild passende Pflanzen werden herausgenommen und die Auswahl der Farben wird begrenzt. Die Farbtöne der Blätter müssen ruhig sein – panaschierte Arten müs-

▷ **SPITZE FORMEN**
Dieses aufregende Arrangement lebt von den blassen, filigranen Blütenständen des Fingerhutes, die den dunklen Hintergrund der Koniferen aufhellen. Die zartgrüne Gewöhnliche Scheinakazie behauptet sich gut vor den hohen Waldbäumen.

sen daher weichen, und rötlich gefärbtes Blattwerk soll bleiben. Rosen und Blühstauden gehören gleichfalls nicht hierher. Als blühende Pflanzen wählen Japaner z. B. die Japanische Kornelkirsche, Kamelie oder Azalee – einzeln oder in Gruppen. Diese Gärten sehen am schönsten aus, wenn jeweils nur eine einzige Pflanzenart blüht – und die Blütenmenge sollte durch mindestens das Dreifache an Blättern aufgewogen werden, bevorzugt in einem ruhigen Grün (vgl. Seite 188–189).

KONIFEREN IN EINZELBEETEN

Ein einzelnes Beet mit Koniferen kann mit dem Hauptteil des Gartens verbunden werden (siehe Seite 78–79), indem man andere Sträucher und Stauden dazwischen pflanzt. Dadurch erscheinen die Koniferen weniger aufdringlich. Das kann aber bedeuten, dass Sie einige Koniferen entfernen und das Beet umgestalten müssen, damit die Verbindung natürlich wirkt. Die meisten Koniferen haben flache Wurzeln und sind deswegen leichter umzupflanzen.

▽ **JAPANISCHER STIL**
Der kühle Himmel, der sich im Wasser spiegelt, und der kurze Blick auf das Haus bringen etwas Ruhe in diesen ziemlich unruhigen Garten – das Bild ließe sich verbessern, wenn der gelb- oder der rotblättrige Strauch entfernt würde.

◁ **UNRUHIG**
In diesem Heide- und Koniferengarten ergeben rund ums Jahr die blaue Atlas-Zeder, Weiße Scheinzypresse und Cornwall-Heide zwar ein abwechslungsreiches Farbbild, das aber zu unruhig wirkt. Hier sollte man sich auf einen Farbton beschränken.

ÜBERFÜLLTE STAUDENBEETE

Ein Beet, das von Stauden überwuchert ist, ist kein schöner Anblick. Ob es von Anfang an zu dicht bepflanzt oder das Auslichten versäumt wurde oder einzelne Arten sich zu stark ausgebreitet haben – wenn Sie das Beet behutsam überarbeiten, können Sie seine reizvolle Wirkung zurückgewinnen.

▽ **DREIDIMENSIONAL**
Obwohl das Beet dicht bepflanzt ist, wirkt es durch seine Höhenabstufungen gefällig – etwa durch die hohen, gelben Blütenstände der Seidenhaar-Königskerze.

Im Herbst ist der ideale Zeitpunkt, um Staudenbeete zu erneuern, da sich die aufgestörten Wurzeln bei kühlem Wetter besser erholen können. In Regionen, wo sich Stauden im Winter unter die Erde zurückziehen, sollte man diese Arbeit tun, solange Stauden noch sichtbar sind.

EIN RANDBEET AUSBESSERN

Am gründlichsten erneuern Sie ein altes Staudenbeet, wenn Sie alle Stauden zunächst herausnehmen, dann das Beet gründlich umgraben, Unkraut jäten und gut verrotteten Kompost oder Humus einarbeiten. Nun werden die Wurzelballen geteilt und holzige Teile des Wurzelhalses entfernt. Die kraftvollen, jungen Triebe, die sich im Außenbereich des Wurzelballens gebildet haben, pflanzen Sie danach neu ein (vgl. Seite 206). Stauden, die nicht gedeihen oder mit anderen fest verwachsen sind, werfen Sie weg. Beachten Sie die jeweilige Blütezeit im Jahresablauf. Blüht im Beet etwa alles im Hochsommer und welkt im Herbst gemeinsam dahin? Dann können Sie jetzt das Pflanzschema ändern.

PFLANZENPARTNER HINZUFÜGEN

Blütensträucher und Kletterpflanzen können ein Staudenbeet bereichern. Sie bringen Höhe und Fülle ins Spiel. Viele von ihnen blühen im Frühling und Frühsommer, die meisten Stauden dagegen erst im Sommer.

Wählen Sie neue Sträucher für das Staudenbeet sorgfältig aus. Große, immergrüne Gewächse sind zu wuchtig für zarte Stauden – laubabwerfende Arten fügen sich besser ein. Kleinere immergrüne Pflanzen beleben das Beet jedoch im Winter – wie etwa Strauchveronika und Lavendelheide, sie haben zarte Blütenfarben. Hingegen eignen sich Sträucher mit kräftigen Blütenfarben mehr für Gehölzbeete, wo Stauden in der Regel als Unterpflanzung dienen und nicht das Hauptelement darstellen. Zierliche Strauchrosen aber wirken in Staudenbeeten hervorragend, besonders die kleinblütigen Sorten. Kletterrosen und Waldrebe schaffen einen blühenden Hintergrund; attraktiv ist auch das Blattwerk der Jungfernrebe. Immergrüne Kletterer wie Efeu können ein Staudenbeet eher verdüstern und panaschierte Arten

GRÄSER

Ziergräser bereichern ein Randbeet und sind selbst im Winter schön. Für jeden Standort gibt es geeignete Sorten. Die Fuchsrote Segge mit schmalen Blättern wird etwa 60 cm hoch und liebt trockene, heiße Plätze, ebenso das Blauschwingelgras (Festuca glauca) oder der stahlgraue Strandroggen (Leymus arenarius), der auf sandigem Boden gerne wuchert. Die Hainsimse (Luzula) mag Schatten; die Waldhainsimse ist als Bodendecker für schwierige Standorte gut. Das zarte Chinaschilf (Miscanthus) möchte Sonne und feuchten Boden.

△ **GUTE GEFÄHRTEN**
Gräser sind Natur-Partner von Stauden wie z. B. Glockenblumen und Ziersalbei. Viele Staudenarten haben sich in Grasregionen entwickelt und kommen mit Gräsern gut aus.

sind zu unruhig. Ein dunkler Hintergrund ist nur für Blüten in leuchtendem Gelb, Orange und Rot vorteilhaft.

IN EIN WIESENBEET VERWANDELN

Hat das Staudenbeet im Garten eine zentrale Lage oder ist von Rasen umgeben, kann man Gras hineinwachsen lassen – eine radikale, aber gute Lösung. Dadurch wirkt das Beet wildromantisch – gleich einer Wiese von fremdartigem Zauber. Zudem ist hier viel weniger Pflege notwendig als bei einem üblichen Beet. Allerdings sollte das Gras um das Beet herum hoch wachsen, sonst ist die einstige Anlage zu erkennen. Wählen Sie, ob es eine früh- oder spätblühende Wiese sein soll, und stimmen Sie darauf den Zeitpunkt für das Mähen ab (vgl. Seite 108–109). Blüht die Wiese früh, so pflanzen Sie Glockenblumen, Storchschnabel, Akelei und Zwiebelblüher, hingegen Astern, Goldrute, Phlox und Sterndolde, wenn sie spät blüht.

▽ **RUHENDER POL**
Die Buchsbaumkugel gibt dem Staudenbeet optischen Halt, umringt von Stauden wie Phlox, Taglilie und dunkelrote Witwenblume (Knautia macedonica).

EIN ALTER BAUM

Alte Bäume sind wahre Überlebenskünstler – einige sind sogar älter als der Garten, in dem sie stehen. Alte Apfelbäume im Umkreis deuten darauf hin, dass hier einmal ein Obstanbaugebiet war. Ein alter Baum mag dominant sein, aber er ist auch Teil der Landschaft – und viele stehen sogar unter Schutz.

Stellt ein alter Baum keine Gefahr dar, wird er am besten als Langzeitbewohner im Garten akzeptiert. Vielleicht ist nur ein Rückschnitt notwendig.

BAUMSANIERUNG

Das Fällen oder Auslichten großer Bäume ist Arbeit für einen Fachmann. Klären Sie zuvor, ob er gegen Schäden versichert ist, die im Verlauf seiner Arbeit entstehen könnten. Baumarbeiten nimmt man am besten im Winterhalbjahr vor. In der Regel werden Baumkronen gelichtet, damit auf den Boden mehr Licht fällt. Das kann durch Entfernen der unteren Baumäste geschehen oder durch Beseitigen aller dünnen und schwachen Äste in der Krone selbst.

Wenn ein großer Baum gefällt ist, erkennt man häufig erst, dass die kleineren Bäume in seiner Nachbarschaft kümmerlich gewachsen sind. Sofern Sie die Wipfel der verbliebenen Bäume vom Boden

▷ **UNTER BÄUMEN**
Es gibt viele Stauden, die zur Unterpflanzung von Bäumen geeignet sind wie diese große Wolfsmilch-Art (E. characias wulfenii). Er bildet auch bei trockenem Boden eindrucksvolle Gruppen, braucht aber täglich einige Sonnenstunden.

aus erreichen können, ist deren Pflege einfach. Verteilen Sie die Sanierungsarbeiten über mehrere Jahre, damit sich die Bäume zwischendurch erholen können. Im ersten Jahr entfernen Sie z. B. alle kranken bzw. toten Äste. Im zweiten Jahr lichten Sie das Astgerüst, damit es nicht zu ausladend wird.

HARTER RÜCKSCHNITT

Manche Bäume und Sträucher sprechen gut auf einen radikalen Rückschnitt an. Dadurch lässt sich zum Beispiel das Leben einer alten Eiche oder Eibe verlängern – bei der Eiche erfolgt der Rückschnitt zwischen Spätherbst und -winter, bei Eiben Anfang Frühjahr. Doch diese Arbeit sollten Sie besser dem Fachmann überlassen.

Hartriegel und Weide können im Vorfrühling zurückgeschnitten werden, um den Trieb der attraktiven Winterstämme anzuregen. Haben Sie eine Pflanze übernommen, die auf diese Weise gepflegt wurde, dann behalten Sie diese Gewohnheit bei.

UNTERPFLANZUNG

Bevor Sie an eine Unterpflanzung denken, muss die Baumsanierung abgeschlossen sein. Prüfen Sie zunächst genau, wie groß der Baumschatten ist und wohin er fällt. Immergrüne Bäume werfen das ganze Jahr über Schatten, nur die Richtung verändert sich je nach Jahreszeit. Laubabwerfende Bäume lassen hingegen im Winter sehr viel Licht auf den Boden fallen. Viele im Wald heimische Zwiebelblüher nutzen diese Chance, während sie unter großen immergrünen Gewächsen kaum gedeihen. Um den Schatten zu verringern, können Sie die Krone eventuell lichten.

Das Wurzelsystem eines Baumes, das oft ähnliche Ausmaße wie die Krone hat, kann eine Unterpflanzung ebenfalls erschweren. Oft ist das Ausheben von Pflanzlöchern kaum möglich, vor allem aber behindern die Wurzeln des Baumes das Anwachsen neuer Pflanzen. Eine Lösung kann sein, die Pflanzen vom Baum weiter entfernt einzupflanzen, wo das Wurzelwerk weniger dicht ist, und dann die Triebe in Richtung des Baumes zu erziehen. Das gelingt erfolgreich bei Bodendeckern wie Efeu und Immergrün *(Vinca)*.

Lässt sich die Krone nicht auslichten, setzen Sie hier robuste Stauden oder Sträucher, die trockenen Schatten vertragen können (siehe Kasten). Aber auch diese brauchen Starthilfe. Geben Sie ins Pflanzloch reichlich Kompost. Danach sollten Sie in den ersten Jahren gut mulchen und regelmäßig gießen, bis die Pflanze sich fest verwurzelt hat.

Möchten Sie eine große Fläche bepflanzen, kann ein automatisches Bewässerungssystem sinnvoll sein – etwa ein perforierter Schlauch. Wo es der Baumwurzeln wegen unmöglich ist, Pflanzlöcher auszuheben, können Sie rings um den Baum ein Hochbeet anlegen, das mit Humus oder Kompost gefüllt wird. Unter großen Bäumen gedeiht auch Gras nur schlecht; hier ist Efeu ein geeigneter Ersatz.

ALS STÜTZE FÜR KLETTERER

Kletterpflanzen haben den Vorteil, dass man sie bis zu 2 m vom Stamm entfernt pflanzen kann, wo das Wurzelgeflecht des Baumes weniger dicht ist. Mit Hilfe eines Seils oder einer Kette können die Pflanzen dann zum Baum ranken. Besonders gut eignen sich Waldgeißblatt *(Lonicera pericly-*

UNTERPFLANZUNG

Stauden

Digitalis (Fingerhut). Verträgt trockenen Schatten; Sorten mit verschiedenen Blütenfarben.

Euphorbia (Wolfsmilch). Mag Sonne, verträgt auch Halbschatten und trockenen Boden. E. amygdaloides ›Robbiae‹ ist zuverlässig.

Geranium (Storchschnabel). Lange Blütezeit, widerstandsfähig; für trockenen Schatten sind G. macrorrhizum und G. nodosum gut.

Physalis alkekengi (Wilde Blasenkirsche). Ungewöhnliche orangerote Samenstände im Herbst; gut für trockenen Schatten.

Tiarella (Schaumblüte). Immergrüner Bodendecker, weiße Blüten im Frühsommer; unterdrückt Unkraut.

Sträucher

Aucuba japonica (Japan. Aukube). Verträgt schlechte Bedingungen; Sorten mit gelb-panaschierten Blättern.

Mahonia aquifolium (Mahonie). Niedrige, buschige Strauch-Arten mit gelben Frühlingsblüten.

Vinca (Immergrün). Starkwüchsiger Bodendecker, blüht weiß oder hellblau von Sommer bis Herbst.

◁ **VERLOCKEND**
Wer das Glück hat, zwei stattliche Bäume im richtigen Abstand zu haben, sollte der Versuchung nachgeben und zwischen ihnen eine Hängematte spannen.

▷ **LEBENDES GERÜST**
Ein erwachsener Baum ist eine natürliche Rankhilfe für eine leichte Kletterpflanze wie die Waldrebe, die im Wurzelbereich Schatten will und für ihre Blüten Sonne.

▽ **RUNDSITZ**
Das Blau der Baumbank hebt sich von den Blüten der Magnolie ab. Ist ihr Blattwerk voll entfaltet, spendet sie Schatten. Das Bodenpflaster bietet auch bei feuchtem Wetter Zugang.

memum), Bergwaldrebe und Blauregen. Wenn der Baum stabil genug ist, mag er auch als Gerüst dienen für eine starkwüchsige Kletterrose wie ›Rambling Rector‹ oder ›Kiftsgate‹. Kletternde Blattgewächse wie die Rostrote Rebe *(Vitis coignetiae)* leihen immergrünen Pflanzen ihr prächtiges Herbstgewand.

EINE BAUMBANK

Ist der Boden unter einem Baum trocken und fest, so richten Sie hier einen schattigen Sitzplatz ein. Auf einer runden, sechs- oder achteckigen Baumbank können Sie Ihren Garten aus verschiedenen Blickwinkeln genießen. Baumbänke sind meistens aus

Metall oder Holz und einfach zu fertigen – ob Sie die Bank selbst entwerfen und bauen oder einen Fertigbausatz verwenden. Decken Sie im Herbst die Bank mit einer Plane ab, das erleichtert das Reinigen im Folgejahr.

EIN BAUMHAUS

Im Grunde ist ein Baumhaus nur eine Plattform zwischen den Ästen, auf die man über eine Leiter oder ein Kletterseil gelangt. Selbstverständlich kann man auch ein komplettes Haus in einen großen

EINEN BAUM TAXIEREN

Sofern ein Baum ein Sicherheitsrisiko darstellt, muss er gefällt oder teilweise radikal beschnitten werden. Ist der Baum groß, sollten Sie einen Fachmann hinzuziehen – ebenso, wenn der Baum dicht am Haus steht und der Boden lehmig ist, um möglichen Gefahren vorzubeugen.

Ist der Baum gesund, so überlegen Sie, ob er für Sie einen Nutzen hat. Vielleicht spendet er wertvollen Schatten, verdeckt einen hässlichen Schuppen oder bietet Windschutz! Trägt er essbare Früchte, blüht er oder hat schönes Herbstlaub? Bedenken Sie alle Gesichtspunkte gründlich, ehe Sie solch einen Baum fällen. Ein ausgewachsener Baum ist wertvoll, denn er verleiht dem Garten etwas Erhabenes.

Baum bauen – mit Wänden, Fenstern, einer Tür und einem Dach.

Da jeder Baum ein anderes Astgerüst hat, ist ein Baumhaus Maßarbeit. Oberstes Gebot hierbei ist jedoch die Sicherheit der Benutzer und des Baumes – ob Sie nun selbst der Baumeister sind oder ein beauftragter Fachmann.

Die besten Modelle haben eine Plattform, die den Stamm umschließt, ohne ihn zu beengen. Dazu werden die notwendigen Stützen in den Boden gerammt. Ein Geländer oder halbhohe Holzwände sorgen für Sicherheit. Leiter oder Kletterseil müssen ebenfalls sicher befestigt werden.

Schneller sind in einem großen Baum Kletterseile, eine Schaukel oder Hängematte angebracht. Die Aufhängungen müssen gut gesichert sein und regelmäßig überprüft werden, ob sich Abnutzungspuren zeigen. Decken Sie den Boden mit einer Schicht Rindenschrot ab.

EIN VOGELHAUS

Ein großer Baum bietet nicht nur vielen Vogelarten Schutz und Nahrung. Hier finden auch zahlreiche Insekten und andere Tiere Unterschlupf, wodurch Vögel angelockt werden. So trägt ein Baum zum natürlichen Artenreichtum bei. Er ist überdies ein idealer Ort für Nistkästen. Man muss sie vor direkter Sonne und anderen Störfaktoren geschützt und sicher anbringen – außer Reichweite von Menschen und anderen Tieren. Da jede Vogelart einen anderen Anspruch an Nistkästen stellt, sollten Sie sich zuvor genau erkundigen – etwa bei einer Vogelhandlung oder einem Vogelschutz- bzw. Naturschutz-Verein.

Wohin mit dem Holz?

Versuchen Sie, das anfallende Holz aus dem Garten zu verwerten und nicht einfach wegzuwerfen. Ein Schredder zerkleinert Zweige, die zu Kompost verrotten oder als Mulch dienen können (vgl. Seite 208–209). Baumstümpfe sollten aus der Erde gehoben werden; sie sind für Pilzinfektionen anfällig, die sich von hier aus im Boden rasch ausbreiten und andere Gartenpflanzen abtöten können. Wird ein Baum vom Fachmann gefällt, soll er auch den Stumpf entfernen. Ist dies nicht möglich, so hilft ein chemisches Stumpfrottungsmittel, das direkt nach dem Baumfällen auf den Stumpf aufgetragen wird. Man muss dann aber den Stumpf mit dicker Kunststofffolie abdecken.

△ **SPIELHAUS**
Ein Baumhaus wie dieses Wachhäuschen ist ein wundervoller Ort für größere Kinder. Oberstes Gebot ist Sicherheit und Schutz – auch für den Baum.

◁ **VOGELHAUS**
Der attraktiv gestrichene Nistkasten hängt in einem Holunder. Seine Herbstbeeren dienen Vögeln zudem als Nahrung.

KLETTERPFLANZEN

In den meisten Gärten verschönern Kletterpflanzen eine Pergola oder andere Konstruktionen oder begrünen Haus- und Gartenmauern. Vernachlässigte Kletterer wuchern jedoch bald über alles hinaus oder drohen ihre Rankstützen niederzureißen. Aber ein gründlicher Rückschnitt bringt alles rasch ins Lot.

△ ▽ **NÜTZLICHER EFEU**
Efeu ist mit seinen hübsch geformten Blättern eine der vielseitigsten Gartenpflanzen, die auch trockenen Schatten verträgt. Man muss ihn aber mit Bedacht pflanzen, da seine Haftwurzeln an Mauern nur schwer zu entfernen sind. Von Fenstern oder schadhaftem Mauerwerk hält man ihn besser fern. Eine große, dichte Efeupflanze mit Beeren bietet Vögeln Unterschlupf und Nahrung und sollte behutsam zurückgeschnitten werden.

Es gibt viele Arten von Kletterpflanzen, diese hier treffen Sie am häufigsten an (Kletter- und Rambler-Rosen vergleiche Seite 130, Einpflanzen von Kletterpflanzen siehe ab Seite 204).

EFEU

In verwilderten Gärten wächst oft Efeu an Baumstämmen und Mauern oder Hecken empor. Efeu an Hauswänden sollten Sie im Zaum halten, da er die Dachrinnen verstopfen oder in Risse im Mauerwerk eindringen kann. Trennen Sie ihn etwa 1 m über dem Boden ab, und ziehen Sie die Ranken von der Wand. Der neue Austrieb lässt sich danach gut kontrollieren. Um Efeu von Fenstern fernzuhalten, schneiden Sie im Spätfrühjahr oder Frühsommer rings um den Rahmen eine Fläche von etwa 45 cm frei.

Hat ein großblättriger Efeu etwa eine Pergola, Laube oder einen Rankbogen überwuchert, dann schneiden Sie jeden dritten Stamm dicht über dem Boden ab; aber entfernen Sie ihn nicht sofort, nach etwa einer Woche sind die Stämme verwelkt und lassen sich leicht herausziehen. Efeu, der sich junger Bäume oder Hecken bemächtigt, muss vollständig entfernt werden, sonst behindert er deren Wachstum.

WALDREBE

Wird die Waldrebe *(Clematis)* nicht zurückgeschnitten, entwickelt sie eine »Vogelnest«-Gestalt, und alle Blüten konzentrieren sich im oberen Bereich. Spätblühende Sorten, die am frischen Trieb Blüten bilden, können im Spätwinter oder Anfang Frühjahr bis auf 30 cm über dem Boden zurückgeschnitten werden. Die Bergwaldrebe ist besonders starkwüchsig. Schneiden Sie nach der Blüte entweder alle dünnen Triebe jährlich oder die ganze Pflanze bis auf den Boden zurück; solch einen harten Rückschnitt sollten Sie aber nur etwa alle fünf Jahre vornehmen, um das Wachstum unter Kontrolle zu halten. Erweist sich eine Waldrebe für ihren Standort zu starkwüchsig, dann ist es besser, sie umzupflanzen als sie immer wieder bis zur Basis zurückzuschneiden.

GEISSBLATT

Wenn Geißblatt *(Lonicera)* zu groß wird oder verfilzt, lässt es sich erneuern, indem Sie im Spätwinter oder Anfang Frühjahr alle Stämme auf etwa 60 cm zurückschneiden. Sind die Stämme sehr dick oder miteinander verflochten, dann kürzen Sie oberhalb. Im Frühling entwickeln sich neue Triebe, die Sie anbinden müssen. Im Jahr des Rückschnitts blüht Geißblatt bzw. Heckenkirsche meist nicht, sondern erst das Jahr danach.

ZIERREBEN

Diese kletternden Blattgewächse haben eine prächtige Herbstfärbung, doch sie überwuchern rasch alles und erfordern dann einen harter Rückschnitt. Rebarten wie *Vitis coignetiae* schneidet man Mitte des Winters, bevor der Saft wieder steigt, damit die Schnittwunden nicht bluten und so die Pflanze schwächen. Die Arten der Scheinrebe *(Ampelopsis)* stutzt man im Spätwinter oder Anfang Frühjahr. Bei beiden schneiden Sie die Seitentriebe bis auf zwei oder drei Augen vom Hauptstamm entfernt zurück. Alte Pflanzen können Sie auch direkt über dem

Boden abschneiden – sie treiben danach wieder aus. Jungfernrebe kürzt man im Herbst oder Frühwinter auf etwa 1 m Bodenhöhe. Wachsen die Pflanzen an Hausmauern hoch, muss man Fenster und Regenrinnen stets frei halten. Die kleinen Saugfüße der Wurzeln sind nur sehr schwer zu entfernen.

BLAUREGEN

Ältere Pflanzen haben einen besonders schönen Blütenflor und dekorativ gedrehte Stämme. Eine Verjüngung sollten Sie über mehrere Winter verteilen. Entfernen Sie jeweils ein oder zwei Hauptäste, und binden Sie an deren Stelle einen jüngeren Trieb an. Sie können eine Pflanze auch bis zum Boden zurückschneiden, falls der Blauregen *(Wisteria)* vor einer Wand wächst, an der Renovierungsarbeiten anstehen. Sie wird neu austreiben, aber wohl erst nach ein paar Jahren wieder blühen. Im Sommer entfernen Sie nur die langen, peitschenförmigen Triebe, um nicht die Kontrolle zu verlieren.

△ **BLÜTENKLEID**
Die in wärmeren Regionen beliebte Bougainvillea ist einer der farbenprächtigsten Kletterer. Hat sie ein starkes Astgerüst entwickelt, muss man sie nur Anfang Frühjahr leicht beschneiden und im Sommer ausputzen. Älteren Pflanzen kann ein harter Rückschnitt gut tun.

◁ **BÜHNENREIF**
Die Jungfernrebe wirkt hinreißend, wenn man sie über einen Bogengang ranken lässt. Sie wächst sehr schnell, verträgt aber einen harten Rückschnitt.

KLETTERROSEN

Im Sommer kann eine ältere, ausgewachsene Kletterrose im Garten entweder eine wahre Augenweide sein oder ein recht trauriger Anblick. Ein vernachlässigter Rosenstock lässt sich aber in ein paar Arbeitsschritten wieder zu neuem Leben erwecken und in seiner ganzen Pracht zum Erblühen bringen.

△ **ROSEN-PERGOLA**
Die Pergola aus rustikalen Rundhölzern ist ein ideales Gerüst für eine Kletterrose. Hier verdeckt der Frauenmantel die kahle Basis einer remontierenden Sorte. Sie ist horizontal gezogen, um ihre Blüten gut zur Geltung zu bringen.

▷ **KRÄFTIGE ROSE**
›New Dawn‹ ist eine robuste Sorte und gedeiht auch im Halbschatten, wie hier zwischen der Roten Spornblume und dem Berufskraut (Erigeron karvinskianus).

Ob Sie eine Rose erhalten, ist eine Frage des Geschmacks, doch überdenken Sie zuvor den Wert der Rosenart. Manche blühen jährlich nur kurz großartig auf, andere den ganzen Sommer hindurch. Einige sind widerstandsfähig gegen Mehltau, Rost und Schwarzfleckenkrankheit, andere sind anfällig – und das Spritzen von Kletterrosen ist mühsam. Sorten mit großen, gefüllten Blüten sind eine Pracht, bis ein Regenguss sie zerstört. Rosen mit kleineren Blüten oder kräftigeren Stielen ertragen Regen besser.

ROSEN-STÜTZEN

Überprüfen Sie zudem, ob die Rose für ihr Gerüst zu kräftig ist. Oft muss ein Metallbogen eine allzu starkwüchsige Sorte halten und verliert dadurch seinen festen Halt. Solche Rosen pflanzt man am besten an stabile Stützen wie eine Pergola oder Mauer (vgl. Seite 201).

VERJÜNGUNGSSCHNITT

Der Rückschnitt regt bei Rosen die Blüte an. Stellen Sie zuerst fest, ob es sich um eine hochwachsende Kletterrose oder eine in die Breite rankende Rose (Rambler) handelt, denn dies ist maßgeblich für die Schnitttechnik. Rambler-Rosen treiben jedes Jahr am Boden neu aus, während echte Kletterrosen aus dem alten Holz im oberen Bereich austreiben. Ein gutes Rosenbuch beschreibt viele Sorten und deren jeweilige Behandlung.

Zur Verjüngung einer verwilderten Rambler-Rose schneiden Sie im Spätsommer sie knapp über dem Boden ab. Erscheinen die neuen Triebe, dann werden sie an der Rankhilfe angebunden. In den Folgejahren schneiden Sie während der Ruhephase im Winter jeden dritten Stamm heraus, und zwar jeweils den ältesten, den Sie bis zur Basis kürzen (siehe auch Seite 210–213).

Alte Kletterrosen verkahlen oft im unteren Bereich und treiben nur im oberen Teil neu aus. Um sie mehr zur Blüte anzuregen, schneiden Sie einige der Hauptstämme bis auf etwa 30 cm Bodenhöhe ab. Verteilen Sie diesen harten Rückschnitt aber über mehrere Jahre. Junge Triebe bleiben erhalten und werden angebunden.

Ein Rückschnitt sollte stets im Winter während der Ruhephase erfolgen, selbst wenn die Rose dadurch im Folgejahr an Blütenfülle verlieren sollte. Rosen müssen im ersten Frühjahr nach solch einem Rückschnitt mit Rosendünger versorgt und mit organischem Material gemulcht werden.

ERZIEHEN UND ANBINDEN

Vergewissern Sie sich, dass eine Kletterrose richtig gezogen und angebunden ist (vgl. Seite 204–206). Für Blüten im unteren Bereich biegen Sie die Zweige waagerecht und binden sie fest. Sind die Stützen senkrecht, so winden Sie die Triebe spiralförmig nach oben, damit Sie die meisten Blüten erhalten. Bei einer Kletterrose, die zu fest angebunden scheint, löst man die Triebe los und befestigt sie neu.

KRANKHEITEN VERMEIDEN

Wenn Sie eine Rose entfernen, dann pflanzen Sie keine neue Rose an dieselbe Stelle, da sie sich mit einer Rosenkrankheit anstecken könnte. Wählen Sie eine andere Kletterpflanze als Ersatz. Soll es aber eine Rose sein, so heben Sie das Pflanzloch mindestens 75 cm tief aus und füllen Erdreich aus einem anderen Teil des Gartens ein.

OBSTGARTEN

Haben Sie das Glück, einen schon herangereiften Obstgarten zu übernehmen, der mit Sorgfalt und Kenntnis gepflegt wurde, so betrachten Sie das als eine reizvolle Herausforderung – zumal wenn die Bäume gut gedeihen. Hier ist nämlich die schwerste Arbeit bereits erledigt – das Pflanzen und Formieren.

△ **JOHANNISBEEREN**
Ein ausgewachsener Johannisbeerstrauch ist attraktiv und trägt köstliche Früchte – Grund genug, ihn zu erhalten. Die Pflege ist einfach. Schneiden Sie die Spitzen der Haupttriebe zurück sowie die Seitentriebe bis auf ein Auge. Formierte Büsche muss man im Winter und Sommer schneiden. Die rote Johannisbeere ist recht langlebig wie die Blaubeere, Stachelbeere und schwarze Johannisbeere und trägt etwa 15 Jahre lang Früchte.

Sobald sich ein Obstgarten voll entwickelt hat, bereitet er weit weniger Arbeit als ein Gemüsegarten, wo Sie alljährlich bei null anfangen. Passen Sie den Garten also nur etwas Ihren Bedürfnissen an.

VEREINFACHUNG

Wenn der Obstgarten groß ist, können Sie einige Sorten oder Arten herausnehmen, um sich die Arbeit zu erleichtern. Gibt es einen Maschendrahtkäfig für kleinere Obstgehölze, sollten Sie ihn erhalten, denn er schützt die Früchte vor den Vögeln. Wahre Obstliebhaber ziehen oft von einer Fruchtart frühe, mittelfrühe und späte Sorten. Wem das zu mühsam ist, wählt nur die frühen Sorten und entfernt die übrigen. Bei einer Obstschwemme kann das Ernten zur Last werden. Verringern Sie daher auch die Zahl der Beerensträucher gleicher Art, damit Sie den Erntesegen bewältigen können.

WENIG PFLEGEAUFWAND

Um den Obstgarten gepflegt zu halten, muss man Unkraut jäten und im Anschluss mit einer dicken Kompostschicht mulchen. Blassgrüne Blätter z. B. und kümmerlicher Wuchs deuten auf Nährstoffmangel hin. Hier hilft zu Beginn des Frühjahrs ein entsprechender Dünger. Formierte Sorten muss man anbinden und beschneiden. Viele Obstgehölze verlangen einen Sommer- und Winterschnitt – informieren Sie sich eventuell.

BLUMEN STATT OBST

Wenn Sie im Obstgarten lieber Blumen pflanzen wollen, müssen die Obstgehölze weichen. Einen Apfel- oder Birnbaum sollten Sie aber behalten und zudem einen Busch wie rote Johannisbeere oder Stachelbeere, die beide recht dekorativ sind. Die Fläche um die verbleibenden Obstgehölze herum können Sie dann als Beet gestalten. Wo Obstgehölze gediehen sind, dort ist der Boden wahrscheinlich fruchtbar und feucht. Hier sind im Frühjahr Gruppen von Osterglocken reizvoll sowie in sonnigen Lagen Dahlien, Rosen und Duftwicken.

UMPFLANZEN

Ein gut geplanter Obstgarten hat meist eine geschützte Sonnenlage. Wollen Sie diesen Bereich aber für andere Zwecke nutzen, so können Sie Obstgehölz in einen anderen Gartenbereich verpflanzen, am besten während der Winterruhe. Brombeeren, Johannisbeeren und Stachelbeeren sind auch im Halbschatten noch recht ertragreich. Schwarze Johannisbeere lässt sich als Teil einer gemischten Hecke einsetzen. Ein Drahtgerüst an einer Schuppen- oder Garagenwand kann einer rankenden Brombeersorte dienen.

Formierte Obstgehölze können an geeigneten Zäunen oder Mauern eingepflanzt werden. Ein Fächerbaum z. B. braucht eine Wand von mindestens 1,8 m Höhe und 2,4 m Breite. Schnurbäume (Kordon) sind für niedrige Abgrenzungen ideal; der Abstand zwischen den Stämmen sollte jeweils 75 cm betragen. Nach Süd oder Südwest gerichteten Mauern oder Zäune sind für die meisten formierten Obstgehölze geeignet, kältere Nord- oder Ostseiten hingegen nur für spättragende Sorten. Eine Südseite ist ideal für Pfirsiche oder Birnen, doch nicht für Äpfel.

Himbeeren brauchen Sonne. Sie lassen sich kaum an Mauern oder Zäunen ziehen. Sie gedeihen am besten an Drähten – waagerecht zwischen Pfosten gespannt – und dienen so zugleich als Abschirmung. In einem großen Beet in geschützter Lage kann man im Herbst fruchtende Sorten als frei stehenden Strauch erziehen; der Abstand zu Nachbarpflanzen sollte jeweils 60–90 cm betragen. Nach der Ernte wird er bis zur Basis zurückgeschnitten.

Erdbeerpflanzen überdauern nur etwa drei Jahre, sodass sich ein Umpflanzen nicht lohnt. Sollen auch an anderen Stellen Erdbeeren wachsen, können Sie Ausläufer von gesunden Pflanzen einsetzen. Erdbeeren passen zum Beispiel gut in ein Gemüsebeet.

Die Beeren sollten Sie mit einem Netz vor Vögeln schützen. Selbst wenn die Pflanzen im Garten verteilt sind, ist dies zur Reifezeit ratsam.

EINE OBSTBAUMWIESE

Wenn es die Anlage erlaubt, können Sie den Obstgarten in eine Obstbaumwiese verwandeln. Obstbäume bleiben

△ **KORDON-BIRNE**
Ein als Kordon gezogener Birnbaum ist an einer sonnigen Wand reizvoll und platzsparend.

◁ **FRÜCHTE UND BLÜTEN**
Spalier-Apfelbäume mit heranreifenden Früchten bilden den Hintergrund für ein lockeres Blumenbeet. Der starkwüchsige Bergtabak trägt vom Sommer bis zu den ersten Herbstfrösten duftende, weiße Blüten. Er gedeiht in feuchtem, fruchtbarem Boden.

◁ **ABSCHIRMUNG**
Die an einem Drahtgerüst gezogene Reihe Himbeersträucher dient als Abschirmung oder Gartenteiler.

▷ **OBSTBAUMWIESE**
Einen großen Obstgarten in eine Wiese zu verwandeln ist eine pflegeleichte Lösung. Der Garten bleibt ertragreich, wird zum Paradies für viele Tiere und bietet Platz zum Spielen und Picknicken.

▽ **KORDON-ÄPFEL**
Verschiedene, als Kordon gezogene Apfelbaumsorten beleben mit Blüten und später mit Früchten den schlichten Zaun.

stehen, dagegen werden Beerensträucher ersetzt durch herkömmliche Bäume wie Haselnuss, Wildapfel oder Birne.

Im halbschattigen Bereich darf Gras zu einer hohen Wiese wachsen mit wilden Narzissen, Buschwindröschen und Kriechender Günsel. Doch die meisten Wiesenblumen bevorzugen mageren Boden und gedeihen daher auf vormals reich gedüngten Obstbeeten weniger gut. Pflanzen Sie neue Bäume, so halten Sie rings um den Stamm eine grasfreie Fläche von 60 bis 75 cm Durchmesser ein, damit die Wurzeln Luft bekommen.

OBSTBÄUME VERJÜNGEN

Ein Rückschnitt kann die Fruchtbildung bei Apfel- oder Birnbäume anregen. Doch prüfen Sie zuerst, ob sich die Mühe lohnt hinsichtlich des Alters und der Gesundheit eines Baumes. Ist er über 4,50 m hoch, dann sollte ihn ein Fachmann schneiden. Es kann allerdings billiger sein, den Baum durch einen neuen zu ersetzen. Ein zwergwüchsiger Apfelbaum bringt Ertrag auf weniger Raum; ein junger Baum trägt jedoch erst nach zwei oder drei Jahren Früchte – und bis zum vollen Ertrag vergehen etwa sieben Jahre.

Wenn Sie unter verschiedenen Apfelbäumen die gesündesten auswählen und verjüngen, dann beachten Sie, dass jede Sorte einen Befruchtungspartner braucht. In einem Fachbuch oder Katalog finden Sie heraus, welche Sorten zueinander passen. Doch zuvor müssen Sie die Namen der entsprechenden Sorten eindeutig herausfinden.

Der Verjüngungsschnitt erfolgt während der Winterphase, aber nicht bei starkem Frost. Wenn ein Baum stark zurückgeschnitten werden muss, verteilen Sie die Arbeit auf zwei Winter. Unabhängig von der Größe des Baumes sollten Sie stets einen Fachmann heranziehen, wenn Sie im Hinblick auf die Arbeit unsicher sind.

Verjüngen Sie einen Apfelbaum, so muss zuerst ein gutes Astgerüst geschaffen werden. Entfernen Sie alle toten oder kranken Äste; danach sägen Sie diejenigen Äste ab, die sich kreuzen und aneinander reiben, sowie diejenigen, die nach unten hängen oder senkrecht hochragen. Man sägt mit einer Baumsäge zuerst den Ast von unten an und dann – in Richtung der unteren Schnittstelle – von oben durch, damit er nicht absplittert (vgl. Seite 212–213).

Wenn ein Baum verkrüppelt, und die Blätter blass und kümmerlich werden, muss man ihn stark lichten, damit die Krone offener wird. Im Frühjahr wird

Alte Obstgehölze ersetzen

- Apfelbäume, die von einer Krankheit befallen sind, sollte man durch eine nachweisbar resistente Sorte ersetzen.
- Eine allzu wüchsige Kirsche oder eine, deren Blüte regelmäßig durch Frostschäden leidet, sollte man durch eine spätfruchtende Sorte ersetzen. Wer kleine Bäume bevorzugt, wählt zwergwüchsige Sorten.
- Stachelbeeren, die vom Mehltau befallen sind, sollte man durch eine resistente Sorte ersetzen. Es gibt auch stachellose Sorten.
- Es sind verschiedene dornenlose Brombeersorten wie ›Adrienne‹, ›Loch Ness‹ und ›Waldo‹ erhältlich. Taybeere ist eine Kreuzung zwischen Himbeere und Brombeere. Dornenlose Sorten sind im Angebot.
- Jährlich kommen neue Erdbeersorten auf den Markt, von denen viele gegen eine oder mehrere Krankheiten resistent sein sollen – nachgewiesen gut sind z. B. ›Florence‹ und ›Symphony‹.

◁ **GUT IN FORM**
In Form gezogene Bäume wie diese Quitte müssen regelmäßig beschnitten und angebunden werden, damit sie ihre Form behalten.

△ **BEEREN-ERNTE**
Rutenfrüchte wie die Himbeere fruchten an Trieben des Vorjahres. Alte Ruten muss man bis zur Basis zurückschneiden, und zwar nach der Ernte bei im Sommer tragenden Sorten und im Spätwinter bei im Herbst tragenden. Sind Himbeerpflanzen älter als zehn Jahre, sollte man sie ersetzen, da sie für Viruskrankheiten empfindlich werden.

er sodann reichlich gedüngt, gemulcht und gut bewässert. Kirschen und Pflaumen schneidet man am besten im Frühjahr oder gleich nach der Ernte, um die Infektionsgefahr zu mindern. Verwenden Sie nach dem Astschnitt kein Baumwachs für die Wunden – dadurch wird der Heilungsprozess eher verhindert. Achten Sie vielmehr auf einen sauberen, glatten Schnitt mit einem scharfen, einwandfreien Sägeblatt.

Bei guter Pflege kann ein Obstbaum über viele Jahre ertragreich sein – ein guter Apfelbaum zum Beispiel bis zu 50 Jahre.

BEERENSTRÄUCHER VERJÜNGEN

Sträucher wie Johannisbeere und Stachelbeere werden verjüngt wie andere Sträucher. Man entfernt alte Zweige, damit der Strauch auch in der Mitte Licht erhält (vgl. Seite 210). Bleibt ein Strauch ohne Früchte oder zeigt Anzeichen eines Virus, sollte man ihn ausgraben und verbrennen, um einer möglichen Ansteckungsgefahr vorzubeugen.

Beerensträucher wie die Brombeere und Himbeere brauchen jährliche Pflege – die abgeernteten Ruten muss man entfernen, neue Triebe anbinden und vorhandene Bodensenker beseitigen. Sind die Sträucher jedoch verwildert, bedeutet dies viel Arbeit – die Wildtriebe, Bodensenker und alten Ruten sind zu entfernen; danach bindet man die jungen Ruten an die vorhandenen Stützen. Sie können aber auch gesunde Bodensenker herausnehmen und völlig neu beginnen. Die alten bzw. verwilderten Sträucher graben Sie in diesem Falle aus.

GEMÜSEGARTEN

Eigener Gemüseanbau lohnt, denn er garantiert Ihnen prompt stets köstlich frische Erzeugnisse. Große Gemüsebeete beanspruchen aber Zeit und viel Platz. Sie können die Beete verkleinern und vereinfachen, damit die Arbeit leichter zu bewältigen ist. Oder wollen Sie den Bereich ohnehin völlig anders nutzen?

▷ ▽ **WIE'S GEFÄLLT**
Ein Schrebergarten hat seinen eigenen Charme. Vielleicht mögen Sie aber einen stilvolleren Gemüsegarten. Im Bild unten sind fantasievolle Hochbeete angelegt, eingefasst mit Holzkanten.

Welche Pläne Sie mit dem Gemüsegarten auch haben mögen, schätzen Sie ihn zuerst genau ein. Die meisten Gemüsebeete haben eine geschützte Sonnenlage, die ebenso für eine Terrasse oder Schmuckpflanzen ideal wäre. Die Erde ist hier wahrscheinlich fruchtbar und reich gedüngt, während der Wegboden eher verdichtet und von Unkraut besiedelt sein wird.

Der Fruchtfolge wegen sind Gemüsegärten häufig in mehrere Beete unterteilt. Entscheiden Sie, ob Änderungen notwendig sind – aus Gründen der Schönheit oder der praktischen Handhabung. Wege mit attraktivem Backsteinpflaster sollten Sie erhalten. Blanke Erde dagegen wird bei Regenwetter schlammig; hier mag ein Plattenbelag praktischer sein oder eine Abdeckung mit Kies bzw. Rindenschrot (vgl. Seite 200–201).

Übernehmen Sie den Gemüsegarten im Sommer, so ernten Sie zunächst laufend alles ab und beseitigen gleich die Pflanzenreste. Legen Sie in der Nähe einen einfachen Komposthaufen an, damit Sie die organischen Abfälle verwerten können. Danach wird der Bereich ausgemistet.

GEMÜSE ANBAUEN

Wenn Sie einen gut gepflegten Gemüsegarten übernehmen, ist die Bodenverbesserung und -vorbereitung bereits erledigt. Sofern Sie frisches Gemüse lieben, finden Sie hier ideale Voraussetzungen für den eigenen Anbau vor.

Vielleicht beginnen Sie zunächst nur mit einem Beet; decken Sie dann die anderen mit schwarzer Kunststofffolie ab, damit sich kein Unkraut verbreitet. Bevor Sie das Beet bearbeiten und bepflanzen, beseitigen Sie die Unkräuter (vgl. Seite 214–215). Danach harken Sie den Boden solange bis die Erde an der Oberfläche fein krümelig ist – und fügen Sie organisches Material hinzu, zum Beispiel Pilzkompost; dies ist alljährlich im Herbst, Winter oder Frühjahr notwendig. Falls Sie den Boden umgraben, arbeiten Sie den Kompost gleich ein.

Selbstverständlich werden Sie Gemüsesorten einpflanzen wollen, die Sie gerne essen. Vergewissern Sie sich aber, ob diese hier gedeihen und nicht zu viel Pflege beanspruchen. Zu Beginn haben Sie vermutlich mit pflegeleichten Sorten mehr Erfolg. Zucchini, Kürbisse und Stangenbohnen brauchen nur am Anfang etwas Fürsorge, aber schon wenige Pflanzen bescheren eine reiche Ernte (siehe Kasten, Seite 139).

EIN FORMALER GEMÜSEGARTEN

Sollten Ihnen eintönig schnurgerade ausgerichtete Gemüsereihen nicht gefallen, so pflanzen Sie einjährige Sommerblumen dazwischen – dadurch erhalten Sie einen typisch farbenfrohen, üppigen Potager. Hierfür eignet sich besonders ein Gemüsegarten, der in vier quadratische oder rechteckige Beete aufgeteilt ist – sie dürfen allerdings nicht zu groß angelegt werden, sonst lassen sie sich von der Beetkante aus nicht bearbeiten.

Die Pflanzen können entweder bunt gemischt oder in kleinen Gruppen wachsen, wobei sich die Anordnung an der Beetform orientieren sollte. Sie können das Beet mit Stauden gestalten, doch testen Sie die Wirkung zuerst mit Einjährigen. Bei langlebigen Pflanzen wie Bäume sollten Sie sich auf waagerechte Kordon-Äpfel rings um die Ränder herum beschränken oder auf ein Stachelbeer-Bäumchen im Zentrum. In der Mitte des Beetes platzieren Sie jeweils ein Wigwam aus Bambusstäben oder Weidengeflecht als Stütze für Kletterpflanzen wie Duftwicken oder Feuerbohnen. Als Beeteinfassung eignen sich pflegeleichte, farbenprächtige Pflanzen wie Kapuzinerkresse, roter bzw. grüner Friséesalat, roter Mangold, Ringelblumen oder Schnittlauch. Kontraste dazu bilden Pflanzen wie Petersilie oder Möhren, die auf der restlichen Fläche wachsen können.

Ein Potager zeigt im Sommer die größte Farbvielfalt. Im Winter ist er auf die gute Grundgestaltung angewiesen; dazu zählen die Wege oder dekorative, nützliche Objekte wie Rankgerüste, Glasglocken oder Rhabarber-Töpfe aus Ton. Als Beeteinfassung im Winter kann man spätblühende Stiefmütterchen oder Zierkohl wählen. Ist der Gemüsegarten jedoch groß, bedeutet dies erheblich mehr Zusatzarbeit.

△ **SITZPLATZ**
Gemüse gedeiht am besten in einer sonnigen, geschützten Lage wie in diesem zwanglosen Gemüsegarten. Hier ist ein Sitzplatz schön, um die Früchte der Arbeit zu bewundern.

△ **PERFEKTER POTAGER**
Ein gut gestalteter Potager ist ein Gewinn für jeden Garten. Hier erlauben schön gealterte Ziegelsteinwege bei jedem Wetter leichten Zugang zu Kräutern und Gemüse. Die Buchsbaum-Einfassung und der Lavendel im Zentrum garantieren das ganze Jahr über eine interessante Struktur.

EIN FORMALER BLUMENGARTEN

Möchten Sie den Gemüsegarten lieber umwandeln, so ist ein formaler Blumengarten eine Möglichkeit. Die Beete können mit Buchsbaum eingefasst werden. Junge Pflanzen sind preiswerter und verwurzeln sich schneller als ältere. Jäten Sie jegliches Unkraut und decken Sie die Beete mit einer Folie ab. Legen Sie darauf eine Schicht Kies oder Rindenschrot, bis Sie mit dem Einpflanzen beginnen. Die Beete können Sie mit Sommer- oder Frühlingsblumen bepflanzen. Pflastern Sie ggf. die Wege und platzieren Sie in Gartenmitte einen Kübel als Blickfang (vgl. Seite 44–51).

EIN GEHEIMER ROSENGARTEN

Ist der Gemüsegarten sonnig und eingeschlossen, dann können Sie hier auch duftende Rosen anpflanzen und eine Bank aufstellen oder eine Laube einrichten, von wo aus sich der Garten genießen lässt. Ein Rundbogen mit Kletterrosen mag den Eingang bilden; hübsch sind auch einige Buschrosen in jedem Beet. Oder Sie setzen ins Zentrum eine Hochstamm-Rose und pflanzen ringsum kleinere Rosensorten. Trittsteine oder Rindenschrot auf den Beeten erleichtern den Zugang zu den Rosen, um sie zurückzuschneiden (vgl. Seite 114–115).

EIN KRÄUTERGARTEN

Ein Gemüsegarten mit Hochbeeten eignet sich sehr gut zur Umwandlung in einen Kräutergarten, besonders wenn der übrige Garten einen schlecht durchlässigen Boden hat. Mittelmeerkräuter bevorzugen Sonne und einen gut durchlässigen, nährstoffarmen Boden. Andere Kräuter wie Petersilie, Minze und Schnittlauch gedeihen auch in nährreicheren Böden und tolerieren etwas Schatten. Mittelmeerkräuter können sogar am Rand eines verdichteten Erdweges wachsen.

Bei einer großen Anlage sollten Sie sich auf Straucharten wie Lavendel, Salbei, Thymian, Rosmarin und Lorbeer konzentrieren und ebenso auf mehrjährige Stauden wie Indianernessel (Monarda) und Ysop. Während diese Pflanzen über Jahre hinweg im Beet bleiben, muss man einjährige Kräuter jedes Jahr neu säen.

Kräutergärten brauchen gestaltgebende Elemente, welche den lockeren Pflanzenwuchs ausgleichen – dies können die Beete selbst und die Wege sein oder auch ein Blickpunkt, ein Obelisk etwa. Wollen Sie kräftige Farbe in den Kräutergarten bringen, dann säen Sie zum Beispiel Ringelblumen.

△ **BLÜHENDE ERNTE**
Artischocken sind eindrucksvolle Pflanzen – sie brauchen allerdings viel Platz (jeweils ca. 30–40 qcm) und überdauern nur etwa drei Jahre.

▷ **ESSBARE BLÜTEN**
Wenn die Zucchini blühen, brauchen sie reichlich Wasser. Sie bilden bald Früchte, die man erntet, solange sie klein sind. Essbar sind auch die Blüten.

Pflegeleichte Gemüse-Arten

Ein-/zweijähriges Gemüse. Diese Arten beispielsweise brauchen während der Wachstumszeit wenig Fürsorge.

Kopfkohl. Anbau fast rund ums Jahr möglich – Weißkohl im Frühjahr, Rotkohl im Herbst und Wirsing im Winter; bevorzugen Sie nicht schossende Sorten.

Sprossbrokkoli. Eine ergiebige Züchtung ist Kalabreser mit rotblauer, weißer und grüner Sorte; schmeckt wie Brokkoli.

Möhren. Brauchen wenig Platz; bilden in steinigem Boden keine schönen Wurzeln; zum Schutz vor der Möhrenfliege abdecken.

Zucchini. Eine einzige Pflanze braucht etwa 1 qm Beetfläche, bringt aber reiche Erträge; ernten solange sie klein und fest sind.

Wachsbohnen. Robuste Bohnensorte (Buschbohne); kann früh geerntet und muss wenig gegossen werden.

Grünkohl. Sehr robuster Winterkohl, u. a. widerstandsfähig gegen Schädlinge; der niedrige, krausblättrige Grünkohl kann portionsweise geerntet werden.

Lauch. Hat geringere Bodenansprüche als Zwiebeln; kann nach Bedarf bis in den Herbst hinein geerntet werden – junger Lauch schmeckt aber besser.

Salat. Alle Sorten gedeihen auf den meisten Böden in der Sonne, müssen aber gegossen werden; Blätter mit der Schere abschneiden oder mit der Hand abreißen, dann wachsen neue nach.

Radieschen. Sommersorten kann man drei bis sechs Wochen nach der Aussaat ernten.

Roter Rippen-/Stielmangold. Spinatähnliche Blätter, man kann auch nur die Stiele zubereiten (Spargelersatz); längere Ernteperiode als Spinat.

Feuerbohnen. Attraktive Kletterbohne; ist sehr ertragreich und braucht wenig Platz.

Speisekürbis. Zum Lagern Winterkürbisse nach der Ernte zuerst eine Woche lang in der Sonne nachreifen lassen; deckt größere Bodenflächen ab.

Mehrjähriges Gemüse. Einmal gepflanzt, bringen diese z. B. alljährlich Erträge und fordern nicht mehr Pflege als Blühstauden.

Spargel. Kann 10–20 Jahre lang Ende April geerntet werden; braucht viel Platz und lockeren, tiefgründig nahrhaften Boden, frei von Unkraut halten; das grüne Kraut mit Flüssigdünger versorgen und herunterschneiden, wenn es im Herbst gelb wird.

Rhabarber. Bringt 5–10 Jahre lang Ertrag; im Frühling mit Gartenkompost versorgen; mag etwas feuchten Platz, auch leichten Schatten; blühende Stiele muss man abschneiden.

Garten-Sauerampfer. Blätter mit säuerlichem Geschmack, u. a. als Salat geeignet; verträgt Halbschatten; zuerst die äußeren Blätter ernten, die inneren nachwachsen lassen; Samenköpfe entfernen; mehrere Arten (3–4-jährig).

TERRASSE UND INNENHOF

Die meisten Gärten weisen so etwas wie einen Hof oder eine Terrasse auf. Doch sie wirken oft öde und wenig einladend – eine gepflasterte Fläche und nicht mehr. Mit nur etwas Überlegung und Mühe lässt sich solch ein Bereich aber in ein wertvolles »Freiluftzimmer« umgestalten.

△ **GUT GEPLANT**
Diese Terrasse bietet reichlich Platz für Tisch und Stühle. Die Kübel sind so gruppiert, dass sie für Farbe und Form sorgen, wo es notwendig ist. Die geschwungenen Rankbögen schaffen das Gefühl der Abgeschlossenheit, ohne den Blick auf den Rasen zu verstellen.

▷ **PROVENZALISCH**
Das Kieselsteinpflaster des Hofs im provenzalischen Stil sieht reizvoll aus, ist aber als Stellfläche für Gartenmöbel unpraktisch.

Bevor Sie irgendwelche Renovierungen vornehmen, sollten Sie entscheiden, was Sie von der Terrasse erwarten. Brauchen Sie eine große Fläche, um im Freien zu essen – vielleicht mit Grill – oder genügt eine Bank? Wenn Sie hier einen erweiterten Wohnbereich planen, hat er dann zu viel oder zu wenig Sonne? Ist der Platz zu schattig, müssen Sie die Terrasse eventuell verlegen. Sind dann die vorhandenen Platten verwendbar?

Betrachten Sie auch den Zustand des Belags. Ist er uneben, sodass Tische und Stühle wackeln? Gibt es Stolperkanten, die Kindern und älteren Menschen gefährlich werden könnten? Werden die Platten oder Ziegel durch Algen rutschig und müssen regelmäßig gereinigt werden?

TERRASSE UND GARTEN VERBINDEN

Kann man von der Terrasse aus den Garten überblicken, sollte er als Rahmen dienen. Deshalb ist die Art und Weise der Verbindung sehr wichtig.

Manche Terrassen sind z. B. von Rosenbeeten umgeben, die den Zugang zum Rasen erschweren – auch optisch. Überlegen Sie, wie Sie einen Weg zum Garten bereiten können. Vielleicht haben Eilige bereits einen Trampelpfad zur Abkürzung geschaffen. Sollte dieser eine gute Lösung darstellen, so graben Sie hier einige Pflanzen aus und verlegen stattdessen ausreichend breite Gehwegplatten bis zum Rasen. Ein schmaler Durchgang sieht unbedeutend aus, zudem werden Pflanzen zu beiden Seiten leicht zertrampelt. Ein paar Trittsteine im Rasen verhindern, dass sich kahle Stellen bilden.

TERRASSE VERGRÖSSERN

Mag sein, Ihre Terrasse ist einfach zu klein, oder der Sitzbereich wäre mehr zum Rasen hin günstiger, weil dort mehr Sonne oder die Aussicht besser ist. Eine Terrasse zu vergrößern, bedeutet einigen Aufwand, doch können sich Kosten und Mühe lohnen, wenn dadurch die Wohnfläche erweitert wird. Ist die Terrasse mit Ziegeln oder Platten nur lose verlegt, ist die Arbeit leichter. Versuchen Sie, Pflasterelemente zu bekommen, die zu den vorhandenen passen oder zumindest einen ähnlichen Farbton haben. Möchten Sie zwischen den Platten Pflanzen setzen, so schaffen Sie Platz, indem Sie einige der vorhandenen Steine aufnehmen. Diese können Sie dann, gemischt mit den neuen, zur Erweiterung der Terrasse verwenden (vgl. Seite 201).

Der Terrassenboden muss ein leichtes Gefälle vom Haus weg besitzen, damit Regenwasser abfließen kann, und feuchtigkeitsbeständig sein. Durch aufsteigende Feuchtigkeit können ernsthafte Mauerschäden entstehen – vor allem bei einer Hanglage. Wenn Ihnen diese Arbeiten zu kompliziert erscheinen, beauftragen Sie einen erfahrenen Fachmann, der Sie auch bei der Materialauswahl beraten kann. Erkundigen Sie sich nach dem Preis für das Aufnehmen der alten Steine und für das Neuverlegen.

TERRASSENBELAG AUSBESSERN

Mancher Belag wird im Laufe der Zeit uneben. Die einfachste Lösung ist, auf den unebenen Stellen große Kübel zu platzieren, die mit kleineren Töpfen hübsch kombiniert werden. Solche Pflanzkübel können Sie auch dazu verwenden, um eine bestimmte Laufrichtung zu markieren und Personen an den Stolperfallen vorbeizuführen – oder Sie

△ **GEMISCHT**
Durch die verschiedenen Materialien wie Platten und Kiesel wirkt die Fläche abwechslungsreich. Da man auf runden Kieseln schlecht geht, sorgen sie automatisch für erhöhte Wachsamkeit und sind daher als Ersatz für unebene Terrassenplatten praktisch.

rahmen den Sitzbereich ein und verdecken damit die schlimmsten Unebenheiten. Sie können auch die unebenen Platten durch Kies oder eine Art Kopfsteinpflaster ersetzen, etwa große Kieselsteine – eingebettet in Sand oder Zement. Dies dient als optische Warnung vor Unebenheiten. Große, abgerundete Steine, die unbequem zu begehen sind, halten Personen davor ab, Wege abzukürzen.

Entscheiden Sie zunächst, welche Pflasterbereiche zu ersetzen sind, und nehmen Sie dann die entsprechenden Belagelemente heraus. Im Anschluss betrachten Sie das Gesamtbild aus angemessener Entfernung. Sind die entstandenen Lücken an ein oder zwei Stellen zu dicht beieinander, sollten Sie noch einige Platten herausnehmen, damit die optische Wirkung ausgeglichener wird. Möglich wäre auch, jede zweite Platte zu entfernen und ein strenges Schachbrettmuster zu gestalten; aber dadurch wird das Gehen auf der gesamten Fläche erschwert. Große Steintöpfe oder Pflanzkübel wie auch Fels- bzw. Rundsteine passen sehr gut zu einem Kieselsteinpflaster.

Wenn Sie all dies nicht mögen, so bleibt nur, den Terrassenbelag vollständig zu erneuern – doch dann sollten Sie sich absolut sicher sein, dass die vorhandene Terrasse den idealen Standort, die richtige Größe und Form hat. Im ganz anderen Falle ist dies der Zeitpunkt für grundsätzliche Veränderungen.

BELAG REINIGEN

Algen können den Belag überziehen, besonders Ziegelsteine, sodass der Boden rutschig wird. Die Ursachen können Licht- und Luftmangel oder eine schlechte Drainage sein. Beseitigen Sie jeglichen Schmutz, und schneiden Sie überhängende Äste zurück. Dann reinigen Sie die Fläche mit einem Hochdruckreiniger oder mit einem Algenbekämpfungsmittel. Liegt das Problem an der Drainage, kann das Auskratzen der Fugen helfen, die danach mit Sand aufgefüllt werden, – sonst muss man die gesamte Fläche neu verlegen.

HEIMELIGE SITZECKE

Eine Terrasse, die zu allen Seiten hin offen ist, wirkt langweilig und unbehaglich. Ein Sitzplatz ist stets einladender, wenn er eine geschützte Lage hat. Offenkundig wird dies in Parkanlagen – die frei stehenden Bänke sind häufig leer, während Bänke in einer Ecke oder vor einer Mauer fast immer besetzt sind.

Solch eine geschützte Ecke erzielen Sie einfach dadurch, wenn Sie hier die Bepflanzung von der Mauer oder Grenze weiterführen können, welche die Terrasse einzuschließen beginnt. Damit erhält der Garten auch einen Rahmen. Sie können aber eine geschützte Atmosphäre ebenso durch eine Pergola schaffen oder durch eine einfache Gitterwand (vgl. Seite 60–61).

PERGOLA

Eine Pergola ergänzt einen gepflasterten Bereich wundervoll und gibt ihm ein anderes Aussehen. Sie umschließt die Fläche, spendet Schatten und sichert die Privatsphäre – besonders am Essplatz.

Wenn Sie sich für eine Pergola entscheiden, probieren Sie zuerst aus, wie breit und hoch sie für den Sitzbereich sein muss. Stellen Sie Tisch und Stühle nach Ihren Wünschen auf, sodass außerdem noch Platz zum Umhergehen ist. Eine neu errichtete Pergola mag anfangs sehr groß erscheinen; wenn sie aber einmal von Kletterpflanzen bewachsen ist, werden Sie über ihre Ausmaße froh sein.

Ist der Bereich für eine frei stehende Pergola zu klein, so können Sie auch eine schmalere Pergola an der Wand befestigen, die wenigstens für einen Sitzplatz genügend Schatten und Schutz bietet. Auf alle Fälle sollte die Pergola während der heißesten Tageszeit Schatten geben, und die Sonne nur am Morgen oder Abend den Sitzplatz erreichen können, wenn es kühler ist.

WASSERELEMENTE

Wasser schenkt einem Sitzbereich das Gefühl friedlicher Ruhe und beschert zudem einen reizvollen Blickfang. Möglich ist ein formales Becken, das rund, quadratisch oder rechteckig sein kann und aus Ziegeln oder Natursteinen errichtet ist, oder ein natürlich geschwungener Teich. Im letzteren Falle muss das Becken sehr sorgfältig an seine Umgebung angepasst sein, damit es nicht wie ein Fremdkörper wirkt.

◁ **ERHÖHT**
Eine gute Lösung für Gärten mit Höhenunterschieden ist der Bau einer Hochterrasse. Hier hat man alte Ziegelsteine im dekorativen Parkettverband verlegt. Eine niedrige Ziegelmauer bestimmt die runde Form und stützt die Hochbeete. Die schmalen Ziegel und Steinstufen, beidseitig dicht bepflanzt, schaffen eine Verbindung zum niedrigeren Bereich mit Natursteinplatten.

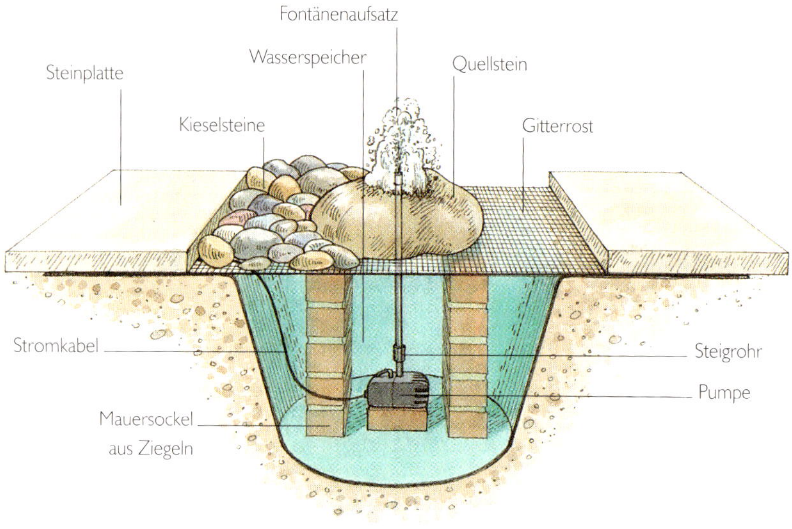

△ **ELEMENT WASSER**
Ein einfaches Wasserspiel für die Terrasse. Der stabile Gitterrost über dem Becken ist mit Kieselsteinen abgedeckt. Durch den Quellstein sprudelt das hochgepumpte Wasser heraus und fließt wieder zurück.

▽ **HOCHBECKEN**
Hier ist das Wasserbecken nicht im Erdreich eingelassen, sondern erhöht und mit einer Ziegelmauer eingefasst. Das Wasser wird hochgepumpt und plätschert sanft über die schönen Steine und Kiesel.

Unabhängig von der Wasserbeckenform sorgt die Randbepflanzung für eine angemessene Einbindung. Königsfarn *(Osmunda regalis)*, Pfauenradfarn *(Adiantum pedatum)* oder die Astilbe ›Sprite‹ mit ihren fiedrigen Blüten eignen sich hierfür gut, ebenso großblättrige Pflanzen wie der Handlappige Rhabarber *(Rheum palmatum rubrum)*. All diese Pflanzen benötigen feuchten Boden, für den man in der künstlichen Umgebung einer Terrasse sorgen muss. Üppige Blattpflanzen, die mit trockenerem Boden zurechtkommen sind z. B. die Blaublatt-Funkie *(Hosta sieboldiana elegans)*, Hirschzunge *(Asplenium scolopendrium)* oder Aronstab *(Arum italicum)*.

Eine dekorative, künstliche Quelle mit eigenem Wasserkreislauf belebt eine Terrasse durch wirkungsvolle Wasserspiele. Man bohrt beispielsweise durch einen Rund- oder Felsstein ein Loch, durch welches das Wasser mit Hilfe einer Pumpe hochdringt. Das Wasser ergießt sich über die Steinoberfläche und fließt in das darunter liegende Sammelbecken zurück (siehe Zeichnung links). In einem heißen, sonnigen Garten erfrischt das Geräusch des Wassers. Ein solches Wasserelement ist selbst im Ruhezustand noch dekorativ (vgl. Seite 150–153).

Ist die Terrasse von einer Mauer begrenzt, kann man das Becken mit einem Wasserspeier verbinden. Das Wasser wird vom Auffangbecken zum Auslauf gepumpt – etwa zu einem alten Messinghahn oder einem schlichten Auslaufrohr – und plätschert ins Becken zurück.

BEPFLANZUNG

Ist Ihre Terrasse eine langweilig gepflasterte Fläche und wird wenig benutzt, können Sie einige Belagelemente durch Pflanzen ersetzen. Liegen die Platten oder Ziegel allerdings in einem dicken Zementbett mit einer Unterschicht aus Schotter, sind sie nur schwer zu entfernen (vgl. Seite 201). Berücksichtigen Sie auch hier die alltäglichen Wege oder die Rahmenwirkung, die Sie gestalten wollen. Probieren Sie zuerst mit Töpfen und Kübeln (siehe Seite 44–51), um die beste Lösung zu finden.

Sobald Sie sich über Größe und Form der Fläche sicher sind, nehmen Sie die Platten oder Steine auf – entweder an einer Stelle mehrere, um eine Pflanzengruppe zu gestalten, oder nur ein oder zwei, um Ein-

◁ **GROSSZÜGIG**
Ein attraktiver, gemischter Terrassenbelag aus großen Natursteinplatten und Kies ist preiswerter als eine Vollfläche aus Naturstein.

▽ **BELEBT**
Kriechpflanzen in verschiedenen Grüntönen und Strukturen füllen die Lücken zwischen den Platten und beleben den grauen Terrassenbelag. Dekorative Blattgewächse machen die Anlage interessant.

zelpflanzen einzusetzen. Gegebenenfalls müssen Sie zuerst den Zementunterbau und die Steine entfernen und mindestens 5 cm der darunter liegenden Erdschicht abtragen. Füllen Sie im Anschluss die passende Pflanzerde ein, die sie mit Kompost anreichern sollten.

Effektvoll wirken auch markante Pflanzen wie der immergrüne, palmenähnliche Baum *Cordyline australis* und der Tasmanische Baumfarn *(Dicksonia antarctica)* oder aber etwa Wolfsmilch-Arten und die Japanische Aralie mit ihren glänzenden Blättern. Mediterrane Pflanzen wie Geißklee-Arten oder Strauchiges Brandkraut *(Phlomis fruticosa)* eignen sich für sonnige Terrassen.

Zwischen unregelmäßigem Natursteinbelag sehen niedrige, sonnenhungrige Bodendecker besonders hübsch aus – entweder in breiten Steinfugen oder anstelle kleinerer Steinplatten, die man herausnimmt; auf diese Art lassen sich auch unebene Stellen beseitigen. Liegen die Natursteine im Zementbett, dann verfahren Sie wie auf Seite 201 beschrieben.

Zur Auflockerung sind auch viele Steingartenpflanzen geeignet – in sonnigen Lagen etwa kriechende Thymian-Arten *(Thymus serpyllum* und *T. lanuginosus)*, kleinwüchsige Nelken, Sandkraut-Arten oder Kaukasische Gänsekresse. Die von den Steinen gespeicherte Wärme regt deren Wachstum an, während die Wurzeln schattig und geschützt liegen. Schattige Terrassen sind schwieriger zu bepflanzen. Viola-Arten *(Viola labradorica)* und einige Steinbrech-Arten mögen gedeihen sowie Pfauenradfarn oder polsterbildende Glockenblumen *(Campanula portenschlagiana)*.

TREPPEN UND STUFEN

Attraktive Stufen bereichern jeden Garten, mögen sie verlockend zu einem entlegenen Bereich führen oder einfach den Zugang von einer Ebene zur nächsten ermöglichen. Doch ob Sie Stufen ausbessern oder neue anlegen, sie müssen sich gut in die Umgebung einfügen, instand gehalten werden und sicher sein.

△ **ZWANGLOSER STIL**
Eisenbahnschwellen bilden die Steigungen dieser einfachen, aber dekorativen Stufen, während die Auftrittfläche aus Kies besteht. Eine Reihe großer Kübel an der Seite sorgt für Rhythmus und Struktur.

▷ **FARBIGE STUFEN**
Obwohl diese Stufen recht steil sind und ohne Geländer, bietet ihre leuchtende Farbe Sicherheit, da sie sofort Aufmerksamkeit hervorruft. Das einfache Holz harmoniert gut mit der schlichten Kiesfläche, den Natursteinen und dem Lavendel daneben.

Bei der Gestaltung von Gartenstufen sind vor allem Funktion, Lage und Sicherheit zu beachten. Stufen aus Schmiedeeisen, Stein oder Ziegeln verbinden im allgemeinen Haus und Garten. Von einer formalen Terrasse sollten großzügige Steinstufen hinunter führen, während niedrige, breite rustikale Stufen in einem bewaldeten Bereich angemessen sind. Wenn der Stil vorhandener Stufen nicht gefällt, sollten man sie erneuern. Das Ergebnis kann in seiner Wirkung oftmals verblüffen.

Lockere oder beschädigte Stufen müssen umgehend repariert oder ausgewechselt werden – eine Gelegenheit, um die Anlage vielleicht zu ändern. Haben sich Ziegelsteine in Stufen gelockert, sollte ein Fachmann sie neu einsetzen.

GRÖSSENVERHÄLTNIS VON STUFEN

Wie angenehm Stufen zu gehen sind, hängt sehr stark von ihren Größenverhältnissen ab. In der Regel sind Stufen umso beschwerlicher, desto steiler sie sind. Die Höhe ergibt sich aus der Setzstufe – dem aufrechten Stufenteil, genannt Steigung. In Gebäuden gilt eine Steigung von 17,5 cm als annehmbar; im Freien erscheint dieses Maß zu steil – hier ist die ideale Höhe 10 cm. Eine geringere Steigung verzögert die Schritte zu einem gemächlichen Tempo. Der Auftritt bzw. die Stufentiefe muss im Verhältnis zur Steigung stehen – je höher die Steigung, desto schmaler der Auftritt.

Auftritt	*Steigung*
35 cm	15 cm
40 cm	13 cm
45 cm	10 cm

Erscheint Ihnen eine Treppe etwas zu steil und unsicher, dann bringen Sie auf einer Seite ein Geländer an. Oder Sie betonen die schmalen Stufen als

◁ **FORMALE STUFEN**
Eine moderne Auffassung des klassisch-formalen Stils. Die akkurat beschnittenen Buchsbaum-»Würfel« in den quadratisch gemauerten Pflanzbehältern geben den Ziegelsteinstufen eine klare Kontur. Terrakotta-Kugeln und Hochstammrosen verstärken die Symmetrie der Gesamtanlage.

△ **NATÜRLICHER STIL**
Diese reizvollen, groben Natursteinstufen sind ausreichend groß, damit sich Frauenmantel, Königskerze und Spanisches Gänseblümchen aussäen können. Die glänzenden Keramikkübel sind mit Kurzschopf (Brachyscome iberidifolia) bepflanzt.

optische Warnung, indem Sie beidseitig der Treppe Sträucher dicht pflanzen und diese zu schmalen Hecken zurückschneiden.

Eine steile Treppe wird leichter bewältigt, wenn auf halbem Wege ein Platz zum Innehalten gestaltet ist – etwa einen Treppenabsatz mit einer Bank, sofern die Fläche ausreicht. Arrangieren Sie dazu ein paar Pflanzen, oder überdachen Sie den Rastplatz angemessen.

Von Innenräumen tritt man häufig über eine oder zwei Stufen auf die Terrasse hinaus. Sind diese zu schmal, entsteht der Eindruck von Hast. Schöner dagegen sind Stufen mit einem Auftritt von mindestens 40 cm Tiefe, die außerdem als zusätzliche Sitzfläche dienen können.

Wichtig ist auch die Treppenbreite – angemessen sind für eine Person 90 cm, für zwei Personen mindestens 150 cm. Bei einem sanfteren Gefälle und entsprechend Platz sind die großflächig angelegten Eselsstufen überaus reizvoll, die man in Mittelmeerländern antrifft. Diese sollten mindestens 1 m tief sein, mit einer ganz geringen Steigung von 10 cm oder weniger. Jede Stufe weist eine Art Rampe auf, sodass man bis zur nächsten Stufe zwei Schritte benötigt – das erleichtert das Hinaufgehen sehr. Solche Stufen sind selbst mit einem Rollstuhl zu bewältigen oder mit einer leicht beladenen Schubkarre.

Breite Stufen können schief oder von Unkraut überwuchert werden, aber das Problem lässt sich lösen. Erhalten Sie die Stufen, die stabil und gerade sind, die schadhaften verwandeln Sie einfach in terrassenförmige Beete. Entfernen Sie Trittstufen sowie alle Zementreste von den Setzstufen. Graben Sie den Schotter aus, dann füllen Sie gute Pflanzerde ein, mit Kompost gemischt, und setzen geeignete Pflanzen ein.

▽ **ECKSTUFEN**
Diese in einer Ecke angelegten Stufen signalisieren mit der streng geometrischen Linienführung und den symmetrisch angeordneten Kübeln, dass der Weg hier seine Richtung ändert.

▷ **FARBBEGLEITER**
Tontöpfe mit Begonien beleben das weiß gestrichene Metallgeländer. Da die Töpfe nach außen hängen, kann man die Stufen ungehindert benützen, ebenso den Handlauf.

BEPFLANZUNG

Die Terrasse mag der ideale Ort für Steingartenpflanzen sein, die von den Stufen aus bequem zu pflegen sind. Viele Möglichkeiten zur kreativen Bepflanzung bieten auch die meisten anderen Arten von Stufen. Beispielsweise führen vom Haus oftmals Metallstufen in den Garten; sie sind entweder aus Schmiedeeisen dekorativ gestaltet oder eher schlicht und sachlich. Beide Varianten gewinnen durch üppigen Blumenschmuck in Hängetöpfen oder kleinen Körben, die am Geländer jedoch sicher befestigt sein müssen. In sonniger Lage sehen Efeu-Pelargonien *(Pelargonium peltatum)* hübsch aus oder im Schatten Efeu und Fleißige Lieschen gemischt.

Es ist ratsam, ein einheitliches Gestaltungsschema zu wählen – etwa gleichartige Pflanzgefäße und ein oder zwei verschiedene Pflanzenarten. Von der Basis der Metallstufen aus können rankende Pflanzen emporwachsen wie etwa die starkwüchsige Schlingpflanze Kiwi *(Actinidia chinensis)*, deren lange Triebe einige Male im Jahr gekürzt werden müssen. Wer die Wirkung steigern möchte, kann über den Stufen Arkaden errichten, über die sich Kletterer ausbreiten und so einen geheimnisvollen Bogengang zum Garten bilden – auf die erforderliche Durchgangshöhe ist hierbei zu achten.

Backsteinstufen mit Betontrittplatten kann man mit Selbstklimmern bepflanzen wie Jungfernrebe. Die bekannteste Art ist die Dreilappige Jungfernrebe *(Parthenocissus tricuspidata)*, doch eignet sich hier die kleinblättrige Sorte ›Veitchii‹ besser.

Steinstufen im großartigen Stil mit Balustraden verlangen eine formalere Dekoration, etwa zwei gleiche Sträucher rechts und links am Fuße der Treppe. Immergrüne Pflanzen bringen für Steinstufen das notwendige optische Gewicht mit. Klassiker sind Buchs- oder Lorbeerbaum, die aber einen exakt symmetrischen Formschnitt haben müssen, sonst geht die formale Wirkung verloren.

Immergrüne Sträucher mit weniger dichtem Blattwerk bzw. offenerem Astgerüst wie Schneeball oder Rhododendron dürfen ihre natürliche Form entwickeln, sofern sie nicht zu dicht an den Stufen stehen.

Zu Holztreppen passen Kübelpflanzen besonders gut. Pflanzkästen aus Holz auf beiden Seiten bilden einen wirkungsvollen Abschluss und sorgen zudem für mehr Sicherheit, weil sie die Stufen klar abgrenzen. Geeignet sind auch Terrakotta-Töpfe mit großflächigem Gefäßboden, der einen sicheren Stand garantiert, damit man sie nicht so leicht umstoßen kann. Dasselbe gilt für windige Gärten, hier sind breite, gedrungene Kübel ebenfalls günstiger als hohe, schlanke Formen.

HOLZSTUFEN

Stufen aus Holz wirken sehr reizvoll, aber sie werden besonders in feuchten Bereichen gerne rutschig und

◁ **WEGGENOSSEN**
Stufen sind die ideale Bühne für Pflanzen, die entweder besondere Fürsorge brauchen oder in einem dicht bepflanzten Beet nicht zur Geltung kämen. Diese Mischung aus kriechenden und Polster bildenden Stauden sowie Gräsern und Hauswurz-Arten gedeihen in sonniger Lage.

bilden dadurch eine Gefahr. Hier darf sich kein Moos ansiedeln. Behandeln Sie deshalb die Stufen regelmäßig mit einer Drahtbürste, damit sie rau bleiben. Falls dies nichts nützt, kann man Kükendraht über die Trittflächen spannen, um für einen besseren Halt zu sorgen. Oder Sie ersetzen geschlossene Trittstufen durch stabile Leisten, die eine Luftzirkulation ermöglichen. Der Fachhandel bietet heute Trittplatten aus Holz mit geriffeltem Profil an.

Es sieht zwar romantisch aus, wenn etwa Baumzweige über die Holzstufen ragen, aber durch Laubfall werden die Stufen auch rutschig, sofern das Klima nicht heiß und trocken ist. Schneiden Sie die Äste über den Stufen regelmäßig zurück – ebenso die höheren.

HOLZSTUFEN ERRICHTEN

Für andere Bereiche im Garten sind Holzstufen einfach zu konstruieren. Eisenbahnschwellen oder gerade gewachsene Baumstämme eignen sich gut, weil sie schwer und dauerhaft sind. Der Hangbereich muss gut vorbereitet und leicht abgestuft sein.

Beginnen Sie mit der untersten Stufe, und arbeiten Sie sich hangaufwärts voran. Zuerst wird eine ebene Fläche ausgegraben und dann festgestampft. An der Vorderkante wird der Stamm bzw. die Eisenbahnschwelle platziert und abgesichert; dazu schlägt man druckimprägnierte Holzpflöcke vor dem Balken beidseitig in den Boden ein (siehe Zeichnung). Für eine gute Drainage bedecken Sie nun den ausgehobenen Bereich mit einer etwa 10–15 cm dicken Schotterschicht. Die Auftrittfläche wird mit Kies oder Rindenschrot gebildet. Ziegelsteine wirken formal, sind aber nur bei Vierkantbalken anzuwenden. Eine Grasoberfläche ist bei flachen, breiten Stufen schön, doch ausgesprochen mühsam zu mähen.

Statt Eisenbahnschwellen oder Rundhölzern können Sie auch dicke Holzbretter als Setzstufe verwenden, die allerdings der Bodenfeuchtigkeit wegen nicht sehr haltbar sind. Hier ist Kies als Trittfläche unbedingt notwendig.

▽ **HOLZSCHWELLEN**
Stufen aus Eisenbahnschwellen und Kies oder Rindenschrot passen besonders gut in ungezwungene Gärten. Sie sollten so breit sein, dass beidseitig Pflanzen wachsen und die Ränder verdecken können.

TEICHPFLEGE

Allgemein gilt ein Teich als mit das reizvollste Element im Garten. Doch leider werden viele Teiche allzu rasch vernachlässigt und entwickeln sich zum Wasserloch – überwuchert, trübe und übel riechend. Wie können Sie einen Teich wieder instand setzen und halten?

▽ **TIERPARADIES**
Frösche kommen selbst zu winzigen Wasserstellen, sofern Pflanzen hier ein Versteck bieten.

Der Erfolg und das Ausmaß der Pflege eines Teiches hängt von drei Hauptfaktoren ab: Lage, Stil und Bauart. Wenn alle drei Punkte bestens erfüllt wurden, wird Ihnen der Teich viel Freude und wenig Mühe bereiten – es sei denn, Sie haben viele anspruchsvolle Pflanzen oder Fische ausgewählt. Wenn allerdings der Teich ungünstig gelegen ist, zu klein oder zu flach ist oder sogar nachlässig gebaut wurde und dies mit billigen Materialien, dann wird er automatisch einen hohen Pflegeaufwand erfordern, und Sie werden sich fragen, ob ein neuer Teich nicht besser wäre.

Bäume nahe eines Teiches verursachen meistens Probleme. Herabfallende Blätter verschmutzen das Wasser. Hier hilft zwar das Spannen eines Netzes zum Herbstbeginn, doch wurde dies in der Vergangenheit versäumt, kann bereits Schaden entstanden sein; dringen schon Baumwurzeln durch die Teichfolie, dann werden Sie sich entweder für den Teich oder den Baum entscheiden müssen.

HAUPTMERKMALE VERSCHIEDENER TEICH-TYPEN

Teichtyp	Größe/Form	Ufer/Einfassung	Lage	Tipps
Naturteich für Kleinlebewesen	Jede Größe. Die Form spielt zum Anlocken von Kleinlebewesen keine Rolle. Ein Teich mit kurvenförmigen Uferkanten wirkt aber natürlicher.	Flach abfallende Uferböschung. Mindestens eine Uferseite bepflanzen. Natürliche Einfassung wie Steine, Kiesel, Gras.	Geschützte Stelle, wo der Teich natürlich wirkt und nicht wie von Menschenhand geschaffen.	Steile Böschungen mit alten Baumstämmen flacher gestalten. Keine Zierfische. Eine Bepflanzung wirkt natürlicher.
Zierfischteich	Größe der Wasseroberfläche bestimmt den Fischbesatz: bei Arten wie Goldfisch pro Fisch mindestens 0,2–0,3 qm. Alle Formen möglich.	Alle Materialien möglich. Barrieren für ungebetene Tiere schaffen, die ins flache Wasser waten können.	Günstig ist ein Platz mit leichtem Schatten, z. B. unter überhängenden immergrünen Pflanzen.	Stolperdrähte oder Netze können Räuber fernhalten. Für ein biologisches Filtersystem ist eine Außensteckdose notwendig.
Pflanzenteich	Alle Formen und Größen möglich. Bei starkwüchsigen Pflanzen ist deren Platzbedarf zu berücksichtigen, auch im Hinblick auf die Wassertiefe.	Typische Uferpflanzen brauchen eine 45 cm tiefe Uferzone. Für Sumpfpflanzen ist ein speziell angelegtes Sumpfbeet notwendig.	Seerosen brauchen viel Sonne. Sie vertragen keine Wasserspritzer auf den Blättern, z.B. von einem Springbrunnen.	Fische vermeiden, da sie den Pflanzen schaden. Viele Pflanzen gedeihen besser in Pflanzkörben. Flachuferzone einbauen.
Formaler Teich	Geometrische Form und Größe zum Garten passend. Wasserfontäne darf nicht über Beckenrand spritzen.	Günstig sind Ziegel, Platten oder Holzplanken. Die Kante der Einfassung sollte leicht über das Wasser ragen, damit eine Schattenlinie entsteht.	Am besten in einem gepflasterten Bereich, z. B. Terrasse. Für Springbrunnen eine windgeschützte Lage wählen.	Die Bepflanzung auf wenige markante Exemplare oder klassische Seerosen beschränken. Seerosen von Springbrunnen fernhalten.

EINEN TEICH ANPASSEN

Ob man Stil oder Nutzen eines Teiches verändern kann oder nicht, hängt von einigen Umständen ab (siehe Kasten links): von der Uferbepflanzung über Teichform und -stil bis hin zur Wahl der Fische. Für anspruchsvolle Fischarten muss der Teich eine Wassertiefe von mindestens 1,5 m haben sowie zur Reinigung und Klärung eine leistungsfähige Filtersystemanlage. Mit neuen Pflanzen und Fischen wird ein Teich im Spätfrühjahr besetzt. Zuerst sollten sich die Pflanzen im Boden verwurzeln dürfen, dann folgen nach etwa vier Wochen die Fische.

EINEN KLEINEN TEICH REINIGEN

Grünes Wasser wird durch Algen verursacht, das bedeutet nicht, dass man den Teich leerpumpen und reinigen muss. Vielmehr bilden sich oft gerade nach der Reinigung und Neufüllung Algen wegen des Überangebots an Nährstoffen, die sich im Leitungswasser befinden. Zuverlässige Warnzeichen, ob der Teich zu reinigen ist, sind:

- Nur einige Pflanzen breiten sich auffällig stark aus; die Pflanzenvielfalt wird unausgewogen.
- Das Wasser hat das ganze Jahr über meistens graue Farbe, besonders im Sommer.
- Schwarzes Wasser im Winterhalbjahr deutet auf Zersetzung abgestorbener Pflanzenreste hin.
- Erschöpfte Fische kommen häufig an die Oberfläche und schnappen nach Luft.
- Entnimmt man mit einem Glas eine Wasserprobe, sind nur wenige lebende Insekten sichtbar.

Ein durchschnittlicher Gartenteich wird am besten zu Frühjahrsbeginn oder im Frühherbst gesäubert. Für die Reinigung eines Teiches mit einem Volumen von 9000 bis 14000 Liter benötigen zwei Personen etwa ein Wochenende. Hierfür sind Schutzkleidung und Handschuhe erforderlich sowie ein Übergangsquartier für die Fische – etwa saubere Plastikeimer, die mit Teichwasser gefüllt und mit einer Belüftung versehen sind. Pumpen Sie den Teich leer. Sobald der Wasserspiegel ausreichend gesunken ist, fangen Sie die Fische ein, die Sie in die Behälter tun.

Nehmen Sie nun die Teichpflanzen heraus, die in Pflanzkörben wachsen oder im Schlamm auf dem Grund wurzeln. Diese teilen Sie wie Stauden (vgl. Seite 206–207) und setzen die gesündesten und jüngsten wieder ein. Da sich die Pflanzkörbe mit der Zeit verziehen, müssen Sie manche vermutlich ersetzen und mit Teicherde füllen. Danach müssen Sie mit Eimern den Schlamm auf dem Teichgrund entfernen; Sie können ihn auf leere Beete kippen – bringen Sie aber vorher Molche und Frösche in Sicherheit. Leihen Sie einen Hochdruckreiniger, um die Teichfolie gründlich zu reinigen.

Die meisten Geräte werden elektrisch angetrieben – Sie benötigen also eine Außensteckdose und einen Wasseranschluss. Nach der Reinigung pumpen Sie den Teich erneut leer und reparieren ggf. alle undichten Stellen (siehe unten). Im Anschluss füllen Sie den Teich mit Leitungswasser. Die Fische können frühestens nach drei Tagen ins Wasser zurück, denn das im Wasser angereicherte Chlor sollte zuerst verdunsten. Um zu verhindern, dass das Teichwasser nach der Reinigung durch Algen rasch wieder grün wird, können Sie z. B. wasserreinigende Pflanzen hinzufügen. Außerdem sollten Sie auf eine ausgewogene Vielfalt der Teichpflanzen achten.

UNDICHTE STELLEN

Wenn der Wasserstand in Ihrem Teich sinkt, kann dies an einem Wasserspiel oder an einem Leck liegen. Wird etwa ein Wasserspiel über eine Pumpe betrieben, so schalten Sie die Pumpe ab, und beobachten Sie, ob der Wasserpegel weiterhin fällt. Ist für eine starke Fontäne ein Teichbecken zu klein, dann spritzt das Wasser über den Teichrand – besonders bei Wind. Ebenso kann durch schlecht gebaute Bachläufe Wasser verloren gehen.

Sollte der Verursacher nicht das Wasserspiel sein, müssen Sie nach undichten Stellen suchen. Teichfolien können durch Steine oder scharfkantige Pflanzkörbe verletzt werden. Handhaben Sie diese vorsichtig, oder verwenden Sie flexible Pflanzsäcke. Formfeste Teichbecken, z. B. aus glasfaserverstärktem Kunststoff, können unter Spannung brechen – wenn man etwa darauf tritt oder es nicht

▽ **HOLZPLATTFORM**
Das Umfeld des Teiches sollte ebenso sorgfältig geplant werden wie der Teich selbst. Diese Plattform aus Holzplanken ist ein reizvoller Platz, um das Leben und Treiben im Wasser zu beobachten.

▷ **TEICH-QUERSCHNITT**
Dieser Folienteich hat links zwei Uferzonen: eine für Flachwasser-Pflanzen und eine für Sumpfpflanzen. Rechts verdecken überstehende Gehwegplatten die Teichfolie und verhindern, dass sie durch Sonnenlicht spröde wird.

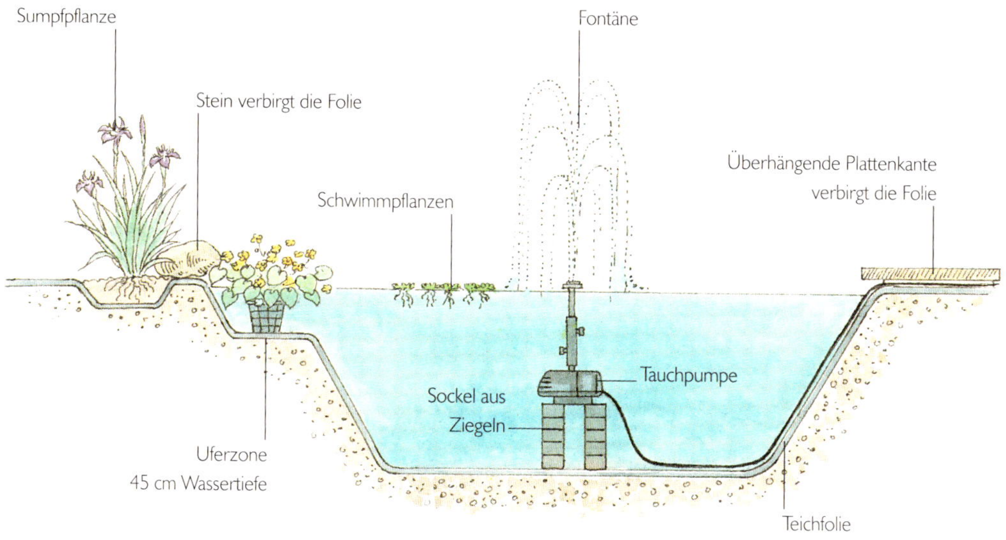

▽ **TRAUMHAFT**
Wählen Sie für solch eine hohe, mehrstufige Fontäne einen windgeschützten Platz und dunklen Hintergrund.

sorgfältig in den Boden eingelassen ist. Meist liegen undichte Stellen in Höhe des Wasserspiegels, sodass der Teich nicht völlig leer gepumpt werden muss.

Teichfolien aus Polyäthylen oder PVC sind preiswert. Ist das Material durch Alter oder Sonneneinstrahlung spröde geworden, so lohnt sich eine Ausbesserung nicht. Im anderen Falle kann man PVC-Folie mit Spezialflicken reparieren.

Kautschuk-Teichfolie ist deutlich teurer, hält aber sehr lange. Doch auch hier kann ein Loch auftreten. Säubern und trocknen Sie die schadhafte Stelle gründlich, die Sie dann mit dem passenden Folienflicken und Kautschukkleber verdichten.

Löcher in Teichbecken aus glasfaserverstärktem Kunststoff können Sie mit einem speziellen Reparaturset ausbessern, das im Fachhandel erhältlich ist, wie übrigens die oben genannten Reparatursets auch.

Einzelne Risse in Betonbecken werden mit wasserfestem Mörtel abgedichtet. Sind viele Risse vorhanden, muss die Teichwand fachgerecht versiegelt werden. Undichte Stellen in einem naturnahen Teich mit Lehmgrund können durch Pflanzenwurzeln entstehen. Hier muss das Teichbett sachgerecht mit einer Lehmschicht ausgekleidet werden. Lassen Sie diese Arbeit eher vom Fachmann ausführen.

EINEN GROSSEN TEICH REINIGEN

Das Reinigen eines großen Teiches ist schwierig. Eventuell sind hierzu Fachleute mit Spezialausrüs-

◁ **FORMALE ANLAGE**
Die Bepflanzung muss zum Stil des Teiches passen. Dieses formale Wasserbecken wirkt klassisch durch weiße Seerosen, die Buchseinfassung und die Symmetrie des Kübel-Arrangements.

tung notwendig. Wenn dies Ihr Budget übersteigt, so wenden Sie sich an einen örtlichen Naturschutzverband, der sich mit Gewässerschutz befasst.

Ein Fachmann wird zunächst den Teich besichtigen, ehe er ein Angebot abgibt. Halten Sie für diesen Fall einige Daten bereit – etwa Volumen und größte Tiefe des Teiches, denn solche Aufträge können sich an der Teichgröße orientieren. Ermitteln Sie zunächst die Wasseroberfläche (Breite x Länge) in Quadratmetern und die Wassertiefe in Metern und berechnen Sie dann das Volumen in Liter nach der Formel: Oberfläche x Tiefe x 1000. Sollte die Wassertiefe variieren, dann errechnen Sie zuerst die Durchschnittstiefe. Die Fläche eines runden Teiches ergibt sich aus der Formel: Radius x Radius x 3,14 (der Radius entspricht der Hälfte des Kreisdurchmessers). Ist die Teichform unregelmäßig, dann zeichnen Sie auf kariertes Papier grob die Umrisslinien; diese Flächenform teilen Sie in mehrere leicht zu berechnende Einzelflächen auf.

Sollte der Einsatz von schwerem Gerät erforderlich sein, so wird vermutlich in Ihrem Gartengelände viel Unordnung entstehen. Andere geplante Bau- und Pflanzmaßnahmen sollten Sie daher aufschieben, bis die Teicharbeiten abgeschlossen sind.

PUMPEN

Moderne Pumpen müssen in der Regel weniger gewartet werden als ältere Modelle, daher kann es lohnend sein, eine alte Pumpe durch eine neue zu ersetzen. Sie haben die Wahl zwischen Oberflächen- und Tauchpumpen. Lassen Sie sich gründlich beraten, und achten Sie beim Kauf auf VDE- und GS-geprüfte Geräte. Pumpen muss man in der Regel jährlich reinigen – am besten vor Einbruch des Winters. Beachten Sie hierbei stets die Hinweise des Herstellers. Betreibt die Pumpe eine Filteranlage für die Fische, ist ein Zweitgerät ratsam, das in einem Störfall eingesetzt werden kann.

SICHERHEIT GEHT VOR

Teiche bergen mögliche Gefahren, die zu berücksichtigen sind und denen es vorzubeugen gilt. Sicherheitsmaßnahmen sollten aber nicht die Freude an dem Teich beeinträchtigen.

Ein Hauptrisiko ist das Ertrinken. Kinder unter drei Jahren sind besonders gefährdet, ebenso könnten ältere Menschen durch einen Fehltritt ins Wasser fallen. Achten Sie daher auf Stolperfallen. Wird der Garten am Abend benutzt, sollten die Teichkanten gut beleuchtet sein. Die Einfassungen müssen stets frei von rutschigen Moosen und Algen sein. Für mehr Sicherheit sorgt ein stabiles Baugitter als Teichabdeckung (Bild unten).

Auch batteriebetriebene Alarmgeräte im Wasser sind denkbar; fällt eine Person ins Wasser, löst das Gerät Alarm aus – ist niemand in Hörweite, so ist es wertlos. Man muss zudem die Batterien regelmäßig kontrollieren und bei Bedarf erneuern. Ein Zaun z. B. kann die Sicherheit ebenfalls erhöhen, sofern er für Kinder keine Schlupflöcher bietet oder ihnen als Klettergerüst dienen kann.

AUSGEDIENTE BAUELEMENTE

Besitzen Sie einen Garten mit Swimming Pool oder Tennisplatz, der unwillkommen bzw. in schlechtem Zustand ist? Oder gibt es eine störende Fundamentplatte? Es ist kostspielig, solche Elemente entfernen zu lassen, aber man kann sie leicht mit etwas Kreativität zweckentfremden.

Nehmen wir an, Sie sind nicht glücklicher Besitzer eines großen Schwimmbeckens und möchten es gerne beseitigen, um Bodenfläche zurückzugewinnen. Solch eine aufwändige Maßnahme ist teuer. Zum einen hinterlässt das Becken ein riesiges Loch, das Tonnen von Schotter, Unterboden und Muttererde schluckt, und zum andern fallen hohe Kosten für Maschinen- und Arbeitszeiten an. Meistens liegen jedoch kreative Lösungen näher.

SCHWIMMBECKEN

Sind Sie entschlossen, das Schwimmbecken zu beseitigen, muss die Grube vielleicht gar nicht ganz aufgefüllt werden, sondern nur teilweise. Dies ist billiger, und Sie erhalten dadurch eine interessante Bodenabstufung. Auch die Bildung von verschiedenen Terrassenebenen ist eine Möglichkeit. Einige Ebenen mögen größere Pflasterbereiche aufweisen, die als Sitzplatz dienen. Andere hingegen können Sie jeweils

▷ **PERGOLA-DACH**
Eine Konstruktion wie diese Holzpergola verwandelt die Atmosphäre in einem geschlossenen Becken. Es verändert auch das Mikroklima, besonders wenn hier Pflanzen ranken, die Schatten spenden und einen gewissen Schutz vor Frost bieten.

zu einzelnen Zonen mit individueller Bepflanzung gestalten, denn hier finden Pflanzen mit unterschiedlichen Bodenansprüchen Platz (vgl. Seite 92–97).

Versunkener Garten. Eine völlig andere Möglichkeit für eine ungewöhnliche Anlage: Verwenden Sie das wasserdichte Becken für einen Teich und ein zusätzliches Sumpfbeet. Weist das Becken ein Gefälle auf, so legen Sie den Teich am besten im tiefen Bereich an, zu dem ein Steg vom flachen Beckenrand hinführt. Nach Fertigstellung fügen Sie das Sumpfbeet hinzu (siehe Seite 92–93). Oder Sie bauen eine Plattform oder einen Laufsteg am Rand entlang, ausgehend vielleicht von einer Trittleiter, die ins Becken hinab führt. Oder gestalten Sie einen Skulpturengarten mit einer Art Theaterbeleuchtung, sodass die Figuren und Beckenstufen angestrahlt werden.

Verändern. Um ein Schwimmbecken anders zu nutzen, werden gewisse Umbauten meistens nicht zu vermeiden sein. Vielleicht verrät ein blauer Beckenanstrich den einstigen Zweck. Ist eine Kunststoffhülle vorhanden, muss diese vollständig entfernt werden. Bei Betonflächen hingegen ist ein neuer Anstrich einfach – etwa in einem gedämpften Braun, Creme-Ton oder Grau oder in irgendeiner anderen, zum Garten passenden Farbe.

Häufig ist auch im niedrigen Beckenbereich der Bau einer Treppe mit etwa sieben Stufen als Zugang erforderlich. Am besten sind Zement- oder Natursteinstufen, denn Holz und Ziegel werden allzu leicht rutschig.

Ein solch tiefes Loch stellt aber auch eine Gefahr dar. Wird das Schwimmbecken in einen Terrassengarten umgewandelt, sollten Sie möglichst rund um das Becken eine sichere Ebene einplanen, die einen Sturz sanft gestaltet – oder Sie zäunen den gesamten Bereich ein.

△ **MODERNER STIL**
Das Problem mit einem ausgedienten Wasserbecken wurde hier modern gelöst durch architektonische Elemente – Trittsteine aus Natursteinen, ein Steg aus Holzplanken und ein rechteckiger Pflanzbehälter mit Dickblattgewächsen, einer Sedum-Art.

Bepflanzen. In einer so großen, geschützen Senke wird sich ein mildes Mikroklima entwickeln. Nutzen Sie den Vorteil für sich und zu einer Anlage mit empfindlichen Pflanzen. Selbst Pflanzen, die in Ihrer Region nur bedingt winterhart sind, werden hier gedeihen.

Schwimmbecken liegen gewöhnlich in einem sonnigen Gartenteil, sodass hier auch ein Sitzplatz angenehm wäre. Wird es zu heiß, können Sie den Bereich teilweise mit einem Sonnensegel oder einer berankten Pergola schattieren. Oder Sie pflanzen einen Feigenbaum in einen großen Kübel und genießen den aromatischen Duft der Blätter. Fügen Sie weitere Duftpflanzen hinzu wie Zistrose, Lavendel, Rosmarin sowie Ziertabak- und Levkojen-Arten (vgl. Seite 74–75), die abends duften.

TENNISPLATZ

Mit den typischen Maßen 36 x 18 m nimmt ein Tennisplatz eine große Fläche ein. Vielleicht können Sie einen Teil unverändert als Spielfläche nutzen oder zum Herumtoben oder als Gehege für Kleintiere. Ebenso mag hier eine Sammlung spezieller Pflanzen wie Zitrusbäumchen in großen Kübeln einen Standort finden und dazu ein Gewächshaus

△ **TROCKENGARTEN**
Dieser schöne Trockengarten war einmal ein alter Tennis-Sandplatz. Die Umgrenzung verbergen üppige Pflanzen wie Rosen und Weinrebe, die eine abgeschiedene Atmosphäre schaffen wie in einem »geheimen Garten«.

für die Wintermonate. Die Verwendung richtet sich letztlich jedoch nach dem Oberflächenbelag, der bei älteren Tennisplätzen Rasen oder Ziegelmehl ist und bei neueren Asphalt oder Beton etwa.

Rasen oder Wiese. Aus einem begrünten Tennisplatz mag ein Rasen entstehen, umgeben von einer Hecke oder Rankgittern sowie Rabatten – oder man lässt eine Wildblumenwiese wachsen (siehe Seite 108–109).

Welche Wahl Sie auch treffen – berücksichtigen Sie auch die Wirkung von außen. Lockern Sie die strengen Linien durch Gehölzbeete mit üppigen immergrünen Pflanzen auf.

Kiesgarten. Ziegelmehl ist eine ungewöhnliche Bepflanzungsfläche. Bleibt sie sich selbst überlassen, wird sich hier eine Kolonie von interessanten Pflanzen ansiedeln, die leichte, sandige Böden mögen. Solch einen Asphalt- oder Sandplatz aus Ziegelmehl können Sie in einen Kiesgarten verwandeln. Auf Asphalt müssen Sie allerdings Hochbeete anlegen und diese mit geeigneter Pflanzerde füllen. Die Bereiche dazwischen erhalten einen Kiesbelag. Bei Ziegelmehlflächen trägt man in den geplanten Abschnitten die oberste Schicht ab, füllt Pflanzsubstrat auf, pflanzt die geeigneten Arten ein und deckt alles mit Kies ab. Fundstücke wie Treibholz, Natursteine oder Metallobjekte wirken hier gut (vgl. Seite 168–169).

Gartenraum. Nutzen Sie die abgesonderte Lage eines Tennisplatzes, und gestalten Sie daraus einen Gartenraum eigener Prägung oder für spezielle Zwecke. Möglich ist ein Knoten- oder Blumen-Parterre, formal geometrisch angelegt, mit ornamentalen Mustern aus Buchshecken, Kräutern oder Blumen oder gemischt (vgl. Seite 172–173). Auch ein formaler Küchengarten mag reizvoll sein, wobei der Tennisplatzzaun Spalier- oder fächerförmig gezogene Obstbäume stützt.

Vielleicht möchten Sie nach dem Vorbild berühmter englischer Gärten wie Sissinghurst den »Raum« für ein hinreißendes Ensemble verwenden, das mit ausgesuchten Pflanzen oder nach einem Farbthema gebildet ist. Ein »geheimer Garten« kann hinter Hecken oder Gitterwerk versteckt werden. Dies mag ein beschaulicher Grünbereich mit einem stillen Teich zur inneren Einkehr sein oder ein romantischer Zufluchtsort mit einer Bank an jedem Ende und Wegen, die sich im Zentrum unter einer Rosenlaube kreuzen, und einem hübschen Gartenhaus.

»Grünzaun«. In der Regel ist die Tennisplatzumzäunung aus Maschendraht und 3–4 m hoch. Er bietet sich als Rankgerüst für Kletterpflanzen direkt an, sodass eine Mischung aus Zaun und Hecke entsteht. Kletterpflanzen wie Waldrebe oder Jasminartiger Nachtschatten bilden im Sommer eine »Blütenwand«. Für einen immergrünen Sichtschutz eignet sich Efeu – entweder Sorten mit dunkelgrünen Blättern und verschiedenen Blattformen oder panaschierte Sorten, die eine Mischung aus Grün, Creme und Gelb bieten.

▷ **PFLANZENGALERIE**
Markante Blattpflanzen wie diese Scheinakazie kommen vor der blassgrauen Betonwand des ehemaligen Schwimmbeckens gut zur Geltung. Der einfache Kiesbelag wirkt attraktiv, muss aber regelmäßig gesäubert werden.

BETONFUNDAMENT

Ungenutzte Betonfundamente sind hässlich anzusehen. Manche glauben, sie durch Rollrasen oder eine dünne, bepflanzte Erdschicht verstecken zu können. Aber die erste Trockenperiode lüftet das Geheimnis – das Gras wird braun bzw. die Pflanzen sterben ab. Wer solch ein Element vorfindet, hat zwei Möglichkeiten: es zu entfernen oder als Basis für ein Gartenhaus zu verwenden oder für ein dekoratives Objekt, das den Garten prägt.

Ist das Fundament sehr tief oder aus Stahlbeton, sind Maschinen zur Beseitigung notwendig. Wollen Sie selbst mit einem Presslufthammer den Beton beseitigen, müssen Sie sich darüber im Klaren sein, wie schwer die Arbeit ist, und dass hierfür zusätzlich gewisse Schutzkleidung ratsam ist; und im Anschluss müssen Sie die Betonteile wegräumen. Daher mag es einfacher sein, eine Baufirma damit zu beauftragen.

Ehe Sie solche Arbeiten starten, sollten Sie zuvor einige Möglichkeiten überdenken. Sie können beispielsweise die Betonfläche mit einem Holzboden abdecken oder für eine Terrasse nutzen (vgl. Seite 200–201) oder an den Seitenkanten Mauern hochziehen, um ein erhöhtes Wasserbecken zu gewinnen oder um ein Hochbeet anzulegen für Pflanzen mit speziellen Bodenansprüchen. Überlegen Sie, wie sich solche Lösungen in den Garten einfügen lassen. Ist die Fläche groß und sonnig genug für eine Terrasse? Würde ein Hochbeet ins Bild passen? Sie können das neue Gartenelement mit Hilfe von Pflanzen in seine Umgebung einbeziehen oder aber durch einen Sichtschutz abgrenzen (vgl. Seite 60–61). Für einige Lösungen werden Sie eine Baufirma hinzuziehen müssen – vielleicht auch zur Bodenerneuerung nach der Beseitigung des Fundamentes und zum Verlegen eines Fertigrasens.

Laube oder Pergola. Eine attraktive Lösung ist der Bau einer Laube oder einer Pergola. Dazu muss man in die Ecken Löcher für die Pfosten bohren und vielleicht den Bereich pflastern, um eine dekorative Fläche zu erhalten. Prüfen Sie zuerst, ob das Fundament für die geplante Konstruktion genügend groß ist. Diese kann auch etwas kleiner sein als das Fundament, sodass ein umlaufender Sockel oder eine Stufe an der Vorderfront entsteht. Auf diese Weise gewinnen Sie Platz für Pflanzkübel oder einfache Sitzplätze.

Hochbecken. Steht in Ihrem Garten das Fundament eines alten Schuppens zum Beispiel, kann es die ideale Ausgangsbasis für ein Wasserbecken sein. Liegt es geschützt, nahe des Hauses, so mag daraus sogar ein beheizbares Badebecken oder ein holzverkleideter Whirlpool entstehen.

Wenn Sie die rechteckige Grundform des Schuppens übernehmen, harmoniert das Becken gut mit einer formalen oder einer modernen, geradlinigen Gartenanlage. Für Seitenwände bieten sich verschiedene Materialien an, von Ziegelsteinen mit einer klassischen Mauerkrone über Eisenbahnschwellen mit einer Verkleidung aus Kautschukfolie bis hin zu wasserdichten Betonblöcken, die für einen minimalistischen Eindruck sorgen. Im Zweifelsfall sollten Sie die Materialien auf die im Garten verwendeten abstimmen oder den Stil Ihres Hauses.

Hochbeet. Wenn der Bodenyp Ihres Gartens Ihre Pflanzenauswahl einschränkt, ist ein Hochbeet ideal, um viele neue Pflanzen mit unterschiedlichen Bodenansprüchen einzuführen.

Idealerweise liegt ein Hochbeet im lichten Schatten und bekommt etwas Wind. Bauen Sie niedrige Wände aus Ziegelsteinen oder Stammholz, und füllen Sie das für die jeweiligen Pflanzen geeignete Substrat ein (vgl. Seite 92–97). Eine Möglichkeit ist ein alpiner Garten, der Sonne, Sandboden und gute Drainage benötigt. Wenn es zum Stil Ihres Gartens passt, sind Trockenmauern für Gebirgspflanzen ideal. Einige Steine können Sie auch halb in die Beeterde eingraben, sodass weitere Nischen für kleine Pflanzen entstehen. Setzen Sie die Steine leicht geneigt in den Boden, damit Regenwasser schnell abfließen kann.

▽ **FORMALER TEICH**
Ein Betonfundament ist die ideale Basis für ein formales Wasserbecken. Eine Formschnitthecke aus Buchsbaum, die das Becken umgibt, verstärkt die quadratische Form.

GARAGE AUFWERTEN

Übliche Garagen wirken wie ein Klotz in der Landschaft – ein sperriger Zweckbau, ohne Spur von optischen Reizen. Es ist sonderbar, dass eine Garage bei einer größeren Gartenumgestaltung so oft unberücksichtigt bleibt. Dabei kann man sie leicht in die Gesamtanlage einfügen oder auf interessante Art anpassen.

▽ **MALERISCHE WAND**
Eine Garagenrückwand kann hässlich sein – aber nicht, wenn man sie als Hintergrund für Sträucher oder Kletterpflanzen benutzt. Immergrüner Feuerdorn ist so robust, dass er auch an kalten, schattigen Mauern gedeiht und trotzdem ganzjährig attraktiv wirkt. Hier sind zwei Sorten kombiniert, die Beeren in Gelb bzw. in Rot-Orange tragen.

Ist Ihre Garage in einem schlechten Bauzustand oder zu schmal für Ihr Auto, oder hat sie sogar ausgedient? Sofern Sie keine Garage benötigen, können Sie den Platz vielleicht für einen anderen Zweck verwenden. Eine feste, ebene Grundfläche dicht am Haus kann die Basis für eine Terrasse, einen Wintergarten oder ein Gewächshaus bilden. In geschützter Lage könnten Mittelmeerpflanzen oder exotische Wandsträucher gedeihen, die in Ihrer Gegend sonst kaum winterhart sind.

GARAGE OPTISCH EINGLIEDERN

Es ist gar nicht so schwierig, eine Garage in ihre Umgebung einzufügen. Garagenmauern, die dem Garten zugewandt sind, bieten herrliche Wandflächen für Kletterpflanzen. Wählen Sie eine starkwüchsigere Sorte, die hier ungehindert wuchern darf. Bergwaldrebe und ihre Unterarten blühen vom Spätfrühjahr bis zum Frühsommer, Geißblatt *(Lonicera japonica)* wie die immergrüne Sorte ›Hall's Prolific‹ trägt herrlich duftende Sommerblüten, und Jungfernrebe *(Parthenocissus-*Arten), sorgt zum Beispiel für ein prächtiges Herbstkleid.

Wer den formalen Stil liebt, kauft mehrere identische Gitterelemente – oder fertigt sie selbst an – und streicht sie in einer Farbe, die zur Garagenwand einen Kontrast bildet. Diese befestigt man in gleichen Abständen an der Wand. Daran lassen sich zwischen den Elementen Sträucher wie Feuerdorn *(Pyracantha)* oder Chinesische Scheinquitte formieren. Bei einer Doppelgarage mit zwei Toren können Sie zwischen diesen auch einen Blauregen hochziehen, der über das Dach wachsen darf.

Am Fuß der Garagenmauern mag es keine brauchbare Pflanzerde geben, dann verwenden Sie Pflanzkübel, oder Sie errichten Hochbeete. Die Belüftung der Garage darf aber dadurch nicht blockiert werden.

Steht die Garage separat und ist ohne Verbindungsweg zum Haus, so sollten Sie einen gepflasterten Weg anlegen, der sogar überdacht sein kann. Pflanzen sorgen für eine optische Verbindung. Wählen Sie robuste Arten, die es vertragen, wenn sie beim Vorbeigehen gestreift werden, wie zum Beispiel die Strauchveronika.

GARAGE ZWECKENTFREMDEN

Falls Sie keine Garage benötigen, lässt sich diese vielleicht für einen anderen Zweck anpassen. Manche Garagen sind so konstruiert, dass die Seitenwände herauszunehmen sind und die Eckpfosten mit dem Dach trotzdem stehen bleiben. Dadurch erhalten Sie eine geschützte Laube, die Sie mit duftenden Rosen, Geißblatt oder windendem Jasmin bepflanzen können. Suchen Sie den Rat eines Architekten, ob ein Umbau Ihrer Garage in dieser Form möglich ist.

Sofern ein ebener Gartenbereich stark gefragt ist, gewinnen Sie Platz, wenn Sie die Garage teilweise abreißen lassen – und zwar so, dass ein überdachter Bereich erhalten bleibt, den Sie als Topfschuppen oder Lager beispielsweise nutzen können. Überlegen Sie sich, wie groß die gewünschte Nutzfläche sein soll. Hier sollten Sie in jedem Falle einen Architekten zu Rate ziehen.

Den nicht ganz risikofreien Abriss muss ein erfahrener Fachmann bzw. eine entsprechende Firma sorgfältig durchführen, damit die verbleibenden Mauern nicht beschädigt werden. Die offenen Mauerkanten werden danach verputzt und mit Holzrahmen versehen, in den Sie eine Tür und ein kleines Fenster einsetzen können. – Ein Fachmann sollte übrigens auch einen Garagenumbau vornehmen.

CARPORT

Ein Teil der Einfahrt oder das Fundament einer abgerissenen Garage lässt sich häufig als überdachter Stellplatz nutzen, der einen Wetterschutz für das Auto und die Fahrgäste bietet. Solch ein Carport ist mehr als nur ein Dach auf vier Eckpfosten. Aus Sicht des Gärtners ist dieser genauso eine geschützte Pergola, an der viele Kletterpflanzen emporranken können.

Ein typischer Carport hat Metall- oder Holzträger. Diese Stützen sind wie geschaffen für Blauregen, Waldrebe, Geißblatt, Jasmin, Trompetenblume *(Campsis × tagliabuana)* und Kletterhortensie *(Hydrangaea anomala* subsp. *petiolaris)* zum Beispiel. An den Pfosten befestigen Sie Drähte oder Maschendraht, damit die Pflanzen einen Halt finden können.

Möchten Sie einen neuen Carport errichten, dann erkundigen Sie sich zuvor, ob eine Baugenehmigung erforderlich ist.

▽ **BLÜTENDACH**
Die starkwüchsige, laubabwerfende Bergwaldrebe begrünt sehr schnell einen unansehnlichen Carport. Die fallenden Blüten und Blätter können jedoch lästig sein. Ein immergrüner Kletterer macht weniger Arbeit.

◁ **ZWECKENTFREMDET**
Wenn Sie ohne Probleme eine Garagenwand herausnehmen können, gewinnen Sie wertvollen überdachten Platz, vielleicht für eine Werkstatt oder für einen Topfschuppen wie hier.

SCHUPPEN VERSCHÖNERN

Der Gartenerfolg hängt auch von einem gut durchdachten und vollständig ausgerüsteten Schuppen ab. Angesichts dieser wichtigen Rolle verwundert es, dass er so oft versteckt bzw. mit Gitterwerk getarnt wird. Mit etwas Fantasie kann man sogar die meisten Bausatz-Modelle in eine attraktive »Gartenhilfe« verwandeln.

△ **EINGEFÜGT**
Ein großer Schuppen kann als Stütze für Kletterpflanzen dienen, die ihn zugleich optisch mit seiner Umgebung verschmelzen lassen. Diese Aufgabe erfüllen hier Kletterrosen und Duftwicken sehr gut.

Ein Gartenschuppen beherbergt Gartengeräte, Pflanztöpfe und Werkzeug. Überdacht und vielleicht beleuchtet, dient er als Stauraum, Gartenwerkstatt und -arbeitsplatz – und oft als willkommener Rückzugsort. Doch wie lässt er sich als Teil einer Gartenanlage gestalten?

DER STANDORT

Erscheint Ihnen der vorhandene Schuppen merkwürdig gelegen, suchen Sie zuerst nach den Gründen hierfür, ehe Sie sich für einen Standortwechsel entscheiden. Vielleicht versteckt er eine hässliche Mauer oder bildet einen Rückzugswinkel. In einem lang gestreckten Garten erspart ein Schuppen auf halber Strecke viel Zeit und Wege, vor allem, wenn im hinteren Bereich der Obst- und Gemüsegarten liegt. Gegebenenfalls sollte er in Nähe des Hauses sein, falls ein Stromanschluss verlegt werden soll.

DER ALLGEMEINZUSTAND

Der zweite wichtige Punkt ist der Zustand des Schuppens. Seine Haltbarkeit hängt von der Qualität des Baumaterials und der Bauausführung ab. Prüfen Sie die Türe. Klemmt sie? Ölen oder ersetzen Sie eventuell Scharniere und Türschloss. Ist der Schuppen entrümpelt, springen Sie zur Kontrolle der Stabilität in der Mitte mehrmals auf dem Fußboden hoch und drücken dann gegen Dach und Wände. Wenn das Holz auf Druck nachgibt, ist der Schuppen unsolide gebaut. Große Astlöcher und Risse bzw. Lücken in den Brettern schwächen das Holz und sollten frühzeitig repariert werden, um Problemen vorzubeugen.

Soll der Schuppen als Werkstatt oder zum Umtopfen dienen, benötigen Sie Platz für eine Werkbank oder Arbeitsplatte und genügend Kopffreiheit. Sinnvoll kann auch eine elektrische Beleuchtung sein – innen wie außen. Die Installierung sollte jedoch ein Fachmann vornehmen.

Ist Ihr Garten sehr klein, und Sie benötigen den Platz des Schuppens für einen anderen Zweck, können Sie ihn verkaufen oder abreißen und das Holz anderweitig verwenden. Bleibt ein Betonfundament zurück, so lässt es sich vielseitig nutzen (vgl. Seite 156–157). Werkzeuge und Geräte müssen dann in der Garage oder im Keller aufbewahrt werden – oder Sie kaufen zur Unterbringung ein Platz sparendes Modell für den Garten – etwa eine Truhe, die zugleich als Bank dient, oder einen Schrank.

SCHUPPEN OPTISCH EINFÜGEN

Ihr Schuppen mag unter praktischen Gesichtspunkten optimal sein, sich aber optisch schlecht in das Gesamtbild des Gartens einfügen. Hier können Pflanzen sehr gut helfen – Kletterer etwa wie Rosen und Waldrebe. Sie sollten sie aber nicht frei wuchern lassen, sondern an einem Rankgerüst hochziehen. Befestigen Sie zuerst Holzleisten an der Schuppenwand und darauf das Gerüst. Vielleicht passt aber eine Rankhilfe aus rustikalen Stangen besser zum Gartenstil. Immergrüne Pflanzen wie Efeu, Kirschlorbeer oder Ilex bedecken den Schuppen ganzjährig, müssen aber regelmäßig geschnitten werden.

Ein Schuppen im Gemüsegarten kann mit Erbsen oder Feuerbohnen berankt werden, oder Sie ziehen an der Wand Spalierobstbäume. Zusätzlich oder anstelle von Kletterpflanzen sind auch kleine Sträucher möglich oder Kübelpflanzen, die Sie rund um den Schuppen aufstellen können.

◁ **BEMALT**
Schablonenmalerei verleiht dem einfachsten Holzschuppen künstlerischen Reiz wie hier durch den Effekt eines einfaches Ziegelmusters.

▽ **SCHLICHTER STIL**
Weiß gestrichene Wände, blaue Windbretter und Kästen mit rosa blühendem Fleißigen Lieschen lassen den Schuppen wie ein Sommerhaus wirken.

SCHUPPEN VERSCHÖNERN

Ein wetterfester Anstrich mit Farbe oder Holzlasur belebt einen Schuppen. Oder verwandeln Sie ihn in eine Art Fantasiehäuschen. Die Gestaltungsmöglichkeiten sind fast unendlich und reichen vom gestreiften Badehäuschen bis hin zu gotischem Zierwerk wie Zinnen und Spitzbogenfenster.

Wenn der bestehende Schuppen für eine Werkstatt zu klein sein sollte und Sie Kinder haben, kann er in ein Spielhaus verwandelt werden. Lassen Sie die Kinder bei der Gestaltung mitwirken. Vielleicht wünschen sie sich ein Pfefferkuchenhaus, ein Klubhaus oder gar ein Bahnwärterhäuschen oder irgendetwas anderes.

DACH REPARIEREN

Eines der ersten Teile, die bei einem Schuppen Schaden nehmen, ist in der Regel das Dach. Dachpappe kann verrotten. An den Nägeln, mit denen sie befestigt ist, kann Wasser eindringen. Es gibt Dachpappen in verschiedenen Stärken. Für einen Schuppen genügt eine Qualität, die pro 10-m-Rolle etwa 20–38 kg wiegt. Sie wird mit Breitkopfnägeln, jeweils im Abstand von 10 cm, befestigt. Falls nicht vorhanden, bringen Sie zudem eine Dachrinne am Schuppen an, sie hilft, vor Holzfäulnis zu schützen.

GEWÄCHSHAUS BELEBEN

Ein stark vernachlässigtes Gewächshaus ist hässlich, nutzlos und oft gefährlich, ein gut gepflegtes und erhaltenes Glashaus hingegen von hohem Wert. Sie können hier aus Samen billig Pflanzen ziehen, sie vor dem Aussetzen abhärten oder Gemüse halten, das im Freien nicht reift – so etwa Tomaten.

Die Arbeit im Gewächshaus kann man zwar einerseits auf ein Minimum beschränken (siehe Kasten), aber andererseits muss man die Pflanzen regelmäßig bewässern und auf Schädlinge und Krankheiten hin untersuchen. Wenn Sie also sehr wenig Zeit haben, wird ein Gewächshaus nicht viel Nutzen bringen.

DER RICHTIGE STANDORT

Die Lage spielt eine große Rolle. Gewächshäuser brauchen Licht, aber nicht zu viel direkte Sonne. Ideal ist eine Ausrichtung von Ost nach West. Es sollte auch bei schlechtem Wetter zugänglich sein sowie Raum bieten, um Pflanzen vor dem Aussetzen abzuhärten. Nah dabei sollte ein Wasserhahn sein, da die Pflanzen im Gewächshaus regelmäßig bewässert werden müssen. Ferner kann ein Stromanschluss für die Beleuchtung und Heizung wichtig sein. All dies ist zu bedenken.

△ **ANTIQUITÄT**
Solch ein schönes altes Gewächshaus lässt sich so restaurieren, dass es wieder uneingeschränkt benützt werden kann. Holen Sie sich aber Rat bei einem Spezialisten oder einem Verein für historische Gärten.

Nicht ratsam ist die Nähe eines Spielbereichs für Kinder. Ausladende Bäume neben dem Gewächshaus sind ebenfalls ungünstig – sie lassen zu wenig Licht durch, und der Laubfall kann lästig werden.

STANDORTWECHSEL

Steht ein Gewächshaus am falschen Platz, lässt es sich abbauen und versetzen. Ein Standortwechsel kann auch notwendig werden, wenn das Fundament beschädigt oder Feuchtigkeit ins Holz eingedrungen ist. Nehmen Sie zuerst die Glasscheiben vorsichtig heraus, dann zerlegen Sie das Gerüst, doch beschriften Sie zuvor die Teile, damit Sie diese später leichter zusammenbauen können.

Der neue Standort muss eingeebnet und verdichtet sein. Verwenden Sie Ziegelsteine auf einem Schotterfundament als Sockel – oder kaufen Sie für ein Aluminium-Gewächshaus einen Metallsockel. (Beachten Sie genau die Umrissmaße des Gewächshauses.) Aufsteigende Feuchtigkeit kann in Gewächshäusern aus Holz ein Problem sein, legen Sie deshalb ein PVC-Band oder Bitumen zwischen Rahmen und Sockel zur Isolierung.

RAHMEN PFLEGEN UND AUSBESSERN

Aluminiumrahmen brauchen keine Pflege, doch Holzrahmen müssen überprüft werden – sie können faulen oder vom Holzwurm befallen sein. Holz fault meistens, wenn es mit dem Erdboden in Berührung kommt, wo Feuchtigkeit aufsteigt, oder wenn Dachrinnen undicht sind. Beseitigen Sie zuerst die Ursache, dann sägen Sie das schadhafte Holzteil aus und ersetzen es durch behandeltes Weichholz oder ein widerstandsfähiges Holz wie Zeder. Wenn das Holz bröselt oder kleine Löcher mit Sägemehl zeigt, ist es vom Holzwurm befallen. Sägen Sie die betroffenen Teile aus, und behandeln Sie den übrigen Bereich mit einem Holzwurmvernichtungsmittel.

Sind keine Dachrinnen vorhanden, sollten Sie welche anbringen – mit Fallrohr und dazu eine Regentonne. Vergessen Sie beim Reinigen die Dachrinnen nicht. Ein vorhandenes Innenbeet wird mit einem Garten-Desinfektionsmittel gereinigt. Nach Abschluss aller Reparaturen räuchern Sie das Gewächshaus aus.

◁ BLICKFANG
Die Waldrebe, die einen Metallbogen berankt, und die beiden symmetrischen Buchsbaum-Kugeln gestalten das gewöhnliche Gewächshaus zur wahren Augenweide.

◁ FUNKTIONALER STIL
Gewächshäuser aus Aluminium lassen sich optisch nicht gerade leicht in einen Garten integrieren. Doch dieses passt hervorragend in das Zentrum eines abgeschirmten, funktionalen Gemüsegartens.

GLAS REINIGEN UND ERSETZEN

Verschmutztes Glas wird mit einer weichen Bürste und warmem Wasser mit Flüssigreiniger – oder mit einem Spezialreinigungsmittel – gesäubert und danach mit klarem Wasser abgespült. Schmutz zwischen überlappenden Glasscheiben lässt sich mit einem Kunststoffspatel z. B. herauskratzen. Defektes oder trübes Glas wird durch entsprechendes Gartenbauglas ersetzt.

Zum Entfernen einer Glasscheibe lösen Sie die Klammern und heben die Scheibe heraus. Bei älteren Gewächshäusern aus Holz sind die Scheiben mit Kitt eingesetzt, den man mit einem Messer lösen kann.

AUSRÜSTUNG

Regale vergrößern die Nutzfläche. Für Aluminiumgewächshäuser werden im Handel Systeme angeboten, die mit dem Gewächshausrahmen verschraubt werden. Regale für ein Holzgewächshaus können Sie selbst bauen.

Damit im Sommer das Gewächshaus nicht zu heiß wird, tragen Sie eine Schattierfarbe auf. Im Winter isolieren Sie es mit einer Luftblasenfolie vor der Kälte. Um Pflanzen zu überwintern, ist eine Mindesttemperatur von 5–7°C nötig, die Sie am besten mit Hilfe einer speziellen Gewächshaus-Heizung erreichen. Anstatt sich auf den Thermostaten zu verlassen, sollten Sie die Temperatur mit einem Minimum-Maximum-Thermometer kontrollieren.

MINIMALES GÄRTNERN IM GEWÄCHSHAUS

Finden Sie ein intaktes Gewächshaus vor, können Sie darin einjährige Sommerblumen aus Samen heranziehen und so für eine Vielzahl an Jungpflanzen für Beete, Rabatten und Kübel sorgen. Ebenso ist der Kauf von Stecklingen frostempfindlicher Stauden viel billiger als im Frühsommer die ausgewachsenen Stauden für Randbeete oder Pflanztöpfe zu erwerben; die Jungpflanzen lassen sich problemlos im Glashaus groß ziehen. Die beliebten Tomaten sind pflegeleicht, wenn man sie regelmäßig gießt und düngt. Auch Zimmerpflanzen gedeihen im Gewächshaus besser, und viele von ihnen können Sie ins Haus holen, wenn sie blühen. Empfindliche Terrassenpflanzen in Kübeln überwintern ab Herbst im Gewächshaus.

WINTERGARTEN NUTZEN

Ein Wintergarten ist ein einzigartiger Raum – ein fließender Übergang zwischen Haus und Garten. Im Vergleich zur Terrasse bietet er als geschlossener Bereich ganzjährig Platz zum Wohnen oder Essen. Oder man nutzt seine Wärme und das Licht für eine exotische Pflanzenvielfalt.

Ein Wintergarten kann entweder für Menschen oder für Pflanzen gestaltet sein. Beides zu vereinen ist ohne Zugeständnisse kaum möglich. Legen Sie daher fest, was für Sie Vorrang hat, ehe Sie sich zu weiteren Schritten entscheiden.

DIE LAGE

Übernehmen Sie einen Wintergarten, so steht die Ausrichtung schon fest; doch bei der Pflanzenwahl ist die Himmelsrichtung zu berücksichtigen. Im Idealfall ist ein Wintergarten nach Osten oder Westen gerichtet, da diese Lage weder im Sommer noch im Winter zu extremen Temperaturen führt. Nach Süden liegende Wintergärten können im Sommer unerträglich heiß werden – für Menschen wie für Pflanzen. Ein nach Norden weisender Wintergarten hingegen ist zwar im Sommer angenehm, wirkt aber im Winter gerne düster und kalt. Auch kann das geringere Licht exotische Pflanzen am Blühen hindern, während Blattgewächse gut gedeihen.

▽ **ZUM WOHNEN**
Ähnliche Bodenfliesen bilden den Übergang vom Wohnzimmer zum Wintergarten, der eindeutig zum Bewohnen gestaltet ist. Dennoch erfreut eine Gruppe von Kübelpflanzen beim Blick durch die großen Glastüren.

VERBINDUNG ZUM GARTEN

Viele Wintergärten sind so gestaltet, als gehörten sie weit mehr zum Haus als wie zum Garten. Dabei kann er so einfach eine verbindende Funktion übernehmen. Wählen Sie zum Beispiel ähnliche Bodenfliesen für den Wintergarten und den davor liegenden Bereich draußen, oder stellen Sie jeweils gleichartige Pflanzkübel auf. Öffnet der Wintergarten den Blick zum Garten, sollte dieser erfreuen. Sind bestimmte Objekte durch große Pflanzen zu verbergen oder einzurahmen?

WOHNEN

Nutzen Sie den Wintergarten bevorzugt als Wohnraum, werden Sie wohl Polstermöbel aufstellen wollen – diese könnten sich hier aber verfärben oder muffig werden. Suchen Sie daher Pflanzen aus, die weniger Luftfeuchtigkeit benötigen. Stellen Sie die Pflanzen zu Gruppen zusammen, das vereinfacht das Gießen, oder bilden Sie Arrangements auf der Terrasse oder im Garten, die vom Wintergarten aus sichtbar sind.

GEDEIHEN

Wenn Sie im Wintergarten vorzugsweise Pflanzen halten möchten, dann denken Sie daran, dass viele Arten eine hohe Luftfeuchtigkeit verlangen. Verzichten Sie auf Polstermöbel und Stoff-Jalousien, wählen Sie einen Bodenbelag, der auch Wasserflecken verträgt. Entscheiden Sie zuerst, in welchem Maße Sie den Raum im Winter beheizen wollen – allein schon der Kosten wegen. Hiervon hängt ab, welche Pflanzen Sie wählen können. Gestalten Sie den Pflanzenaufbau so, dass sonnenhungrige, größere Pflanzen Schatten auf kleinere Arten werfen, die keine direkte Sonne mögen.

RANDBEET

Die meisten Wintergärten haben einen durchgehenden Fußboden, sodass die Pflanzen in Kübeln wach-

sen müssen. Ist jedoch an der Außenwand entlang ein schmales Beet mit offenem Erdreich ausgespart, kann man dieses Beet ebenso behandeln und bepflanzen wie im Garten – und man muss es nicht so oft gießen wie Kübelpflanzen. Sofern der Wintergarten erkennbar vernachlässigt wurde, sollten Sie die Beeterde weitgehend durch frisches Substrat ersetzen. Behandeln Sie diesen Bereich mit einem speziellen Desinfektionsmittel, da hier Schädlinge und Krankheitskeime sein könnten. In solch einem Randbeet wachsen die Pflanzen besonders kräftig, was sich zum Begrünen der Wand und des Daches nutzen lässt. Sie können Feigen zum Beispiel an einem Spalier ziehen oder Kletterpflanzen hochranken lassen.

PFLANZENPFLEGE

Während der längeren Wachstumsperiode muss man die Pflanzen regelmäßig gießen und düngen sowie die neuen Triebe der Kletterpflanzen anbinden. Überprüfen Sie immer wieder die Pflanzen auf Krankheiten und Schädlinge hin, die sich unter Glas recht schnell ausbreiten können. Die meisten Kletterpflanzen muss man zudem beschneiden, damit sie nicht zu groß werden und den anderen Pflanzen das Licht nehmen. Außerdem müssen Sie herausfinden, wie hier die jeweiligen Anforderungen an Heizung und Licht zu verschiedenen Zeiten des Jahres sind.

Sommer. Der Wintergarten kann für Menschen und Pflanzen zu heiß werden. Wenn Sie beobachten, dass durch trockene Luft die Pflanzen welken und sich Spinnmilben ausbreiten, dann müssen die befallenen Pflanzen ins Freie gebracht werden. Eine Schattierfarbe, die man auf die Glasaußenfläche streicht, senkt wirkungsvoll die Temperatur und ist vor allem für Wintergärten sinnvoll, die bevorzugt den Pflanzen gehört. Außenjalousien halten noch mehr Wärme ab, sind aber teuer. Innenjalousien schattieren zwar, verhindern aber nicht den Temperaturanstieg. Stellen Sie noch Schalen auf, gefüllt mit Wasser und Kieselsteinen, damit die Luftfeuchtigkeit nicht so leicht sinkt.

Winter. Den Wintergarten müssen Sie beheizen können. Die meisten Pflanzen benötigen eine Mindesttemperatur, um zu überleben. Ein »warmer« Wintergarten sollte auf etwa 15–18° C beheizt werden, ein »temperierter« (mäßig warm) auf 10–15° C und ein »kühler« auf 5–10° C. Den gesamten Wintergarten auf der »warmen« Temperaturstufe zu halten ist teuer. Kalte, feuchte Luft kann jedoch die Ausbreitung von Grauschimmel *(Botrytis)* begünstigen. Entfernen Sie dann sofort alle befallenen Pflanzenteile. – Da im Winter weniger Licht einfällt, halten Sie das Glas sauber. Pflanzen in der Ruhephase muss man nur wenig gießen.

△ **HIMMLISCHE TRAUBEN**
Eine Echte Weinrebe kann man in ein Innenbeet pflanzen und an Drähten ziehen, die an den Glashausrahmen befestigt sind. Sie geben im Sommer Schatten, und ihre Trauben reifen hinter Glas.

◁ **ZARTE EXOTEN**
Warme Temperaturen verlangen Exoten wie diese Mandevilla-Art am Fächergerüst, blau blühender Bleiwurz und die duftende Engelstrompete.

PFLEGELEICHTE PFLANZEN FÜR DEN WINTERGARTEN

Gloriosa superba (Ruhmeslilie). Kletterpflanze, treibt jährlich neu aus dem Wurzelstock; Blüten gelb oder rot.

Passiflora (Passionsblume). Immergrüne Kletterpflanze mit markanten Blüten; z. T. div. Arten/Sorten.

Pelargonium (Pelargonie). Verträgt Trockenheit und sonnigen Standort; einige Sorten mit duftenden Blättern.

Philodendron scandens (Baumfreund). Kletternde, wüchsige Blattpflanze für schattige Standorte.

Plumbago (Bleiwurz). Kletternde Arten/Sorten mit Blüten in Blau, Rot oder Rosa.

Topfblumen, die sich in lichtem Schatten wohl fühlen, sind u. a. Drehfrucht (Streptocarpus), Fuchsien und Begonien.

MAUERN UND ZÄUNE

Intakte Mauern und Zäune tragen wesentlich zur Sicherheit und zum Schutz der Privatsphäre bei – neben ihrer Funktion als Abgrenzung des Grundstückes. Da ihre Fläche stark ins Auge fällt, müssen sie gut ins Gesamtbild passen. Wählen sie daher das Material sorgfältig aus, ebenso die Bepflanzung.

Prüfen Sie zuerst, ob Sie die Mauern bzw. Zäune eventuell ausbessern oder gar verändern wollen. Treffen Sie diese Entscheidung, sobald Sie hier Zugang haben, und bevor Sie neu anpflanzen.

Da Mauern und Zäune in der Regel die Grundstücksgrenze markieren, sollten Sie im Vorfeld klären, ob der Zaun oder die Mauer Ihnen gehört, und welche Höhe vorgeschrieben ist. Wenn Sie in einem Denkmalschutzgebiet leben, kann es lokale Vorschriften geben – sogar über die Art der verwendbaren Materialien. Es ist ratsam, solche Fragen gleich zu klären.

ZÄUNE REPARIEREN

Ein Zaun ist nur so stabil wie seine Stützpfosten. Wenn diese sich leicht hin- und her bewegen lassen, sind sie im Erdreich wohl bereits verrottet. Prüfen Sie jeden einzeln – einige können durchaus noch intakt sein, während andere angefault sind (vgl. Seite 200–201).

Der Zaunbereich am Boden kann ebenfalls leicht verrotten. Manche Zäune haben ein Grund- bzw. Sockelbrett zum Schutz vor Bodenfeuchtigkeit. Diese Bretter sind leicht zu ersetzen, ohne dass hierbei andere Zaunteile beschädigt werden.

Holzzaunpanele, die beschädigt sind oder keinen Sichtschutz mehr bieten, kann man einfach austauschen, da sie Standardgröße haben. Ranchzäune werden durch eng gesetzte, horizontale Holzbretter zusammengehalten. Zeigt ein Brett einen leichten Riss, so lässt sich dieser mit einer Metallklammer reparieren. Verzogene Bretter jedoch müssen ersetzt werden.

MAUERN REPARIEREN

Zu den üblichen Mauerproblemen, die auch ein geübter Heimwerker beheben kann, gehört das Neuverfugen von Mauerwerk (vgl. Seite 200) und das Ausbessern der Mauerkrone durch eine neue Abdeckplatte oder Ziegelsteine, um die Mauer zu schützen und die Gesamterscheinung zu verbessern. Doch bei folgenden Problemen sollten Sie einen Fachmann heranziehen:

- Eine Stützmauer, die an der Vorderseite abbröckelt oder fleckig ist – Hinweis auf ein Drainage-Problem.
- Eine Tragwand, die etwa das Dach eines Anbaus stützt und unsicher erscheint oder sich ungleich setzt.
- Eine frei stehende Mauer, die über 1,80 m hoch ist oder einen nicht gefahrlosen Standort hat.

△ **SCHMUCKER ZAUN**
Wenn der Zaun selbst dekorativ ist, wählen Sie Pflanzen, die ihn betonen und nicht verstecken. Hier wiederholen die Blütenstände der gelben Fackellilien-Sorte die Pfostenform.

▷ **WANDVERKLEIDUNG**
Wie die Kletterrose liebt auch die immergrüne Mexikanische Orangenblume (Choisya ternata ›Sundance‹) mit ihren gelblichen Blättern Sonne oder lichten Schatten (Wuchsshöhe 1,5–1,8 m).

BEPFLANZUNG

Sind die Grenzbefestigungen in gutem Zustand, dann können Sie sich der Bepflanzung zuwenden, die wahre Wunder bei Mauern und Zäunen bewirkt – ob diese nun unattraktiv oder zu massiv sind. Sträucher verlangen wenig Pflege. Wenn der Platz hier beschränkt ist, pflanzen Sie Wandsträucher oder Kletterpflanzen.

Ist der Zaun oder die Mauer stabil, können Sie daran ein Spalier anbringen oder einfach Drähte spannen. Solche Kletterhilfen sollten jedoch einen Mindestabstand von etwa 5 cm zur Mauer bzw. zum Zaun haben. Dadurch kann die Luft besser zirkulieren, und die Gefahr von Pilzkrankheiten wird verringert; ebenso wird das Formieren der Pflanzen erleichtert. Stabiler, verzinkter Draht kann mit Hilfe von Ösen waagerecht gespannt werden. Im Handel sind verschiedene Arten erhältlich; für Holz Ringschrauben und für Mauern Ösen zum Dübeln oder Locheisen (Stahlöse) zum Einschlagen (vgl. Seite 205).

Befestigen Sie eventuell an der Wand – auch wegen des Zwischenraums – im Abstand von je 1,5–2 m senkrechte Leisten (10 cm breit, 5 cm dick), in die Sie die Drahtösen einschrauben, und von unten nach oben Leisten im jeweiligen Abstand von 30 cm; bei starkwüchsigen Kletterpflanzen genügen 45 cm. Die Leisten werden am Mauerwerk mit Dübeln und Schrauben befestigt.

Ist die Mauerfront sehr breit oder die Pflanzen üben ein ziemlichen Druck auf die Drähte aus, dann sollte man an beiden Enden Kanthölzer aufstellen, an denen die Drähte mit Hilfe von Spannschrauben (mit Öse) straff gespannt werden können.

Für Kletterpflanzen, die nicht verholzen oder einjährig sind, eignen sich auch Weidengeflechte oder Kunststoffgitter als Rankhilfe. Für Wandsträucher oder Kletterer, die verholzen, sind massive Spalierrahmen notwendig, die Sie auf 5 cm dicken Leisten festschrauben. Bei einer Spalierhöhe von 2 m genügen hierfür drei Querleisten an der Mauer. Soll das Spalier abnehmbar sein, so verbindet man die untere Wandleiste mit der unteren Rahmenleiste des Spaliers durch Scharniere und versieht die jeweiligen oberen Querleisten rechts und links je mit Haken und Öse. Setzen Sie Gitterwände auf eine niedrige Mauer, so erhalten Sie mehr Fläche für Kletterpflanzen und zudem mehr Sichtschutz.

Ziehen Sie bei der Bepflanzung stets die Lage in Betracht. In unseren Breiten sind nach Süden und Westen gewandte Zäune und Mauern wärmer und geschützter als andere Bereiche, obgleich das Erdreich dadurch für manche Pflanzen zu trocken sein kann; der Boden muss daher mit Kompost angereichert und gründlich gemulcht werden. Nach Norden und Osten ausgerichtete Mauern sind eher kalt, schattig und dem Wind ausgesetzt, aber der Boden kann hier lange feucht bleiben. Doch generell speichern Stein- oder Ziegelmauern Wärme besser als Holz.

▽ **WANDSTRAUCH**
Die Säckelblume (Ceanothus-Arten) wurzelt in eher trockener Erde am Fuße einer warmen Mauer. Da diese sommerblühenden Wandsträucher schnell wachsen, brauchen sie viel Platz zum Ausbreiten.

GARTENTRÖDEL

Vernachlässigte Gärten beherbergen oft interessante Dinge aller Art. Denkt man nur etwas quer, so können solche Fundstücke als nützliche oder dekorative Objekte neu belebt werden, die dem Garten Individualität, Witz und sogar Schönheit geben. Und sie sprechen den Instinkt des Gärtners für Recycling an.

△ **KNORRIGE WURZEL**
Diese alte Baumwurzel an der Mauer scheint hierher zu gehören und bildet einen Hintergrund für die Formen der Pflanzenblätter.

Es bedarf keiner besonderen Fertigkeit, um die versteckten Möglichkeiten solcher Objekte zu erkennen, ein offener Blick und etwas Findigkeit genügen. Gärten sind äußerst gnädig, und viele Dinge, die sonst als »Schrott« betrachtet werden mögen, können hier durch den natürlichen Prozess des Werdens und Vergehens zu etwas Dekorativem und Interessantem umgewandelt werden.

FUNDSTÄTTEN

Die Suche nach skurrilen Schätzen wird natürlich nicht auf den eigenen Garten beschränkt bleiben. In Frage kommen auch die Gärten von Freunden, der Sperrmüll oder der Schrottplatz. Häuser, die gerade renoviert werden, sind wahre Fundgruben, wo alte Badewannen und andere verwertbare Ding zu entdecken sind, die sich als ungewöhnliche Pflanzkübel eignen. Fragen Sie jedoch vorsichtshalber, ehe Sie etwas mitnehmen.

Der Strand ist seit jeher ein Suchrevier, um Fundstücke wie Treibholz, Muscheln, Steinobjekte und manch anderes zu erbeuten, welche das Meer angespült hat. Die Verwendung solcher Objekte demonstrierte der Filmemacher und Künstler Derek Jarman wunderbar in seinem Garten, der an der südenglischen Küste von Kent gelegen ist. Das einfache

△ **WÄSCHEMANGEL**
Die alte Mangel, die sich mit ihrer blauen Farbe dem Umfeld anpasst, bildet mit ihrem Industriedesign einen Kontrast zu dem lockeren Pflanzenwuchs von Beifuß und Petunie.

▷ **ALTMETALL**
Schrott kann man zerlegen und wieder kreativ zusammensetzen – das beweist dieser Rankbogen aus Metall. Mit der Zeit werden ihn Kletterpflanzen bedecken.

Treibholz, die Steinformen und robusten Pflanzen lehren das Gefühl für die dort örtlichen Gegebenheiten.

GERÜMPEL VERWERTEN

Trödel kann genutzt werden, um verschiedenste ungewöhnliche und originelle Gartenobjekte zu gestalten – die sich von manch unechten klassischen Statuen und Brunnen wohltuend abheben. Am einfachsten ist es, die Objekte unverändert zu lassen und in ein passendes Umfeld einzufügen. Probieren Sie verschiedene Standorte aus, um festzustellen, ob das Fundstück mit der Atmosphäre des Platzes harmoniert (vgl. Seite 68–71). Sie können es eventuell in einer anderen Farbe streichen, die zu einem Blumenschema passt oder dazu einen Kontrast bildet.

Eine andere Möglichkeit ist, ein Objekt zu zerlegen und wieder völlig anders zusammenzusetzen oder auch mit ganz anderen Teilen zu verbinden. Aus alten Stapelpaletten beispielsweise lässt sich ein preiswerter Zaun oder auch eine Kompostanlage fertigen.

Neben Farbe und Oberflächenstruktur spielt auch das Material selbst und die Form eine Rolle. Eine runde Mülltonne, die in einen Pflanzkübel verwandelt wurde, kann durch Pflanzen mit dicklichen, runden Blättern betont werden. Pflanzen mit spitzen Blättern bilden dazu hingegen einen Kontrast.

Das Wundervolle an all dem »Schrott« ist eigentlich, dass es nicht darauf ankommt, was Sie damit machen, weil es Sie zunächst nichts kostet. Vergessen Sie alle Regeln – pinseln Sie mit Farbe einfach darauf los, und haben Sie Spaß dabei. Sie werden selbst erstaunt sein.

△ **KAMINPLATZ**
Die alte Kamin-Einfassung, aufgefrischt mit den Farben Blau, Rot und Gold, wirkt wie ein Altar für einen Gartengott. Die grünen Blattgewächse bilden einen passenden Rahmen.

◁ **STRAND-KUNST**
Derek Jarman hat in seinem berühmten Garten an der Küste Südenglands, dieses Strandgut mit dem untrüglichen Auge eines Künstlers gesammelt und arrangiert.

GARTENSTILE NACHGESTALTEN

△ **REIFE PFLAUMEN**
Pflegeleicht und anspruchslos, lassen sich Pflaumenbäume frei stehend oder am Spalier an der Küchengartenmauer halten. Sie sind kaum anfällig für Krankheiten und müssen nur selten geschnitten werden.

◁ **DSCHUNGEL-STIL**
Hier klingt das Leben auf fernöstlichen Pluntagen anfangs des 20. Jh. an – ein Liegesessel auf einem Holzdeck, umgeben von Wasser in einem Dschungel-Garten. Diese Atmosphäre lässt sich auch im Hausgarten in der Stadt nachgestalten.

Die schönsten Gärten sind diejenigen, deren Stil sich an der natürlichen Umgebung orientiert und daraus Elemente übernimmt. Zu diesen Elementen können ortstypische Bäume und andere Pflanzen gehören, aber auch die Farben der Region, die das Wesen eines Gartens ebenso bestimmen. Die Baumaterialien und dekorativen Details wie Kübel und Blumenkästen tragen zum stimmigen Ambiente bei.

Dieses Kapitel möchte Anregungen für das Gestaltungskonzept Ihres Gartens geben. Betrachten Sie mit uns ein rundes Dutzend klassischer Gartenstile und deren Hauptmerkmale – vielleicht ist einer davon genau richtig für Ihren Garten.

STIL DES MITTELALTERS

Das verklärte Bild des Ritters, der seiner Dame in einem blühenden Garten Levkojen überreicht, täuscht über die Wirklichkeit damaliger Gärten hinweg. Fronbauern pflanzten Gemüse in einfachen, viereckigen Beeten an, während in den Apothekergärten der Klöster heilkräftige Kräuter gezogen wurden.

STILMERKMALE

Geeignet für

Kleine Höfe

Separate Gartenbereiche

Ebene Flächen

Bauelemente

Rankbögen aus Gitterwerk

Flecht- oder Gitterzaun

Rundes Wasserbecken aus Stein mit Fontäne

Grasbank

Kiesflächen in verschiedenen Farben, von Buchsbaumhecken gesäumt

Pflanzen

Niedrige Einfassungen: Buchsbaum, Heiligenkraut, Gamander

Obstbäume: Maulbeere, Apfel, Kirsche, Mispel, Feige, Granatapfel

Madonnenlilien (Lilium candidum)

Gallica-Rosen

Die frühen europäischen Gärten unterlagen rein praktischen Gesichtspunkten – umgeben von Schutzmauern boten sie Nahrung sowie Heil- und Aromakräuter. Die Anlage war wohl geordnet, aber unnatürlich. Der Garten war Rückzugsort und der Kontrolle unterworfen – Pflanzen wuchsen in geraden Reihen und kleinen Hochbeeten.

Dieser Stil hat sich in gewisser Form über Jahrhunderte hinweg erhalten und ist bis heute in formalen Anlagen erkennbar. Solche Gärten sind uns überliefert durch mittelalterliche Wandteppiche und Handschriften, Schilderungen der höfischen Liebe und illustrierte Gebetbücher. Später umgaben niedrige Hecken die Beete. Gelegentlich wurde – abgesehen von Hecken – auch nichts gepflanzt und die Freiflächen dafür mit Kieseln in verschiedenen Farben bedeckt. Die kunstvollen Knotengärten der Tudor-Zeit mit ihren niedrigen, verschlungenen Hecken knüpfen an diese Tradition an wie auch die großartigen Parterres des 18. Jahrhunderts im Stil von Versailles oder die malerischen Beetsysteme in viktorianischer Zeit.

Im Laufe des Frühmittelalters übernahmen Klöster die ursprünglich persische Tradition des eingefriedeten Paradiesgartens – ein umschlossener und still abgeschiedener, viereckiger Innenhof. Er war in der Regel in vier Bereiche aufgeteilt – mit einem Brunnen im Zentrum und vielleicht einigen Obstbäumen in Kübeln.

Klöster führten von einander getrennte Gemüse- und Kräutergärten mit rechteckigen und – der besseren Drainage wegen – meist erhöhten Beeten, die

△ **LÄNDLICH SCHLICHT**
So könnte auch eine Gartenanlage im Mittelalter ausgesehen haben, nur sind hier die Beete der besseren Drainage wegen erhöht. Gemüse, Küchen- und Heilkräuter sind jeweils separat gepflanzt.

▷ **FORMAL SCHLICHT**
Diese Anlage zeigt den Übergang von einem einfachen Gemüsegarten zum eher formalen Knotengarten. Die vier symmetrischen Beete sind mit Buchshecken eingerahmt, der kleine Obstbaum in der Mitte bildet den Blickfang.

mit Holzbrettern eingefasst waren. Auch mag es einen Obstgarten und fischreichen Teich gegeben haben.

Burghöfe waren ursprünglich ungastliche, wehrhafte Anlagen, die sich allmählich aber zu den Lustgärten des Spätmittelalters entwickelten. Sie waren unterteilt in verschiedene Bereiche – zum Beispiel eine Blumenwiese und eine Grasfläche für allerlei Spiele bzw. Tanzvergnügen. Hier wuchsen Gänseblümchen, Veilchen, Krokusse und Stiefmütterchen, doch auch höhere Arten wie Glockenblumen und Akelei. Man legte erhöhte Sitzflächen an – zunächst mit Gras »gepolstert« (Rasenbänke) und später mit duftender Kamille.

Ein Bereich konnte auch durch Lattenzäune abgegrenzt sein. Hier zog die Burgherrin Würz- und Heilkräuter. Die Rechteck-Beete waren mit Holz oder Steinen eingefasst – oder mit Pflanzen wie Graue Heiligenblume, Buchs oder Strand-Grasnelken. Auch neue Pflanzen, welche die Ritter von den Kreuzzügen mitgebracht hatten, mögen hier ihren Platz gefunden haben – so etwa Kaiserkrone, Damaszenerrosen, Nelken und Stockrosen.

Im Laufe der Zeit wurden die Beetformen komplizierter. Im 15. Jahrhundert kam auf, die kantig geschnittenen Heckeneinfassungen zu Mustern oder Knoten zu gestalten. Diese waren zunächst eher schlicht, wurden aber später immer komplizierter bis hin zum eigenen Familienwappen. Die Innenflächen legte man mit Materialien in verschiedenen Farben aus, von zerkleinerten Ziegeln über Kiesel bis hin zur Kohle.

Dieser Stil ist in gewisser Form fast all die Jahrhunderte hindurch bewahrt worden, da er als praktisch galt. Wenn Sie Teile eines formalen Gartens vorfinden oder Sie einen abgetrennten, kleinen Gartenbereich schaffen möchten, können Sie diese Wirkung mit den typischen Hauptmerkmalen nachgestalten: Es muss ein durch Mauern oder hohe Zäune abgetrennter und eingeschlossener Bereich sein. Die geraden oder sanft geschwungenen Beete müssen ein Muster ergeben und eine niedrige Heckeneinfassung sowie Gras- oder Kieswege aufweisen.

◁ **MODERNER POTAGER**
Im Stil des Mittelalters ist dieser Garten angelegt, wo Blumen und Gemüse vereint sind. Die Kohlköpfe bilden einen Farbkontrast zur Buchshecke. Hochstammrosen und Formschnittfiguren runden das Bild ab.

▽ **KNOTENGARTEN**
Dieser kunstvolle Knotengarten bei Barnsley House im englischen Gloucestershire wirkt durch die fließenden Linien der verschlungenen Knoten. Höhere, beschnittene Sträucher setzen Akzente.

NEUENGLAND-STIL

Bei diesem Begriff taucht das Bild adretter, holzverkleideter Häuser mit weißen Lattenzäunen auf. Die sauber angelegten Blumenbeete in kräftigen, unverfälschten Farben passen zu den gefärbten Fenstergardinen. Und der Duft von frischem Apfelkuchen, der gerade im Ofen gebacken wird, dringt nach draußen.

STILMERKMALE

Geeignet für

Häuser mit Holzverkleidung und im Kolonialstil

Bauelemente

Weiße Staketenzäune

Weiß gestrichener Torbogen aus Holz

Holzlaube mit Sitzen

Ziegel- oder Kieswege

Pflanzen

Schwarzäugige Susanne

Buchsbaum-Einfassungen

Türkenbundlilien

Kräuter

Stockrosen

Flieder

Raublatt- und Glattblattastern

Pfingstrosen

Tulpen

Fetthenne

◁ **BLÜTEN UND ZWIEBELN** *Obwohl der Garten umzäunt ist, wirkt er offen. In den Gärten der Siedler wuchsen anfangs bevorzugt nützliche Kräuter und Gemüse. Blumen waren selten.*

Die Ursprünge dieses Stils gehen auf die Vorgärten der frühen Siedler Amerikas zurück, in denen die Frauen Kräuter für die Küche und für den medizinischen Gebrauch zogen, denn der nächste Arzt war oft eine Tagesreise entfernt. Der Garten war von einfachen, weiß gestrichenen Latten- oder Staketenzäunen umgeben und von geraden Wegen unterteilt.

Auf der einen Seite wuchsen Küchenkräuter, auf der anderen Heilkräuter und außerdem ein paar Lieblingsblumen. Fetthenne und Nelken säumten den Weg zur Haustüre, an der rechts und links ein dekorativer Strauch wuchs – meist Rosen oder Flieder. Doch sonst war eher wenig Dekoratives zu finden , weil man dafür einfach keine Zeit hatte.

Diese Gärten knüpften an die Tradition der englischen Heimat an. Vor allem in den Siedlungsgebieten um Boston ist der Einfluss englischer Herrschaftsgärten zu spüren. Hier liegt der Schwerpunkt auf der Symmetrie: ein Weg in der Mitte, vielleicht ein Knotengarten und immergrünen Pflanzen. Einen ähnlichen Stil, mit Formschnittfiguren und geschnittenen Hecken, brachten die Holländer in Siedlungsgebiete wie Pennsylvanien mit – neben ihrer großen Gartentradition und fundiertem Pflanzenwissen.

Die Siedler hatten Samen im Gepäck – manche sogar Stecklinge, die sie während der langen Atlantik-Überfahrt liebevoll pflegten. Frühe Chroniken berichten hauptsächlich von essbaren und medizinischen Pflanzen, doch waren wohl auch Blumen dabei wie Nelken, Ringelblumen oder Mutterkraut. Langsam bürgerten sich in den Gärten der Siedler aber ebenso einheimische Pflanzen ein. Zuerst war es der Mais, den die amerikanischen Ureinwohner kultivierten, und später setzten sich Zierpflanzen wie Hartriegel, Türkenbundlilien, Sonnenblumen, Schwarzäugige Susanne und die Asternsorten der amerikanischen Grasebenen *(Aster novi-belgii* und *A. novae-angliae)* durch.

Dieser Stil ist bezaubernd für den Garten eines klassischen, holzverkleideten Hauses oder eines Backsteinhauses im Georgianischen Stil, der auch als Kolonialstil bezeichnet wird. Das Schlüsselwort heißt Symmetrie: Die Wege verliefen in geraden Linien oder schlichten Bögen. Die Beete waren rechteckig oder quadratisch oder von Wegen viergeteilte Rondelle. Der Bezug zu den anfänglichen

Knotengärten ist unverkennbar, nur bildeten hier Blumenbeete das Zentrum.

Möchten Sie einen Rasen, so sollte auch dieser schlicht und symmetrisch sein; er ist allerdings eher untypisch für diesen Stil, wenn man an dessen Entstehungsgeschichte denkt. In großen Gärten kann man jedoch gepflegte Rasenflächen finden, so beispielsweise auf dem Anwesen von George Washington in Mount Vernon.

Ein weißer Staketen- oder offener Flechtzaun mit einer Holzpforte ist stilgerecht. Eine Hecke am Zaun entlang macht sich gut, sollte aber nicht höher als 1m sein. Ein weiß gestrichener Torbogen aus Holz über der Pforte rundet das Bild ab. Die Wege sind entweder mit zerstoßenen Muschelschalen, Ziegeln oder Kies bedeckt. Wege wie auch Blumenbeete und Rasenflächen können mit Ziegelsteinkanten eingefasst sein oder mit niedrigen Buchsbaumhecken, sofern die Winter nicht streng sind.

Wählen Sie möglichst Pflanzen in kräftigen, ursprünglichen Farben. Nicht streng historisch, aber durchaus passend zu den klaren Konturen dieser Gärten sind auch Einjährige mit intensiver Färbung. Tulpen und Obstbäume erinnern an den holländischen Einfluss.

▷ **TRADITIONELL**
Dieser moderne Vorgarten hat noch den weißen Staketenzaun und das Gitterwerk am Eingang. Im formalen Blumenbeet mit Buchs wachsen Heiligenkraut und Einjährige.

▽ **KLASSISCH**
Ein rustikaler Zaun aus gespaltenen Ästen umgibt den Blair-Garden in Williamsburg, USA. Die Bepflanzung ist schlicht. Die Wege sind traditionell aus Ziegeln.

COTTAGE-GARTEN

Viele erträumen sich ein Reetdachhaus auf dem Lande – der Eingang von Rosenranken geschmückt, der Garten reich an Blumen und eigenem Gemüse. Es gibt einen Apfelbaum, summende Bienen, die den Nektar in Glockenblumen, Fingerhut und Akelei suchen, – und die Luft ist vom Duft des Geißblatt erfüllt.

STILMERKMALE

Geeignet für

Vorgärten kleinerer Häuser; für moderne Gebäude ungeeignet

Bauelemente

Weg mit Ziegeln oder Kopfsteinpflaster

Bogengang aus Holz oder rustikal

Sonnenuhr und Vogeltränke

Pflanzen

Einfassungen aus Buchsbaum oder Lavendel

Apfelbaum

Akelei

Fingerhut

Stechpalme

Geißblatt

Flieder

Lupinen

Nelken

Kletterrosen

Löwenmaul

Solche Bilder stillen Friedens kennt man von Schmuckkarten, Werbeanzeigen und zahllosen Gemälden. Dichter wie William Wordsworth (1770–1850) haben dieses Landleben beschrieben und Helen Allingham (1848–1926) sowie Kate Greenaway (1846–1901) schufen reizende Illustrationen von Landbewohnern und ihren Gärten.

Der idealisierte Cottage-Garten erlangte im frühen 20. Jahrhundert große Beliebtheit als Gegenbewegung zu den kunstvollen, formalen Gärten des 19. Jahrhunderts. Im Grunde jedoch ist ein authentischer Cottage-Garten eher praktisch orientiert und geht erkennbar auf die Gärten des Mittelalters zurück. Die Cottage-Bewohner trugen einst Samen und Stecklinge aus herrschaftlichen Gärten zusammen. Auf diese Weise blieben bestimmte Pflanzenarten über den Wandel von Gartenmoden hinaus erhalten. Ebenso mag man hier vielleicht die Kopie

einer Laube aus einem Schlossgarten finden, Formschnitthecken im Stil holländischer Gartenkunst oder eine Kräuterbeetanlage, die einem Knotengarten gleicht.

Doch all dies war damals Nebensache, in erster Linie diente der Garten der Nahrungsvorsorge. Wo es der Platz erlaubte, wuchsen Blumen – einige haben so in Kräuterbeeten überlebt, wenngleich ihre Heilwirkung in Vergessenheit geraten war. Aber hauptsächlich pflanzte man Gemüse wie Kohl, Kartoffeln und Wurzelgemüse.

Der Cottage-Garten unserer Tage verdankt seine Beliebtheit berühmten Gärtnern wie Margery Finch (1893–1969). Bei ihren Landnachbarn sammelte sie Pflanzenarten ein, die sie genau beschrieb und vermehrte; dadurch bewahrte sie viele Arten vor dem Aussterben. Christrose *(Helleborus)*, Sterndolde *(Astrantia)*, viele Anemone-Arten und Storchschnabel waren gemischt und wie zufällig in die Beete gepflanzt.

Bei diesem Stil ist eine klare Struktur wichtig, um für den Reichtum an Blüten und Blättern einen Rahmen zu schaffen. Hauptelement ist der gerade Weg zur Haustüre, der beidseitig von einer Blumenfülle gesäumt wird. Ziegelsteine, im Fischgrät-Muster verlegt, passen dazu gut, obwohl man ursprünglich als Wegbelag alles verwendete, was sich bot; dadurch entstanden Trittwege aus verschiedensten Steinen, die beim Umgraben aus den Beeten geworfen wurden – denn für eigentliche Pflastersteine hatte niemand Geld. Die Wegeinfassung mag aus Ziegeln und Buchsbaum oder Lavendel sein oder nur aus einer Mischung von Blumen, Kräutern und Salatarten.

Um den übrigen Garten zu gestalten, können Sie aus dem Reichtum historischer Vorbilder der Jahrhunderte schöpfen: das formal angelegte Kräuterbeet, eine Sonnenuhr im Zentrum eines gepflasterten Rondells, die berankte Laube oder Holzbank – oder den rustikalen Bogengang. Auch hierfür verwendete man Materialien, die gerade greifbar waren – das Holz abgesägter Obstbaumzweige, Ziegel oder Dachpfannen von einem Abrisshaus – nichts passte genau zusammen; und gerade dadurch ist die vom naturnahen, täglichen Leben geprägte Wirkung entstanden, die heute so bezaubert.

△ **DIE ZEIT STEHT STILL**
In diesem Garten sind die klassischen Elemente des alten Cottage-Gartens fast unverändert: Fingerhut, Wicken an einem Rankgerüst aus Zweigen und eine zartrosa Kletterrose. Der aus Naturstein gemauerte Schuppen mit Schieferdach ist vom Efeu beinahe zugewachsen.

◁ **NACHGEBILDET**
Stilelement des Cottage-Gartens ist der gerade Kiesweg zum Haus. In den beidseitigen Blumenbeeten sind Formen und Farben gemischt: cremeweiße Dahlien, rosa und roter Phlox, rostrote Sonnenbraut, roter und weißer Ziertabak, violette Astern. Jasmin und Kletterrosen bedecken die Hausfassade.

◁ **TAGELÖHNER-GARTEN**
Der Weg in diesem schlichten Cottage-Garten ist aus unregelmäßigen Natursteinplatten und Kies gebildet. Er führt zu einem weiß gekalkten Schuppen mit einer roten Kletterrose. Rechts und links des Weges blühen Mohn, Margeriten, Lichtnelken und Frauenmantel.

UMMAUERTER KÜCHENGARTEN

Die ummauerten, prächtigen Küchengärten der herrschaftlichen Landsitze haben heute Seltenheitswert. Sie sorgten ständig für frisches Gemüse, Beeren und Pfirsiche sowie für Trauben aus dem Gewächshaus und Schnittblumen. Sie sind aber auch im Kleinformat durchaus möglich und vielleicht sogar willkommen.

STILMERKMALE

Geeignet für

Größere Häuser und Gärten; sehr gut in kühleren Regionen

Bauelemente

Kieswege, Kanten aus Ziegeln, Brettern oder Fliesen

Bogengänge

Pflanzenglocken und Ziehtöpfe

Pflanzen

Buchsbaum- oder Lavendelhecke

Schnittblumen: Nelken, Dahlien, Garten-Chrysanthemen

Obst: Äpfel, Kirschen, Johannisbeeren, Trauben, Birnen, Pflaumen, Himbeeren und Erdbeeren; bei sehr mildem Klima: Aprikosen, Feigen, Nektarinen und Pfirsiche

Salatgemüse: rote Bete, Gurken, Salat, Tomaten

Gemüse: Artischocken, Spargel, Bohnen, Kohlarten, Möhren, Erbsen, Kartoffeln, Weiße bzw. Speiserüben

Ein ummauerter Garten ist vor allem für kühle Regionen eine wundervolle Idee. Obwohl das Einfrieden eine zeitlose Tradition hat, betrieb das viktorianische England den Nutzgarten oft bis zur äußersten Kunstform. Die großen Anlagen waren nach Süden ausgerichtet und möglichst auf einem sonnigen, leicht abfallenden Gelände. In der Regel sind sie rechteckig und zum Schutz gegen Nord- und Ostwind allseitig von 3,5 m hohen Ziegelmauern umgeben und außerhalb von einer Baumreihe. Die Gärten selbst standen unter strenger Führung eines verantwortlichen Gärtners, der meistens in einem separaten Haus direkt an der Mauer oder neben dem Garten wohnte.

Die Mauern wurden voll ausgenutzt – einerseits als Schutz, andererseits als wärmespendende Wand. Vor allem an der Sonnenseite gediehen Aprikosen, Nektarinen, Pfirsiche, frühe Kirschen und ausgewählte Pflaumensorten, während an der nach Westen zugewandten Innenmauer Äpfel, Birnen und Feigen wuchsen. Doch auch an der Innenwand gegen Osten hin gaben Apfel- und Birnbäume noch eine gute Ernte, obwohl ihre Blüten im Frühjahr eher unter Frost litten. An der kühleren, zum Norden ausgerichteten Innenseite reiften Schattenmorellen, rote, schwarze und weiße Johannisbeeren sowie einige robustere Apfel- und Birnensorten.

Der Platz vor den Obstbäumen wurde ebenfalls genutzt. Das Beet an der Sonnenmauer war oft breiter als die anderen, um eine frühe Rüben-, Erbsen-, Kartoffel- und Bohnen-Ernte zu erzielen; danach verlängerte es die Erntesaison. Salatarten konnten

◁ **LOHN EINES SOMMERS**
Oft schloss sich der Topfschuppen direkt an das Gewächshaus an. Durch das Fenster sieht man den spätsommerlichen Garten, der reiche Ernte beschert: Kartoffeln, Kohl, rote Bete, Gurken, Bohnen, Mais und Möhren.

hier unter Glasglocken früh heranreifen. Auch die kühleren Beete hatten ihren Nutzen, denn hier gelangten Früchte und Gemüse später zur Reife als an den sonnigen Standorten, sodass ein lückenloser Nachschub gesichert war.

Die Aufteilung solcher Gärten wurde mit wissenschaftlicher Genauigkeit geplant. Außerhalb der Mauern lag der Topf- und Werkzeugschuppen, eine Werkstatt und weiterer Stauraum sowie ein Bau, in dem man Pilze züchtete. Im Innenbereich standen die Gewächshäuser zumeist im oberen, sonnigen Bereich, während etwas weiter unten die kalten Frühbeete lagen. In größeren Gärten gab es verschiedene Gewächshäuser, in denen u. a. Feigen, Trauben und Pfirsiche gediehen. In der Gartenmitte konnte auch ein Schaugewächshaus stehen, in dem Blumen gezogen wurden. In kleineren Gärten musste hingegen ein langes Gewächshaus ausreichen, das in mehrere Bereiche unterteilt war.

Ein Hauptweg führte mitten durch die Anlage, oft gesäumt von Obstbäumen, die an Spalieren gezogen waren. Von hier aus konnte man den ganzen Garten überschauen. Im Allgemeinen war es ein Kiesweg, der manchmal durch einen berankten Bogengang aus Eisen führte. Als Zierde und zum Schneiden wuchsen beidseitig Blumen; es mochte auch eine niedrig geschnittene Hecke aus Buchsbaum oder Lavendel sein. Außerdem verliefen Nebenwege entlang der Mauerbeete. Die größeren Beete im Zentrum wurden bevorzugt für Vorratsgemüse wie Kartoffeln, Erbsen, Bohnen und Kohlarten genutzt.

Sollten Sie glücklicherweise einen ummauerten Garten übernommen haben, werden Sie wohl solch einen Aufwand nicht treiben wollen. Doch diese Gärten sind sehr angenehm, da innerhalb der Mauern das Mikroklima meistens wärmer ist als außerhalb. Die Grundstruktur der formalen Weganlage ist erhaltenswert. Haben Sie wenig Zeit für die Pflege, so schafft auch ein schlichter, von Wegen unterteilter Rasen eine ruhige Atmosphäre. Für das Spalierobst lohnt sich jedoch das Mehr an Arbeit – es sieht dekorativ aus und beschert eine reiche Ernte.

◁ ▽ **POTAGER**
Nicht Mauern, sondern hohe Hecken umschließen diesen heutigen Küchengarten, der formal angelegt ist. Die Wege sind mit Steinplatten und Ziegeln belegt, die Beete mit Buchshecken eingerahmt. Die Tonglocken sollen das Wachstum des Rhabarbers anregen.

▽ **KLASSISCHE ANLAGE**
Der ummauerte Küchengarten liegt an einem Südhang. An der Nordseite der Mauer ist ein Schuppen angebaut. Die Kieswege sind von Buchs gesäumt und am Ende stehen jeweils Obstbäume, über Reifen zum Bogen geformt.

ENGLISCHER LANDHAUSSTIL

Dieser Gartenstil lässt unwillkürlich an Wochenenden mit Tennisvergnügen im Sommer denken, an Teestunden auf dem Rasen unter einer mächtigen Zeder, an Spaziergänge durch einen Hain auf verschlungenen Wegen oder entlang eines Staudenbeets, dessen neue Farbgestaltung selbst Miss Jekyll gebilligt hätte.

STILMERKMALE

Geeignet für

Fast alle Gärten, außer bei modernen, kleinen Häusern; auf größeren Grundstücken mit saurem Boden ist ein Wäldchen möglich; kleinere Gärten auf Staudenbeete beschränken

Bauelemente

Natursteinplattenweg

Geschwungene Ziegelsteinstufen

Gartenlaube

Große Holzbank

Runder Seerosenteich

Sonnenuhr, Vogeltränke

Pflanzen

Für den Waldbereich: Azalee, Farn, Magnolie, Rhododendron

Für Staudenbeete: Rittersporn, Kugeldistel, Schleier- bzw. Gipskraut, Hosta, Baummalve, Stauden-Phlox.

In der englischen Grafschaft Surrey haben die kleinen Landhausgärten mit ihren sauren, waldigen Böden Beispiele geschaffen, die bis heute für viele Ausstellungsgärten auf der berühmten Chelsea Flower Show in London Vorbild sind. Als die vielleicht typischsten Merkmale eines »englischen Gartens« gelten üppige, leuchtend blühende Rhododendren, kunstvoll arrangierte Natursteingärten mit plät-

△ **ANGEPASST**
Das lange Staudenbeet zeigt ein modernes Farbschema mit Lupinen, Storchschnabel und Fingerkraut. Der breite Weg aus Natursteinplatten gibt den Pflanzen Platz zum Ausbreiten. Die Bank hinten an der Eibenhecke bildet einen Blickfang.

◁ **WALDBODEN**
Der saure Boden von Savill Gardens im englischen Windsor erlaubt eine traditionelle Bepflanzung mit Rhododendren und Azaleen.

schernden Bächen und ausgesuchten alpinen Pflanzen sowie ein makelloser Rasen, gesäumt von Staudenbeeten. Hier sind Elemente eines Landschaftsparks des 18. Jahrhunderts mit seinem scheinbaren Naturwald und die bunte Blütenmischung des Cottage-Gartens vereint. Der Stil wurde Vorbild der neuen Vorortgärten, die im 20. Jahrhundert Anfangs der 20er Jahre entstanden.

Der Landhaus-Stil entwickelte sich als Reaktion auf die über-stilisierten Gärten des 19. Jahrhunderts. Der Gartengestalter William Robinson (1838–1935) wetterte in seiner Zeitschrift gegen die knallbunten Blumenteppiche und verlangte die Rückkehr zum »Wildblumengarten«, wo neben mehrjährigen Pflanzen in sanfteren Farben auch Blattstrukturen und Pflanzenformen berücksichtigt werden sollten.

Gertrude Jekyll (1843–1932) brachte ihre fundierte Kenntnis der Cottage-Gärten ihrer Heimat Surrey ein sowie ihre Ausbildung als Künstlerin und entwickelte Staudenbeete in sanften Farbharmonien. Gemeinsam mit dem Architekten Sir Edward Lutyens (1869–1944) entwarf sie äußerst schöne Gärten mit streng formalen Anlagen, in denen Treppen, Mauern, Rosengärten und Seerosenteiche nicht fehlten.

Für die Randbereiche dieser Gärten nutzte sie ihr Wissen über die Waldgebiete Surreys und gestaltete Blumengärten auf »Waldlichtungen«. Sie klagte nicht minder über die »abgedroschene Gestaltung« vieler Gärten und das »gewöhnliche Baumschul-Zeug« wie Lorbeer sowie die Mischung exotischer Koniferen, die zu einer »skrupellosen Zerstörung« der natürlichen Landschaft führte.

Jekyll befürwortete die Erhaltung heimischer Pflanzenkombinationen wie Wacholder, Ilex, Birke und Bergesche und fügte wohl überlegt andere Arten hinzu, die mit den Bodenbedingungen zurechtkamen. In vielen Fällen war der Boden sauer, und somit waren die typischen Pflanzen ihrer Waldwege Kalkhasser wie Rhododendron und Lavendelheide, unterpflanzt mit Heidekraut oder Steinsame. Sie wurden sorgfältig ausgewählt und hauptsächlich nahe der Rasenflächen am Haus gepflanzt. Je weiter sich der Weg in den Wald schlängelte, umso dezenter wurde die Bepflanzung. Da gab es noch Gruppen wilder Farne, gelegentlich einen blühenden Fleck aus Dreiblatt oder Salomonssiegel. Der Übergang zwischen der kultivierten und der naturbelassenen Zone wurde dadurch restlos verwischt.

Die Blumenbeete in diesen Gärten waren meist lang und breit. In Munstead Wood – dem Haus, das Lutyens für Jekyll entwarf – ist das Hauptbeet 5,5 m breit und 55 m lang. Die Randbeete lagen oft direkt an einer hohen Mauer, und davor führte ein Weg entlang. Gelegentlich bildeten paarweise angelegte Beete eine »Blumenpromenade«.

Ebenso gab es kleine, eingefriedete Gärten mit symmetrischen Beeten, die oft mit Buchsbaum eingefasst waren und an die Tradition der Knotengärten früherer Jahrhunderte anknüpften. Diese Beete wiesen fast ausschließlich mehrjährige Pflanzen auf. Obwohl sie weniger Arbeit machten als die viktorianischen Beetanlagen, waren hier trotzdem noch mehrere Gärtner mit Anbinden und Beschneiden beschäftigt. Eventuelle Lücken wurden mit Lilien und ähnlichen Pflanzen in Töpfen geschlossen. Die Gestaltung befolgte in der Regel ein Farbschema wie etwa Violett, Rosa und Weiß.

◁ **FARBSCHEMA**
Üppig blühender Blauregen klettert über die Fenster im ersten Stock dieses englischen Landhauses hinaus. Der zarte Lavendelton wird von Schönmalven und den Pflanzen im Staudenbeet aufgegriffen.

GARTENHAIN

Der amerikanische Garten entspricht dem englischen Waldgarten. Er entwickelte sich um die großen Häuser in den Wäldern Neuenglands. Dieser Gartenstil, dessen Ursprung im Grunde nur eine Waldlichtung ist, findet sich aber auch in vielen anderen Landesteilen wieder.

STILMERKMALE

Geeignet für

Alle Hausstile in waldähnlicher Umgebung

Bauelemente

Natursteinplatten

Wege aus Rindenschrot

Rustikale Möbel, Bänke

Laube

Teich

Pflanzen

Azalee

Hartriegel

Farn

Hosta

Hortensie

Ahorn

Berglorbeer bzw. Lorbeerrose

Lavendelheide

Fichte

Dieser Gartentyp ist denkbar einfach – das Areal wurde aus den endlosen Wäldern gehauen. Diese Gärten sind zeitlos schön und würdigen die großartige Landschaft der nordöstlichen USA. In den gelungensten Beispielen greift der Garten die natürlichen Gegebenheiten der jeweiligen Landschaft auf und werden die Pflanzen aus dem angrenzenden Wald bis ans Haus geholt. Das Wesentliche dieses Stils ist die Schlichtheit und Anpassung an die umgebende Natur. Das Geheimnis liegt in der Behandlung der natürlichen Landschaft.

Meistens führt eine breite Einfahrt an der Frontseite zum Gebäude. Oft gibt es einen feudalen Vordereingang, der mit Säulen und Blumenkübeln geschmückt sein konnte. Die Beete sind mit robusten, immergrünen Gehölzen wie Kriechwacholder und Fichte bepflanzt, dazwischen setzen Azaleen Farbakzente. Weißbirken, Hartriegel und Ahorn sorgen für die Dimension der Höhe und im Herbst für Farbeffekte. Zu ihren Füßen bilden Efeu oder Ysander einen dichten Bodenteppich, wodurch die Beete einen eigenen, abgerundeten Charakter erhalten.

Praktische Wege, gepflastert und vor Regen geschützt, führen ums Haus zum Seiteneingang, vorbei am Dienstbotenbereich und dem Holzstoß für den Winter. An der Rückseite gibt es eine schattige Veranda für heiße Sommertage und eine großzügige, mit Steinplatten verlegte Terrasse oder bei Hanglage ein Holzdeck mit Bänken, Tischen und Stühlen aus Naturholz.

Ringsum können formale Beete angelegt sein, gefüllt mit Rosen und Einjährigen, oder man tritt von der

△ **WALDRAND**
Vor dem mit Schindeln bedeckten Haus wachsen Chinesischer Bleiwurz und Federborstengras. Der Ziegelweg führt vorbei an einer Bank mit Blick auf den Wald.

◁ **FEUERROT UND GOLD**
Der Herbst in Neuengland verdankt seinen Feuerzauber dem Ahorn, der in feuchtem, durchlässigem Boden gedeiht.

Terrasse direkt auf den großen Rasen; dort werfen an einigen Stellen üppige Sträucher ihre Schatten – etwa eine Rispenhortensie *(Hydrangea paniculata)*, die mit den Jahren zu einem kleinen Baum herangewachsen ist, oder ein Kanadischer Judasbaum *(Cercis canadensis)*. Skulpturen wird man seltener entdecken, doch oft lenken große Steine den Blick auf Gruppen reizvoller, kleiner Pflanzen. Denkbar ist auch ein stattlicher Baum mit einer Holzbank darunter oder einer Steinbank im leicht formalen Stil und sogar einer Urne mit leuchtend blühenden Blumen wie Fleißiges Lieschen.

Dahinter dehnt sich der Rasen bis zum Wald aus. Zuerst sind eher Ziersträucher gepflanzt, etwa Lorbeerrose *(Kalmia latifolia)*, Rhododendron, Federbuschstrauch *(Fothergilla)*, Lavendelheide oder Traubenheide. Dann folgen im eigentlichen Wald kleinere Bäume und Sträucher als Unterpflanzung – darunter Azaleen, Hartriegel, Aukube, Gewürzstrauch und Seidelbast –, die zwischen hohen, meist laubabwerfenden Bäumen stehen, die kräftig gelichtet wurden. Und den Boden bedecken schattenverträgliche Waldpflanzen – darunter auch viele einheimische: Gräser oder Farne, Hosta, Buschwindröschen, Maiglöckchen, Waldlilie, Veilchen, Hundszahn *(Erythronium americanum)*, Götterblume *(Dodecatheon meadia)*, Schaumblüte, wilder Storchschnabel, wilder Ingwer und wilde Bartnelken.

Wege – aus festgetretener Erde oder mit Rindenschrot bedeckt – schlängeln sich durch die Bäume; wo Wasser vorhanden ist, wird man einen Bachlauf, ein Wasserbecken oder einen natürlich wirkenden Teich finden. In einer Lichtung mag sogar eine Laube stehen, deren Fliegengitter vor Insekten schützt.

Im Frühling erblühen diese Gärten in vielen Farben, danach tauchen sie in ein kühles, beruhigendes Grün – den ganzen heißen Sommer hindurch. Nur Töpfe mit Einjährigen bringen Farbe ins Bild bis im Herbst die herrliche Laubfärbung der Bäume beginnt. Im Winter verschwinden immergrüne Pflanzen unter der Schneedecke und heben sich als weiße Hügel von den dunklen Stämmen kahler Laubbäume ab.

△ **WALD AM STADTRAND**
Die Landschaftsarchitekten Oehme und van Sweden legten diesen Garten für ein klassisches Stadthaus in einem Vorort an. Die Terrasse auf dem 1000 qm großen Grundstück ist mit blaugrauen Steinplatten verlegt. Eine dichte Bodenbepflanzung rings um die alten Bäume und Sträucher betont den Waldcharakter.

ITALIENISCHER GARTENSTIL

Kaskaden, Springbrunnen, Wasserparterres, Haupttreppen und klassische Statuen kennzeichnen den Garten italienischer Art, inspiriert von den Renaissancegärten Roms und der Toskana. Der Stil ist bestimmt von stolzer Architektur und zeugt von Geschmack, Bildung und Kultur – selbst auf dem Lande.

STILMERKMALE

Geeignet für

Große Gärten, unbegrenzte Geldmittel und Arbeitszeit; Hanggrundstücke

Bauelemente

Steintreppen und Balustraden

Natursteinbelag

Klassische Urnen und Statuen

Terrakotta-Kübel

Becken und Springbrunnen aus Marmor oder Naturstein

Pflanzen

Lorbeerbaum

Buchsbaum

Zypressen

Farne

Feigenbaum

Pelargonien

Zitronenbaum

Myrte

Olivenbaum

Dieser Stil, den wir als italienisch bezeichnen, geht auf die Gartenanlagen der Villen im antiken Rom zurück, die an den Hängen der Stadthügel lagen, mit schattigen Innenhöfen und Kolonnaden. Der Blick auf die entfernteren Hügel war sorgfältig geplant. Vor allem der Garten in Tivoli von Kaiser Hadrian inspirierte Männer der Frührenaissance wie Cosimo de' Medici (1389–1464). In seiner Villa Careggi bei Florenz versammelte er eine Gruppe Intellektueller um sich, die in den klassischen Gärten über Philosophie und Literatur diskutierten. Cosimos Garten ist ein frühes Beispiel des italienischen Stils – symmetrisch angelegt mit beschnittenen Lorbeerbäumen, Buchsbaumhecken und Zypressen. Es gab mindestens einen Springbrunnen, der eigens eine Wasserversorgung benötigte. Später wurde er mit einer Skulptur dekoriert. Künstler mit der Gestaltung von Gartendekorationen zu beauftragen, ist ein typisches Kennzeichen der italienischen Gartentradition.

Auch andere Gärten und die berühmten Brunnenanlagen der Villa d'Este bei Rom entsprechen sol-

△ **MODERN UND FORMAL**
In der formalen Anlage eines modernen italienischen Gartens spenden beschnittene Bäume und Sträucher Schatten. Blüten sind nicht so wichtig wie Form und Stil.

▷ **LA FORCE, TOSKANA**
In diesem klassisch italienischen Garten führt der von Formschnitthecken gesäumte Weg zu einem Springbrunnenbecken aus Stein. Große Steinurnen auf wuchtigen Sockeln betonen den formalen Stil.

chen Stilelementen. Sie alle beeindrucken durch ihre Garten-Architektur, und basieren auf einer zentralen Achse. Die Anlage wird durch Wege, Terrassen und großzügige Treppenfolgen strukturiert. Vor allem bei Hanglagen rückt das Wasser spektakulär in den Vordergrund. Es sprudelt aus einer Quelle innerhalb einer Grotte und stürzt schäumend über Treppenstufen hinab, um dann in gewaltigen Fontänen emporzuschießen und sich in formalen Becken und Wasserparterres zu ergießen. Die vielen Gebäude sind sich oft von der jeweils gegenüberliegenden Gartenseite aus zugewandt, oder ihr Standort ist so gewählt, dass eine schöne Aussicht eingefangen wird.

Die Gärten sind hauptsächlich von sattem Grün beherrscht; gelegentlich bilden auch gerade Reihen von Pelargonien in Terrakotta-Kübeln und die Früchte der Zitronen- und Orangenbäume ein farbiges Schmuckelement. Hohe Zypressen, beschnittene Buchsbaum-Reihen, glänzendes Myrtenlaub und plätschernde Springbrunnen, von Farnen eingerahmt, spenden willkommene Kühlung in der Hitze südlicher Sonne.

Italienische Gärten waren vor allem im 19. und frühen 20. Jahrhundert beliebt, als das Geld für teure Steinmetzarbeiten vorhanden war. In den 30er Jahren des 20. Jahrhunderts versuchte Randolph Hearst um seinen Swimming Pool in San Simeon, Kalifornien, einen römischen Garten anzulegen; aber der Stil ist weit mehr von der Renaissance inspiriert.

Im viktorianischen England wurde der italienische Stil durch allzu viele Details und bunte Blumenbeetanlagen verwässert. Dennoch ist der italienische Einfluss gelegentlich in Landhaus-Gärten spürbar aufgrund der Laubengänge mit Stützen aus Naturstein oder Ziegeln; sie enden oft an einem Springbrunnen oder rahmen einen landschaftlichen Ausblick ein wie auf Edwin Lutyens Landsitz Hestercombe in Somerset. Interessanterweise gehört jedoch das Essen im Freien – ein Kulturstil anderer Art aus Italien – nicht zu diesen Gärten. Ausgedehnte Mahlzeiten unter einer berankten Pergola erscheinen unpassend für diesen feudalen Gartenstil.

▽ **KUNST AUS STEIN**
Dieser kunstvoll gearbeitete Steinbrunnen steht im Garten von La Mortola in Norditalien. Als Hintergrund dient ein Naturstein, den Pflanzen fast zuwachsen. Solche Elemente sind charakteristisch für den italienischen Gartenstil.

◁ **KLASSISCH UND FORMAL**
Die Gärten der Villa Gamberaia in der Toskana gehören zu den berühmtesten Italiens. Das Bild zeigt einen für den Stil typischen Weg, eingefasst von beschnittenen Sträuchern in verschiedenen Formen und Größen, dazwischen Orangenbäume in gewaltigen Terrakotta-Kübeln.

MODERNER, FORMALER GARTEN

Eng angelehnt an den italienischen Stil besitzt dieser Garten eine Eleganz, die auf der geometrisch genau ausgerichteten Anlage beruht und auf den verwendeten Materialien, die schwer, relativ edel und oftmals teuer sind. Der Garten bildet die ideale Kulisse für eine stilvolle und kultivierte Gastlichkeit.

STILMERKMALE

Geeignet für

Kleine Grundstücke, Gärten von Stadthäusern

Bauelemente

Naturstein-Pflaster

Urnen, Vasen oder Kübel, Statuen

Sitzmöbel aus Stein oder lackiertem Metall

Dekoratives Gitterwerk (Treillage)

Backsteinmauern, abgedeckt mit Naturstein

Kübel im Versailles-Stil

Pflanzen

Lorbeerbaum

Bergenie

Pelargonie

Eucryphie

Magnolie

Riesenhyazinthe

Hortensie

Skimmie

In seiner vollendeten Form gleicht dieser Garten einer perfekt gestalteten Bühne mit einem professionellen Szenenaufbau – normalerweise ideal für sehr beschäftigte (und wohlhabende) Menschen, die sich kaum mit einem Garten befassen können, der aber dennoch bei jedem Wetter und zu jeder Jahreszeit gut aussehen soll. Obgleich er für große Empfänge wie geschaffen ist, bietet er auch den richtigen Rahmen für eine Mahlzeit im Familienkreis oder eine zwanglose Plauderstunde zu zweit. Dies ist nicht unbedingt ein Garten für Menschen, die sich gerne mit ihren grünen Schützlingen abgeben, aber ein passionierter Sammler könnte durchaus Freude daran finden, neue Kunstobjekte hinzuzufügen.

Das Wesentliche dieses Gartens liegt im formalen Charakter, welcher der klassischen Architektur eigen ist. Die Form wird durch strenge Linien und eine deutliche Achse gekennzeichnet und durch einen Blickpunkt betont, etwa eine Bank oder Urne. Wie ursprünglich beim italienischen Stil so ist auch dieser Garten nach Plan erschaffen – mit wenigen Pflanzen und oft ohne Rasen.

Die Bodenfläche ist in der Regel mit Natursteinplatten belegt und darauf abgestimmt die Steineinfassung etwaiger Hochbeete. Höhenunterschiede sind durch Stein- oder Ziegelstufen ausgeglichen oder Trittsteine. Weniger kostspielig sind Kiesflächen, die sich aber dann durch streng abgegrenzte Ziegel- oder Natursteinkanten eindeutig abheben müssen.

Hohe Mauern, möglichst aus rohen oder verputzten Ziegeln, schützen die Privatsphäre. In Kombination dazu

▽ **ANMUT**
Jonathan Baillie entwarf diesen formalen Londoner Garten. Die beiden Löwen und die aufgereihten Buchsbaumkugeln in weißen Töpfen heben sich von der mit Efeu bewachsenen Mauer ab. Die Ziegel der Terrasse sind im Fischgrätverband verlegt.

▽ ▽ **SYMMETRIE**
Jeff Mendoza gestaltete diesen formalen Garten, wo Steinplatten den Rasen streng gliedern. Hortensien und Schmucklilien halten dazu die Balance. Die Bank als Blickfang wird von Terrakotta-Kübeln flankiert.

oder ersatzweise wird oft Gitterwerk verwendet. Solch eine kunstvolle Treillage mag mit Bogengängen geschmückt sein und gelegentlich mit Urnen sowie Spiegeln, die den Eindruck von Tiefe oder die Illusion mehrerer Gartenräume vermitteln. Zu diesem Garten gehören Säulen und Balustraden, Pavillons und Lauben, vorausgesetzt sie sind im Gesamtplan sorgfältig eingefügt. Geeignet sind auch Steinstatuen und -gefäße sowie Vasen aus Gusseisen.

Hier spielt Wasser ebenfalls eine wichtige, wenn auch nicht die entscheidende Rolle, und zwar in Form eines Steinbeckens – vielleicht mit einer Fontäne – oder eines kunstvollen Wasserspeiers. Ein Löwenkopf, Wassergottheiten oder Nymphen können in einem erhöhten Becken Wasser verströmen. In kleineren Gärten mag ein Wandbrunnen einen feinen Wasserstrahl in ein Schmuckbecken aus Stein plätschern lassen.

Der Garten ist gut ausgestattet mit Tischen und Stühlen aus Holz – gestrichen bzw. lackiert – oder Schmiedeeisen; schmuckvolle Steinbänke sind ebenfalls möglich. Jedoch sind lässig behagliche Liegestühle oder Hängematten hier fehl am Platze.

Die Kübel werden mit Pelargonien in hellen Farben oder mit Formschnittfiguren aus Buchs bepflanzt. Orangen- oder Zitronenbäume könnten während des Sommers im Freien stehen und im Winter Schutz im Haus finden.

Der Schwerpunkt der Bepflanzung liegt auf dem glänzenden Tiefgrün immergrüner Gewächse wie Magnolien, Eucryphie, Kirschlorbeer und Lorbeer. Blütenfarben können lebhaft sein – etwa das dunkle Rot und Pink von Pfingstrosen – oder kühl weiß. Schön sind Hortensie mit ihren schweren Blütenköpfen und die wachszarten Blüten der Gardenie. Doch letztlich beruht die Wirkung des Gartens nicht auf Blumen.

Wird ein Rasen eingeplant – was bei großen Gärten gerne der Fall ist – so muss er unbedingt symmetrisch sein – zum Beispiel ein schmales, langes Rechteck. Die Rasenform sollte entweder mit Hilfe eines durchgängigen Pflastermusters oder durch Steinkanten eingerahmt sein.

◁ **HERBE ELEGANZ**
Ein schlichter Innenhof mit weißen Steinplatten. Die exakt beschnittenen Hecken und grünen Bodendecker bilden einen schönen Kontrast zu den Pflanzen in Töpfen.

▽ **HOFGARTEN**
Die weiße Mauer mit Rundbögen ist ein perfekter Hintergrund für die Anlage. Margeriten und Pelargonien sind der einzige Blütenschmuck.

JAPANISCHER GARTEN

Als ein junger buddhistischer Mönch das Laub vom Weg gefegt hat, erklärt sein Abt die Arbeit für unfertig. Der Mönch beginnt erneut. Nach dem dritten Versuch rüttelt der Abt an einem Baumzweig. Fünf Blätter fallen zu Boden; nun ist die Arbeit vollendet. Dies verdeutlicht das Wesen des japanischen Gartens.

STILMERKMALE

Geeignet für

Separate Gartenbereiche

Bauelemente

Steingruppen, Trittsteine, Steinplattenwege

Geharkte Kies- oder Sandfläche

Bambus

Steinlaternen

Teich und Brücke

Pflanzen

Azalee

Glockenblume

Buschklee

Zierkirsche

Farne

Stechpalme

Japanische Sumpfiris

Ahorn

Gartenarbeit gilt in Japan seit jeher als Kunstform, um eine Glaubensvorstellung und Philosophie auszudrücken. Tatsächlich war zunächst mit *niwa*, dem japanischen Wort für Garten, der gereinigte Ort zur Verehrung der Götter gemeint.

So entstanden Gärten von unglaublicher Ausstrahlung – Gärten, die oft eine unerklärlich ergreifende Erfahrung vermitteln. Die Atmosphäre ist in den ältesten, noch erhaltenen heiligen Gärten zu erleben wie etwa in der kargen Anlage des Ise-Schreins. Ein weiteres Beispiel sind die großen Landschaftsgärten; zu ihnen zählt die Anlage der kaiserlichen Villa Shugaku-in, wo die natürliche und die gestaltete Landschaft ineinander fließen.

Shugaku-in zeigt das Prinzip der »geborgten Aussicht« – ein vor dem Garten liegendes Blickfeld wird im Garten selbst aufgegriffen. Japanische Gärten orientieren sich stets an der Naturlandschaft des Umfeldes, indem sie entweder die Naturkulisse kopieren oder als Miniatur oder sinnbildliche Darstellung der Natur nachbilden.

Viele der berühmten Gärten sind recht klein und so angelegt, dass sie sich dem Betrachter nur von einem einzigen Punkt aus erschließen. Oft sind lediglich zwei oder drei Felsbrocken auf einer Moos- oder Kiesfläche angeordnet.

Unter dem Einfluss des Zen-Buddhismus entstand die Gartenschöpfung »trockene Landschaft«, wofür der Garten von Daisen-in ein Beispiel ist. Felssteine sind sorgfältig auf einer Kiesfläche platziert, die fließendes Wasser darstellt und deshalb wellenförmig geharkt wird.

Eine völlig abstrakte Anordnung hingegen zeigt die berühmte Anlage von Ryoan-ji mit den 15 Felssteinen in feinem, weißem Kies. Steine spielen in japanischen Gärten eine große Rolle – von den heiligen Steinen der Shinto-Schreine, die das Göttliche in der Natur verehren, bis hin zu den kunstvollen

◁ **VOLLENDET**
In dem berühmten »trockenen Garten« von Ryoan-ji gibt es keine Pflanzen. Auf dem weißen Grobsand, zu einem fließenden Muster geharkt, sind 15 Findlinge gruppiert. Die Bäume außerhalb des Gartens tragen zur Wirkung bei.

▷ **MEDITATIVER GARTEN**
Ein japanischer Garten in New York. Trittsteine im Kies und Pflanzen schaffen eine Stimmung zum Besinnen. Grüne Blätter, vereinzelt rote Blüten bilden auf dem Boden Muster aus Licht und Schatten.

Arrangements der Zen-Mönche, die durch Form und Anordnung der Steine menschliche Empfindungen ausdrücken. Besonders schön geformte Steine wurden so hoch geschätzt, dass sie als würdiges Geschenk für den Kaiser galten.

Die Wege bestehen in der Regel aus Stein – manchmal aus rechteckig behauenen Platten, eingefasst mit kleineren, unregelmäßigen Steinen, doch häufiger aus sorgfältig arrangierten, unbearbeiteten Steinen. Auf Kies- oder Moosböden sind Trittsteine üblich.

Aus der Zen-Tradition hat sich auch der Teegarten entwickelt. Durch ihn führt der Weg vom Eingang bis zum Teehaus. Er ist sorgfältig angelegt, um dem inneren Rückzug zu dienen und eine ausgeglichene Ruhe herbeizuführen. Die berühmten Steinlaternen und die Trittstein-Wege, die mit japanischen Gärten in Verbindung gebracht werden, sind Elemente des Teegartens wie auch das rituelle Wasserbecken aus Stein, das Besucher zur Reinigung der Hände und des Mundes einlädt.

Die Rolle der Pflanzen in japanischen Gärten unterscheidet sich deutlich von der europäischen Tradition. Die Leidenschaft, mit der Gartenbesitzer Stecklinge heranzogen oder Großgrundbesitzer ein Arboretum anlegten, ist den Japanern fremd. Hier ist die Wertschätzung der Pflanzen mit deren Blütezeit verknüpft – Kirschblüte im Frühling, Buschklee im Herbst.

Viel wichtiger ist die Wuchsform der Pflanzen. So können Bäume wie Kiefern bei der Gestaltung eines Gartens einen entscheidenden Platz einnehmen und kunstgerecht in die gewünschte Form geschnitten sein. Immergrüne Gehölze, zu stilisierten Hügeln beschnitten, geben oft die Konturen eines entfernten Bergpanoramas wieder. Azaleen werden manchmal sogar unmittelbar vor der Blüte zurückgeschnitten, weil an einigen Stellen die Form wichtiger ist als die Blüte. Die Vielfalt der Pflanzen ist weitaus geringer und beschränkt sich auf Farne, ein oder zwei Sträucher und vielleicht eine Blühpflanze wie die Glockenblume – aber dann in großer Anzahl.

Den echten japanischen Gartenstil kann man im Grunde nicht kopieren, wobei eigentlich die Bezeichnung »Stil« bereits die wahre Bedeutung eines solchen Gartens verkennt. Die grundlegende Achtung vor der jeweils gegebenen Naturlandschaft und die Anwendung des Grundsatzes »weniger ist mehr« sowie die Wertschätzung des Gartens als Zufluchtsort zur stillen Besinnung lassen sich jedoch auch in unseren Gärten nachvollziehen.

◁ **GARTENLEUCHTEN**
Steinlaternen wie diese stehen nach japanischer Tradition am Weg zum Teehaus. Sie sind heute in Gärten japanischen Stils sehr beliebt.

△ **INNERE RUHE**
Ruhiges Wasser, Holzbrücken und große Gruppen gleichartiger Pflanzen sind typisch für japanische Gärten.

UNGEZWUNGENER GARTEN

Dieser moderne Gartentyp ist ideal für viel beschäftigte Menschen mit einer praktischen Lebensweise. Sie schätzen den Garten als »Freiluftzimmer«, aber er darf nicht viel Arbeit erfordern. Insofern ist die Gestaltung höchst wichtig. Pflanzen sind nach ihrem Blattwerk ausgewählt oder wachsen in Kübeln.

STILMERKMALE

Geeignet für

Alle Häuser, aber keine aus vergangenen Stilepochen

Bauelemente

Granit-, Ziegel- oder Betonpflaster oder Kies

Holzbalken bzw. -schwellen

Hochbeete

Gitterwände und Zäune aus Naturholz

Pergola

Pflanzen

Beifuß-Arten

Keulenlilie

Perückenstrauch ›Royal Purple‹

Gräser

Hosta

Japanische Aralie

Neuseeländer Flachs

Essigbaum bzw. Kolben-Sumach

Tulpen

Königskerze

Der ungezwungene Garten wirkt weitaus entspannter als der strenge italienische Stil. Seine Asymmetrie und Schlichtheit lässt japanische Einflüsse erkennen – etwa durch Elemente wie natürlich wirkende Wasserspiele oder Steinarrangements.

Viele Varianten sind denkbar, aber sie sind vom üppigen Cottage-Garten weit entfernt. Die Pflanzen werden vorwiegend wegen ihres Wuchses und ihrer Blattform ausgesucht; einzelne Exemplare platziert man als Solitärpflanze, damit sie optimal zur Geltung kommen.

Diese Gärten, verknüpft mit modernem, funktionalem Design, sind meistens sehr praktisch – geschaffen zum Benutzen und als Ambiente. Der ungezwungene Garten ist informell, pflegeleicht und auf das heutige Leben perfekt zugeschnitten.

◁ **ENTSPANNUNG**
Durch die geraden Linien des Holzdecks erscheint der kleine Garten größer. Die Pflanzen bilden Gruppen und rahmen den Sitzbereich ein. Wirkungsvoll sind Blattwerk und Blüten.

Die Aufteilung ist gewöhnlich äußerst durchdacht und der Platz bestens ausgenützt. Die Nutzbereiche sind praktisch und durch schlichte Gitterwände oder einfache Flechtzäune gut abgeschirmt. Der Essplatz ist großzügig und in kühleren Gegenden so angelegt, dass er von der Sonne erwärmt wird, während eine Pergola oder ein Sonnenschirm für Schatten sorgt. Häufig gibt es einen kleineren Sitzbereich in einem anderen Teil des Gartens – ein Rückzugsplatz zum ungestörten Lesen oder für ein Nickerchen. Die Möbel sind aus Naturholz in schlichtem Design oder ultramodern.

Der gepflasterte Bereich ist ausgedehnt und aus Naturmaterialien. Gerne werden die geometrischen Linien der Beton- oder Natursteinplatten gestalterisch eingesetzt. Bei kleinem Budget kann das Pflaster mit Kies kombiniert werden. Kies wird auch als Pflanzmedium in Beeten verwendet, was an die »Trockengärten« Japans erinnert. Die Bepflanzung ist hier allerdings nicht so karg und schlicht, sondern basiert auf Gewächsen, die eine sehr gute Drainage verlangen. Treppenstufen sollten mit der Pflasterung harmonieren. Sie können aus Ziegeln, Beton- oder Natursteinplatten bestehen, oder die Kanten sind aus Holzbalken mit Trittflächen aus Kies.

Hochbeete aus Ziegeln oder Eisenbahnschwellen passen gut zu diesem Stil. Hier können Pergolapfosten oder Gitterwände errichtet werden, die den erhöhten Bereich vom Rasen trennen. Kübel werden allein oder zusammen mit Hochbeeten verwendet;

△ **MARKANTE FORMEN**
Hier sind viele Elemente eines zwanglosen Stils enthalten wie etwa die markanten Blattpflanzen: Agave, japanische Aralie, Kreuzkraut und Edelraute. Die Blüten der Hortensie sorgen für dezente Farbe.

◁ **KAKTEEN-GARTEN**
Wie eine Gruppierung von Skulpturen wirken die auffallenden Formen der Pflanzen, die so wenig Pflege verlangen wie die gepflasterte Fläche in diesem Garten in Sydney, Australien.

△ **LEBHAFTE FARBE**
Die Mauer in leuchtendem Pink umschließt den Sitzplatz in einem kleinen Garten in Vancouver, Kanada. Die Pflasterung besteht aus Gehwegplatten. Hier sind Gräser und Blattpflanzen bevorzugt.

ob einfache Tonkübel, Betontröge oder Holzbottich – die Formen sind meist schlicht. Eine moderne Skulptur mag entweder als Blickfang dienen oder versteckt als Überraschungseffekt.

Kleinere Gärten haben häufig gar keinen Rasen; auf größeren Grundstücken aber schließt er sich direkt an die Pflasterfläche an. Oft gibt es auch einen naturbelassenen Bereich mit hohem Gras und heimischen Sträuchern und Blumen.

Obgleich dies kein Garten für erklärte Pflanzenliebhaber ist, erlaubt er enorm viele Variationen und zudem herrliche Blumenbeete. In der Regel sucht man die Pflanzen nach ihrer ganzjährigen Wirkung aus, wobei der Schwerpunkt auf dem Blattwerk liegt. Die Farbgestaltung ist oft eigenwillig neu – etwa Schwarzer Schlangenbart *(Ophiopogon planiscapus* ›Nigrescens‹) und schwarzrote Tulpen mit weißen Margeriten oder silbergrauem Wollziest *(Stachys byzantina)* zu den rostroten Blättern der Purpurglöckchen-Sorte ›Palace Purple‹ *(Heuchera micrantha)*.

KALIFORNISCHER STIL

Erschaffen für warme Klimazonen, ist dieser Stil als erweiterter Wohn- und Lebensraum im Freien gedacht. Die wesentlichen Merkmale sind Terrasse oder Holzdeck und ein Schwimmbecken. Die Gartengestaltung orientiert sich am Grundstück, um die jeweiligen Vorzüge voll ausnützen zu können.

STILMERKMALE

Geeignet für

Moderne Häuser in warmen Klimaregionen

Bauelemente

Terrasse oder Holzdeck

Pergola oder Lattenkonstruktion als Sonnenschutz

Swimming Pool

Gute Beleuchtung

Pflanzen*

Schmucklilie

Bougainvillea

Bleiwurz (Plumbago capensis bzw. P. auriculata)

Citrus-Arten

Eukalyptus-Arten

Oleander

Palmen-Arten

Passionsblumen (Passiflora-Arten)

Klebsame

Tasmanischer Baumfarn

* meist frostempfindlich

Dieser Gartentyp hat einen hohen sozialen Wert und dient der Freizeitgestaltung. Aufgrund hoher Grundstückspreise ist er eher klein, verlangt wenig Pflege und wird meist mit dem Haus gleichzeitig angelegt.

Der Stil entwickelte sich etwa nach 1930, und zwar als Reaktion auf die damals so beliebten Gärten, die sich mit ihrer klassischen Symmetrie, den Rasenflächen und Blumenbeeten an die europäische Tradition anlehnten. Die Landschaftsarchitekten Thomas Church und Garrett Eckbo beeinflussten diese Gegenströmung.

Zur selben Zeit vollzog sich aber auch ein sozialer Wandel. Mehr Menschen konnten etwa ein eigenes Auto nutzen, sodass sie aus der Stadt hinauszogen. Ein neues Selbstbewusstsein und die Begeisterung für alles Moderne zeigte sich im Baustil der neuen Häuser, die zudem sehr wirtschaftlich gestaltet wurden, um die Fläche optimal zu nutzen.

Der Garten galt nun als Erweiterung des Hauses oder – wenn er klein war – wenigstens als »Außenzimmer«. In Kaliforniens faszinierender Hügellandschaft entstanden auf größeren Grundstücken Häuser und Gärten, die wie gewachsene Skulpturen wirken und sich in ihre Umgebung einfügen. Sie entsprachen der Bauweise von Frank Lloyd Wright (1869–1959), der in den frühen 20er Jahren ein Pionier dieses Stils war. Einwirkung hatten auch die japanischen Gärten sowie die moderne Kunst mit ihren frei fließenden Formen, die sich bei Schwimmbecken und Terrassen wieder finden. Ein stark spanischer Einfluss ist in den gefliesten Gartenhöfen erkennbar; hier bilden Springbrunnen und Wasserbecken ein kühlendes Element.

Diese Gärten sind sozusagen als Wohnräume im Freien »gebaut« und daher praktisch und schön gestaltet. Jedem Bereich – wie etwa Haupteingang oder Vorgarten mit Einfahrt und Autostellplatz – ist eine bestimmte Funktion zugewiesen.

Vom Carport gelangt man in den Hinterhof, an den sich der eigentliche Lebensbereich anschließt. Er bietet einen Essplatz, Swimmingpool, eine Spielfläche für Kinder oder einfach die Möglichkeit zum Entspannen – oder bei Bedarf den nötigen Schatten, Wind- und Sichtschutz. Naturgegebene Vorzüge wie ein ausgewachsener Baum oder eine schöne Aussicht

werden noch betont. Terrassen sind in kalifornischen Gärten meistens gepflastert, und zwar häufig mit gegossenen Beton-Strukturplatten. Der beliebte Rasen hat an Gunst verloren, da er eine intensive Bewässerung verlangt. So ersetzt man ihn durch anspruchslosere Bodendecker, da die Menschen umweltbewusster geworden sind.

Als Sicht- und Windschutz verwendet man für offene Zäune Holzlamellen oder aber Holzgitter. Wird dadurch allerdings eine schöne Aussicht verdeckt, so kann die Abschirmung aus Glas bestehen. Massive Mauern sind meist aus Gasbeton oder gegossenem Beton errichtet und oft in leuchtenden Farben gestrichen. Als Sonnendach sieht man Holzkonstruktionen – etwa eine einfache Pergola aus Pfosten und Querbalken oder kunstvolles Gitterwerk. Mehr Schatten spendet eine Art Gartenhaus bzw. Laube aus Holzlatten.

Zu diesem Stil gehören ebenso Holzdecks, wofür man gerne Redwood (rotes Sandelholz) verwendet. Die teils asymmetrisch zugeschnittenen Holzplanken bilden manchmal auch unterschiedlich hohe Einzeldecks. An Hanglagen mit besonders reizvoller Aussicht kann das Deck auch frei tragend konstruiert sein – einem Balkon ähnlich. Auf dem Hauptdeck stehen Tische und viele Stühle sowie Pflanzkübel, deren breite Ränder weitere Sitzflächen bieten. Die Gartenmöbel sind entweder ultramodern oder aus schlichtem Holz, auch bequeme Liegen und Bänke mit Kissen fehlen nicht.

Ein Grill mag an einem windgeschützten Schattenplatz fest eingebaut sein. Bei Grill- und Pool-Partys ist der Garten meist gut beleuchtet. Das gewährt Sicherheit und einen reizvollen Anblick vom Haus aus.

Wie Treibholz, Steine und Skulpturen dienen Pflanzen nur der Dekoration – bevorzugt Sträucher und Bäume mit interessanten Formen. Die Gartenanlage mag sich sogar speziell an einem mächtigen Baum orientieren. Bei Sträuchern ist die Wirkung als Windschutz wichtiger als ihre Blütenschönheit. Leuchtende Begonien oder Fleißige Lieschen (hier mehrjährig) sorgen für Farbe im Garten und Palmen, Bougainvillea, Kamelie, Gardenie und Baumfarne für eine fast tropische Atmosphäre. Man bevorzugt die in diesem Klima heimischen Pflanzen sowie pflegeleichte, einheitliche Bodendecker für große Flächen.

△ **LOSGELÖST**
Das elegante, weiße Betonbecken mit seiner schlichten Linienführung, der einfachen Fontäne und den modernen Skulpturen ist ein Lehrbeispiel für den kalifornischen Stil, gestaltet vom Gartendesigner Thomas Church.

◁◁ **ZURÜCKGEZOGEN**
Stufen und Stege aus verblichenem Holz führen in großzügigem Zickzack-Kurs zu einem erhöhten Holzdeck mit einer bequemen Sitzgruppe. Holzzäune und Rankgitter, bewachsen mit allerlei Kletterpflanzen, bieten Sichtschutz in diesem Garten in Los Angeles, Kalifornien.

◁ **GEGENWÄRTIG**
Derselbe Garten aus einem anderen Blickwinkel betrachtet: Das Haus mit erhöhtem Sonnendeck ist im spanischen Stil erbaut. Auf dem Dach wachsen Palmen. Ein gestutzter Baum in einem großen Terrakotta-Kübel sowie Pflanzen von interessantem Wuchs betonen das moderne Ambiente.

BRITISCHER KOLONIALSTIL

Das Leben von einst in den britischen Kolonien wird hier gegenwärtig. Eine große Veranda ist von tropisch anmutenden Kletterpflanzen dicht bewachsen, die Luft vom schweren Duft exotischer Pflanzen erfüllt. Im Garten breiten sich Pflanzen fast bedrohlich aus, und die Blätter bieten sämtliche Grüntöne.

STILMERKMALE

Geeignet für

Stadt- und Vorortgärten, moderne Häuser oder Holzhäuser

Bauelemente

Holzdeck oder Veranda mit Rattanmöbeln

Bambuszäune

Stein- oder Betonpflaster

Rindenschrot

Natürlich aussehende Teiche

Pflanzen*

Bambus-Arten

Bougainvillea

Indisches Blumenrohr

Magnolie (M. grandiflora)

Farn-Arten

Mammutblatt

Japanische Aralie

Jasmin-Arten

Kiwi

Japanische Mispel bzw. Loquat

* meist frostempfindlich

Ein solcher Garten mag hierzulande in der Stadt oder in einem Vorort als abwegig gelten. In Wahrheit aber ist ein tropisch wirkender Dschungel-Garten oder eine schattige Veranda mit üppigen Ranken auch in unseren Regionen möglich. Im tiefen Süden der Vereinigten Staaten, im Norden von Neuseeland und in Teilen Afrikas und Australiens, wo ein feucht-warmes Klima ohne Frost herrscht, sind derartige Elemente im Garten seit langem üblich; sie eignen sich auch für Gärten in unseren Innenstädten, denn hier sind meistens die Temperaturen höher und der Wind sanfter als im Umland.

Dieser Gartentyp setzt voraus, dass Sie Pflanzen – vor allem fremde und eher ungewöhnliche – gerne um sich haben und pflegen und ferner, dass Sie nicht in Panik geraten, wenn sie allzu stark wuchern. Ein exotischer Dschungel muss eher ungezügelt aussehen, wenn er natürlich erscheinen soll.

Besonders wichtig ist die Grundstruktur des Gartens: Klare Linien müssen der Pflanzenfülle einen Rahmen geben. Das Haus und vor allem die gepflasterte Terrasse sollten so wirken, als würden sie im nächsten Moment von den Kletterpflanzen »überrannt« werden. Rankgerüste müssen stabil und fest sein, aber dennoch leicht erscheinen – ebenso Zäune. Eine bewegliche Abschirmung aus Bambus als Sichtschutz ist hier sehr wirkungsvoll.

Pfade führen durch den »Busch« und treffen hier auf eine kleine Lichtung, wo man vielleicht auf einen alten Segeltuchstuhl oder eine kleine Hütte mit Schindeldach stößt. Die Grenzen des Gartens sind völlig zugewachsen und kaum erkennbar.

Die Bodenflächen können mit Platten oder Ziegeln gepflastert sein, aber man sollte dunkle Farben wählen und keine hellen, und die Oberfläche sollte nicht langweilig aussehen. Holzdecks passen großartig. Für die Luftzirkulation muss jedoch ein Abstand zum Erdreich gegeben sein, da sich sonst leicht Moos und Algen ansiedeln und die Holzplanken rutschig werden. Als Wegbelag im Hauptteil des Gartens eignet sich Rindenschrot besonders gut.

Weil hier viel Feuchtigkeit und Schatten entsteht, ist ein Rasen für diesen Stil ungeeignet. Hier würden sich schnell Moose ausbreiten. Deshalb sind für größere Flächen Bodendecker zur Begrünung ratsam – etwa Bubiköpfchen *(Soleirola soleirolii),* das aber nicht trittfest ist.

Wasser ist bei diesem Stil ein wesentliches Element. Es mag sich als Rinnsal oder kleiner Bach durch den Garten schlängeln oder einen stillen Teich bilden, dessen sumpfiges Ufer mit Kieseln abgedeckt ist. Dichtes Farn, Moos und Kriechpflanzen verwischen den Teichrand. Holzplanken sind mit Maschendraht umwickelt, damit man nicht ausgleitet, und an manchen Stellen lässt sich der Bach überqueren. In großen Gärten mag der Wasserlauf sogar in einen See münden, wo man einen Angelsteg vorfindet und vielleicht ein Boot, das an einem Baum festgebunden ist.

Mit den Pflanzen im Garten sollten Sie einfach experimentieren. Selbst in gemäßigten Klimaregionen können Arten mit erstaunlich tropischem Aussehen gedeihen – etwa Klassiker wie Japanische Aralie, Efeuaralie, Mammutblatt, verschiedene Bambusarten oder auch eine große Magnolie. In mildem Klima könnte sogar Tasmanischer Baumfarn oder eine Bananenpflanze *(Musa basjoo)* gedeihen.

Eine Veranda darf von Bougainvillea, Blauregen oder Jasmin berankt sein, von wo aus sich ein herrlicher Blick auf den Garten bietet und sich die prächtige Szenerie bewundern lässt.

△ **VOLLER KONTRAST**
Auf der Terrasse dieses südafrikanischen Hauses mit blühenden Kübelpflanzen und einem Baum herrscht Ordnung. Doch im Hintergrund geht der Garten in einen grünen Dschungel über.

◁ **ÜPPIGES WACHSTUM**
Der Blauregen dringt schon bis zur Veranda vor, und die üppige Gartenbepflanzung bedeckt fast den Weg, der mit Rindenschrot und Trittsteinen gestaltet ist.

△ **UNGEWISSER PFAD**
Trittsteine aus Beton führen ins dunkle Herz dieses Dschungel-Gartens. Prächtige Baumfarne, Efeu und Gräser steigern die exotische Wirkung.

GÄRTNERISCHES GRUNDWISSEN

△ **NEU GEPFLANZT**
Kaufen Sie neue Bäume, so achten Sie auf gute Qualität. Zudem brauchen sie gute Startbedingungen, um anwurzeln und sich zwischen Konkurrenzpflanzen behaupten zu können.

◁ **VERWILDERTES BEET**
Zum Auslichten ist der Herbst die beste Zeit. Viele Stauden, die sich zu stark ausgebreitet haben, kann man in der kühleren Jahreszeit ausgraben, teilen und neu einpflanzen.

Nachdem Sie nun Ihren Traumgarten durchdacht und geplant haben, ist es Zeit, Ihre Ideen in die Tat umzusetzen. In diesem Kapitel finden Sie praktische Tipps – vom großen Aufräumen bis zum Bepflanzen. Im Grunde sind die Aufgaben in den meisten Gärten gleich, doch weniger die Vorgehensweise.

Aus diesem Grund sollten Sie zuerst Ihren Garten gründlich kennenlernen und den Umfang der notwendigen Veränderungen abschätzen. Ganz gleich, wie schlimm Ihr Garten am Anfang aussehen mag – dieses Kapitel bietet Ihnen das Grundwissen, um Ihre Gartenprobleme anpacken zu können.

GROSSES AUFRÄUMEN

Die Vorbereitung eines verwahrlosten Gartens zum Bepflanzen ist keine Zauberei. Hat man Ihnen Bauschutt oder undurchdringliches Dickicht hinterlassen, so hat es jedoch keinen Sinn, neue Pflanzen einzusetzen, bevor der Garten entrümpelt und der Boden vorbereitet ist.

△ **MINIBAGGER**
Hiermit sind u. a. auch große Mengen Erde oder Unrat relativ leicht zu bewegen. Setzen Sie ein so schweres Gerät aber nur auf trockenem Grund ein, damit der Boden nicht zu stark verdichtet wird.

▷ **BODENFRÄSE**
Mit solch einem Motorgerät können Sie feuchten Boden ca. 23 cm tief umbrechen, der weder zu nass noch zu trocken ist. Das Gerät muss man bei der Arbeit herabdrücken.

Sortieren Sie zuerst allen toten Unrat aus. Als Vorsichtsmaßnahme gegen Spritzer, Schnitte und Kratzer sollten Sie stets Arme und Beine bedeckt halten. Tragen Sie Arbeitshandschuhe und festes Schuhwerk, wenn unhandliche oder schwere Teile bewegt werden müssen. Ist die Oberfläche abgeräumt, stechen Sie mit einer Grabgabel in alle Erdhaufen; oft ist auch darunter allerlei Unrat begraben; beseitigen Sie ihn besser gleich.

Sammeln Sie alles, was Sie noch verwenden möchten, den Rest lassen Sie abfahren. Für größere Mengen sollten Sie einen Container mieten. Die Kosten werden nach Volumen berechnet. Holen Sie mehrere Angebote ein, denn manche Unternehmen berechnen eine tägliche Miete und eine volumenabhängige Abfuhrgebühr, während bei anderen die Kosten je nach Zusammensetzung der Abfälle variieren. Sammeln Sie allen Müll an einem Platz, damit Sie das Volumen besser abschätzen können und Zeit beim Aufladen sparen. Wenden Sie sich unbedingt an ein seriöses Abfuhrunternehmen, um sicher zu gehen, dass Ihre Abfälle sachgerecht entsorgt werden.

UNERWÜNSCHTE PFLANZEN

Lassen Sie große Bäume von einem Fachmann fällen, der auch die Wurzeln beseitigt; Baumstümpfe sollten sofort entfernt werden. Zweige und Äste können mit einem Schredder zerkleinert werden. Bestimmte Deponien nehmen Gartenabfälle entgegen.

Die Beseitigung von Unkraut ist äußerst wichtig. Wenn Sie mit dem Bepflanzen warten wollen, schneiden Sie das gesamte Unkraut mit einer Sense oder einem Freischneider herunter. Um das Unkraut zu ersticken, decken Sie die betreffende Fläche mit schwarzer Plastikfolie oder einer dicken Schicht Zeitungspapier ab – fixieren Sie alles mit Steinen. An sichtbaren Gartenstellen schütten Sie eine dicke Schicht Rindenmulch auf die Abdeckung.

Eine andere Lösung ist, das Unkraut auszugraben oder mit einem sogenannten systemisch wirkenden Unkrautgift zu behandeln. Mehrjähriges Unkraut mit Wurzeln, blühendes und Samen tragendes Unkraut gehören so wenig auf den Kompost wie kranke Pflanzen. Kleine Mengen werfen Sie in die Mülltonne. Eine Unmenge Unkraut lassen Sie trocknen.

NÜTZLICHE WERKZEUGE

Sie sollten sich eine Grabgabel und eine Schubkarre anschaffen, außerdem einige stabile Bretter als Stege für unwegsames Gelände. Wenn viel Bauschutt bewegt werden muss, wählen Sie besser eine robuste Karre aus verzinktem Eisen als eine Kunststoffkarre. Eine Sense zum Herunterschneiden von Unkraut ist eine sinnvolle Anschaffung, wenn Sie eine Wildblumenwiese anlegen möchten; ggf. sollten Sie sich von einem erfahrenen Gärtner zeigen lassen, wie man sie sicher führt und schärft. Mit Motorgeräten lassen sich die Aufräumarbeiten schneller durchführen, allerdings ist einige Körperkraft nötig, um sie risikolos zu benutzen. Solche Geräte kann man meist mitsamt der richtigen Sicherheitsausrüstung mieten.

Freischneider. Diese laute Alternative zur Sense hat einen Benzinmotor und schneidet Unkräuter im Handumdrehen kurz. Manche Geräte arbeiten mit einem Nylon-Schleuderfaden, der nur hartes Gras und junge Brennnesseln schneidet, andere besitzen ein rotierendes Messer, das auch alte Brennnesseln und selbst Brombeerruten stutzt. Allerdings sind diese Motorsensen nicht ungefährlich.

Erdfräse (Motorhacke). Die Maschine erspart das Umgraben vor dem Einpflanzen. Es gibt Modelle mit Benzin- oder Elektromotor. Am besten setzt man sie auf unkrautfreiem Boden ein, denn sonst werden die Unkrautwurzeln zerstückelt und jedes Stück treibt neu aus – oder Sie wiederholen den Vorgang drei- bis viermal in Abständen von mindestens drei Wochen, bis die Unkräuter erschöpft sind.

Stumpfentferner. Diese Geräte werden von Fachleuten verwendet. Manche Typen arbeiten mit einer Winde, die den Baumstumpf herauszieht, andere zermahlen das Stumpfholz im Boden. Man kann Stümpfe auch chemisch abtöten (vgl. Seite 127).

Hochdruckreiniger. Das Gerät wird an einen Schlauch angeschlossen und reinigt gepflasterte Bereiche nach den Aufräumarbeiten mit hohem Wasserdruck, sodass die Verwendung von scharfen Reinigungsmitteln überflüssig wird. Er kann auch zum Reinigen von Holzdecks und Gartenmöbeln benutzt werden.

Drucksprühgerät. Mit diesem Gerät tötet man Unkraut großflächig ab. Der Behälter wird mit der Hand aufgepumpt, sodass ein Überdruck entsteht, durch den das in Wasser gelöste Unkrautgift fein vernebelt aus einer Düse austritt. Manche Geräte haben einen Handgriff, andere werden mit einem Riemen auf der Schulter getragen. Bei Gebrauch sind Gesichtsschutz, Schutzhandschuhe sowie wasserfestes Schuhwerk notwendig.

Beachten Sie vor Gebrauch der Geräte stets die jeweilige Anleitung und die Sicherheitshinweise der Anbieter.

▽ **HECKENSCHERE**
Mit der Motorheckenschere geht die Arbeit schneller als mit der Handschere. Geräte mit Elektromotor sind relativ leicht, die mit Benzinmotor schwerer und lauter, doch langlebig.

▷ **SCHREDDER**
Meist mit einem Elektromotor ausgestattet, zerkleinert Zweige und dünne Äste. Den Häcksel kann man kompostieren, als Wegbelag oder Beetmulch verwenden.

BAUELEMENTE AUSBESSERN

Vor dem Einpflanzen sollten Sie alle baulichen Gartenelemente, die Sie erhalten wollen, überprüfen und gegebenenfalls reparieren. Alle Bauteile, deren Zustand ein Risiko darstellt – vor allem wacklige Zäune und beschädigte Mauern –, müssen zügig in Stand gesetzt werden.

Reparaturen an Gartenbauten sind – außer bei Frost und Regen – zu jeder Jahreszeit möglich. Günstig ist der Spätherbst, ehe die Winterstürme Schäden anrichten können. Außerdem sind Zäune, Mauern und Rankgerüste während der Winterruhe der Pflanzen leichter zugänglich.

GARTENMAUERN

Ziegel müssen frostbeständig sein, sonst bilden sich schnell Risse. Wenn eine Mauer aus geeigneten Ziegeln gebaut wurde und generell intakt ist, sollten Sie Witterungsschäden vorbeugen, indem Sie losen Fugenmörtel erneuern und die Oberkante schützen. Durch das Neuverfugen wird die Mauer wasserdicht. Orientieren Sie sich hierbei am vorhandenen Mörtel- und Fugentyp. Die Oberkante einer Mauer schützt man am besten durch Abdeckplatten. Diese sind so geformt, dass Regenwasser abfließen kann und nicht an der Mauer herunter rinnt.

WEGE

Bei flachen Grundstücken bieten sich Kieswege an, die einfach und preiswert anzulegen sind und zu allen Gartenstilen passen. Der Vorteil dieser Wege ist, dass sie lange halten. Wenn Sie diese einmal umgestalten möchten, sind sie schnell beseitigt und das Material kann anderweitig benutzt werden. Alternativ zur unten gezeigten Methode können Sie auch eine Kunststoff- oder Polypropylenfolie auslegen und mit einer 2,5–5cm dicken Schicht aus mittelfeinem Kies bedecken.

MAUERWERK VERFUGEN

Sie brauchen
Mörtel, Hammer, Meißel, Fugenkelle, Reibe- und gerades Holzbrett, Schutzbrille

Für den Mörtel zwei Teile Sand und ein Teil Zement mischen; nach und nach Wasser einrühren, bis der Mörtel an der Kelle kleben bleibt. Das Fugen ist einfach, wenn der Mörtel bündig mit den Steinen abschließt.

1 Mit Hammer und Meißel alle losen Mörtelreste zwischen den Steinen entfernen, damit der frische Mörtel besser hält.

2 Auf dem Reibebrett einen runden Mörtelklacks formen; mit der Kelle einen Streifen abschneiden und den Mörtel an der Kellenunterseite zum Brettrand schieben.

3 Den Mörtel in die Fuge drücken und mit der Kelle in der Fuge entlang ziehen, wiederholen bis die Fuge gefüllt ist; mit Brett und Kellenspitze überschüssigen Mörtel entlang der Steinkante abstreifen.

▽ **KIESWEG**

Kies gibt es in verschiedener Körnung. Auf einer mehr als 2,5 cm dicken Schicht aus feinem Kies (Körnung 1,2 cm) ist schlecht zu gehen. Dann ist eine Unterschicht aus groberem Kies (über 2,5 cm) notwendig oder aus einer Stein-Lehm-Mischung.

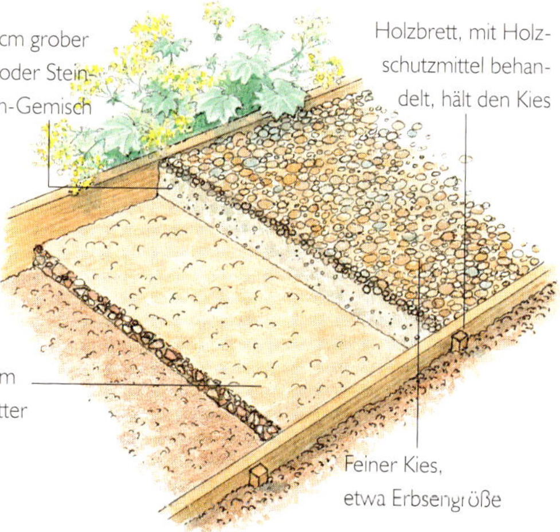

TERRASSEN

Wer eine unebene Terrassenplatte nivellieren will, sollte zuerst herausfinden, was sich darunter befindet. Heben Sie mit einem Stemmeisen, einem Kuhfuß oder einem alten Spaten einige der unebenen Platten an. Wenn Sie Glück haben, liegen die Platten im Sandbett und sind mit einem Klacks Mörtel fixiert. Vielleicht finden Sie aber auch durchgehenden Estrich vor. Ist die Zementschicht weniger als 10 cm dick, können Sie diese vermutlich selbst heraushauen. Dickere Schichten und Beton mit Stahlarmierung sollten Sie einer Baufirma überlassen.

HOLZPFOSTEN

Wackelnde Holzpfosten sind meist im Boden verrottet. Wer den Schaden frühzeitig bemerkt, kann das gesunde Holz mit einem kurzen Betonpfeiler verschrauben. Anderenfalls muss der Pfosten ersetzt werden; seine Länge hängt davon ab, wie tief er in den Boden eingesenkt werden soll, wie der Boden beschaffen ist und wie viel Gewicht der Pfosten tragen soll. Pfosten mit einem Fundament aus Schotter und Beton müssen mit einem Viertel ihrer Länge im Boden verankert sein. Wenn Sie Metallschuhe verwenden, können die Pfosten deutlich kürzer sein. – Kontrollieren Sie häufig mit der Wasserwaage, ob der Pfosten gerade steht. Müssen Sie viele Pfosten verankern, sollten Sie sich einen Erdbohrer ausleihen.

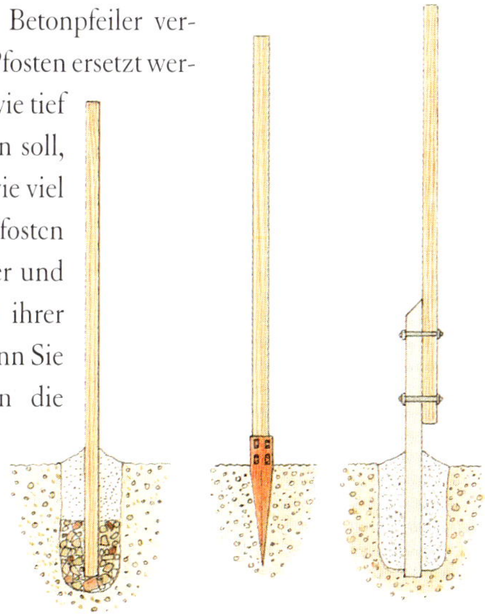

UNEBENE PLATTEN AUSGLEICHEN

Sie brauchen
Breiten Meißel, Hammer, Handschaufel oder Spaten, Sand, Harke oder Stampfer, Besen (hart), Schutzkleidung

Tragen Sie beim Hantieren mit Gehwegplatten Arbeitshandschuhe und feste Schuhe. Die Unebenheit kann vom Mörtel herrühren – auf der Plattenunterseite oder auf der Unterschicht. Oft genügt es, den Mörtel abzuschlagen (hierbei Schutzbrille tragen!) und die Lücke mit Sand aufzufüllen, oder Sie müssen den Untergrund abtragen und neu auffüllen.

1 Mit Hammer und Meißel Mörtel von der Unterseite der unebenen Platte abschlagen.

2 Die Schichten unter der Platte abtragen und Materialien getrennt halten. Mit Erde verunreinigten Sand oder Kies beseitigen.

3 Schicht für Schicht wieder einfüllen; jede Schicht mit Stampfer gut festdrücken und prüfen, ob sie eben ist.

4 Platte einlegen; prüfen, ob sie eben liegt und mit den Nachbarplatten bündig abschließt, sonst erneut anheben und Sandschicht nachbessern.

5 Mit hartem Besen Sand in die Fugen fegen. Bei Mörtelfugen trockenes Sand-Zement-Gemisch einfegen und behutsam wässern.

▷ **TERRASSE IM QUERSCHNITT**
Wenn Sie Pflanzen in die Fugen setzen wollen, lassen Sie den Mörtel weg.

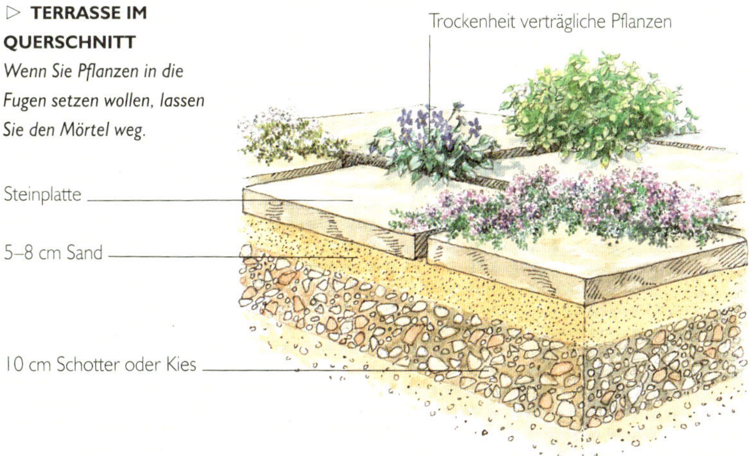

BODEN VORBEREITEN

Sind Müll und Unkraut beseitigt, kann die Bodenfläche aufgeteilt und aufbereitet werden. Auch wenn es Ihnen unter den Nägeln brennt, nun endlich mit dem Einpflanzen zu beginnen, so nehmen Sie sich für die Bodenvorbereitung ausreichend Zeit. Ihre Pflanzen werden es Ihnen auf die Dauer danken.

Sie können sich natürlich den Garten in Etappen vornehmen und mit dem Rasen etwa oder einem Beet beginnen. Es ist jedoch ratsamer, zuerst alle anliegenden Bauarbeiten im Garten zu erledigen, bevor Sie mit dem Pflanzen beginnen.

MARKIEREN

Ein mit Klarsichtfolie bezogener, maßstabsgetreuer Grundriss des Gartens ist Gold wert, wenn es ans Aufteilen der Flächen geht. Zeichnen Sie ein, welche Bereiche gepflastert und welche bepflanzt werden sollen. Nehmen Sie alle Maße von einem Fixpunkt aus, um Fehler zu vermeiden. Jetzt ist noch Zeit für einige praktische Änderungen. Wenn beispielsweise Ihre gewünschten Terrassenplatten an allen Kanten geschnitten werden müssten, um in Ihren Plan zu passen, sollten Sie die Proportionen der angrenzenden Beete leicht verändern, um diese Mühe zu vermeiden.

Informelle Konturen kann man aus freier Hand gestalten – etwa mit Hilfe eines Gartenschlauchs oder einer feinen Sandspur, aus einer Flasche gestreut. Formale Anlagen mit geradlinigen Beeten und Wegen müssen genau angezeichnet werden. Bewaffnen Sie sich mit einem großen Winkel, Pflöcken und Schnur (siehe auch Seite 216).

GEPFLASTERTE FLÄCHEN

Tragen Sie von Flächen, die gepflastert werden sollen, zuerst die oberste Erdschicht ab, die Sie auf die zukünftigen Beete geben. Dann festigen Sie den Unterboden gründlich mit einem Plattenstampfer. Je nach Dicke der abgetragenen Erdschicht müssen Sie eventuell eine Schicht Schotter einfüllen, um das

◁ **GERADLINIG**
Formale Beete müssen genau ausgemessen sein. Mit einem großen Holzwinkel, Pflöcken und einer Schnur können Sie einen Winkel von 90° genau abstecken.

▷ **GESCHWUNGEN**
Bevor Sie ein frei geformtes Beet anlegen, probieren Sie verschiedene Varianten aus, indem Sie einen Gartenschlauch auf dem Boden auslegen und so lange verschieben, bis Ihnen die Form zusagt.

Niveau wieder anzuheben. Damit das Wasser vom Steinbelag gut abläuft, ist ein leichtes Gefälle zum Beet oder Rasen hin sinnvoll.

PFLANZBEREICHE

Wenn Sie Flächen bepflanzen wollen, die durch schweres Gerät verdichtet wurden oder die vorher unbepflanzt waren, sollten Sie den Boden zuerst umgraben (siehe rechts). Auf Zier-, Gehölzbeeten oder Rasenflächen fällt diese Arbeit nur einmal an. Dadurch können Sie feststellen, wie der Boden beschaffen ist und dabei eventuell Reste von Bauschutt oder Unkrautwurzeln entfernen. Graben Sie gleich reichlich Kompost oder gut verrotteten Stalldung unter, um den Boden zu lockern. Nach dem Umgraben kann der Boden über Winter ruhen und im Frühling bepflanzt werden.

Vor allem schwerer Lehmboden dankt das Umgraben, doch kommt es auf den richtigen Zeitpunkt an. Die ideale Zeit ist der Herbst, wenn der Boden feucht ist. Sandigen Boden kann man jederzeit bearbeiten. Wer solche Arbeiten nicht gewöhnt ist, sollte die Arbeit in Etappen fertigstellen.

RICHTIG UMGRABEN

Sie brauchen
Feste Schuhe, Spaten, Pflöcke und Schnur

Sie markieren zuerst mit Pflöcken und Schnur die ausgewählte Fläche, entfernen den Rasen und Pflanzen und teilen die Fläche in Streifen von je 30 cm Breite ein. Den Spaten senkrecht einstechen und den Aushub nach vorne werfen, nicht zur Seite.

1 An einer Ecke beginnen. Einen Graben in der Tiefe des Spatenblattes ausheben und Aushub auf die Fläche direkt daneben werfen. Diese Erde später in den letzten Graben füllen. Den ersten Graben über die gesamte Länge der Fläche ausheben.

2 In den ersten Graben eine Schicht organischen Materials füllen – später ebenso in alle anderen Gräben. Vom dritten Streifen aus den zweiten Graben ausheben und Aushub in den ersten Graben werfen.

3 Zweiten Graben beenden, organisches Material einfüllen und mit dem Aushub des dritten Grabens auffüllen – bis zum letzten Graben ebenso verfahren; den Aushub des ersten Grabens in den letzten einfüllen. Frischbeete nicht betreten.

BODEN EINEBNEN

Sie brauchen
Wasserwaage, Schnur und Pflöcke, gerade Holzlatte und Harke

Meistens reicht es aus, die Bodenfläche nach dem Umgraben mit einer Harke glatt zu ziehen. Harken Sie zuerst die ganze Fläche in einer Richtung und danach noch einmal im Winkel von 90°; große Steine dabei entfernen. Für ein formales Beet oder eine Rasenfläche muss der Boden vollkommen eben sein. Unebenheiten erschweren das Mähen – die Schnitthöhe wird zu kurz oder zu lang. Stecken Sie mit Pflöcken über die ganze Fläche ein Raster von 1,5–2 m Kantenlänge ab.

1 Holzlatte über zwei benachbarte Pflöcke legen und mit der Wasserwaage gerade ausrichten; ggf. einen der Pflöcke mit dem Hammer tiefer einschlagen.

2 Schnur in sichtbarer Farbe zwischen den Pflöcken spannen. Für eine exakt waagerechte Linie muss die Schnur an allen Pflöcken in gleicher Höhe sorgfältig befestigt sein.

3 Mit der Harke die Erde zwischen den Pflöcken gleichmäßig verteilen. Mit der Rückseite der Harke größere Erderhebungen in Vertiefungen schieben.

EINPFLANZEN

Pflanzen Sie zuerst die langlebigen Gewächse wie Bäume, Sträucher und Kletterpflanzen, die Sie als Rückgrat für die weitere Bepflanzung nutzen können. Kleinere oder kurzlebige Pflanzen lassen sich je nach Saison später einsetzen. Gruppieren Sie Pflanzen mit ähnlichen Ansprüchen, so sinkt der Pflegeaufwand erheblich.

Geben Sie langlebigen Pflanzen reichlich Platz zum Heranwachsen, informieren Sie sich in Büchern über die endgültige Höhe und Breite der jeweiligen Art. Sträucher und Kletterpflanzen kann man zwar enger pflanzen, muss sie dann aber regelmäßig zurückschneiden; außerdem geht die natürliche Form der Pflanzen dabei meist verloren. Bäume dürfen keinesfalls zu eng gepflanzt werden.

WANN WIRD GEPFLANZT?

Winterharte Pflanzen in Behältern können theoretisch jederzeit gepflanzt werden, doch der ideale Zeitpunkt ist Frühjahr oder Herbst. Pflanzt man im Sommer, muss man sie täglich wässern, und die Pflanzen wurzeln nur mühsam an. Laubabwerfende Pflanzen setzt man am besten nach dem Laubfall in die Erde. Immergrüne Gewächse dagegen sollten im Frühherbst oder Frühjahr gepflanzt werden. Einjährige Sommerblumen müssen zuvor abhärten und dürfen erst nach den letzten Frosttagen ins Beet.

WICHTIGER GRUNDSATZ

Jede Pflanze, selbst wenn sie Trockenheit verträgt, muss vor und nach dem Pflanzen gründlich gewässert wer-

BAUM PFLANZEN

Sie brauchen
Spaten, Kompost, Stab, Sützpfahl, Hammer und Baumbinder (für Bäume über 1,20 m Höhe)

Hier sehen Sie die einzelnen Arbeitsschritte zum Pflanzen eines Baums (über 1,20 m hoch), der im Behälter gekauft wurde. Kleinere Bäume muss man nicht anbinden. Die Stütze ist nur während der ersten Jahre notwendig, deshalb genügt ein unbehandeltes Weichholz. Die Höhe des eingeschlagenen Pfahls beträgt ca. ein Drittel der Baumhöhe.

1 Eine Fläche von etwa 1 qm säubern. Den Baum gründlich wässern und ein Loch in der doppelten Größe des Wurzelballens ausheben. Der Aushub sollte mit Kompost angereichert werden.

2 Den Stützpfahl knapp neben der Mitte des Loches einschlagen, damit genügend Platz für den Wurzelballen bleibt. Für wurzelnackte Bäume den Pfahl in Pflanzlochmitte einschlagen.

3 Baum aus dem Behälter nehmen; ihn so ins Loch stellen, dass die Oberkante des Wurzelballens mit der Erdoberfläche bündig abschließt (mit gerader Holzlatte oder Stab überprüfen).

4 Aushub mit Kompost ins Pflanzloch einfüllen (ggf den Baum währenddessen mit Bast am Pfahl anbinden, oder eine zweite Person hält ihn gerade). Erde beim Einfüllen andrücken.

den. Heben Sie ein Loch in der doppelten Größe des Wurzelballens aus, und räumen Sie den Boden ringsum gründlich von möglichen Konkurrenzpflanzen.

BÄUME

Bäume unter 1,20 m Höhe müssen nur in sehr windigen Lagen angebunden werden. Bei wurzelnackten Bäumen muss besonders darauf geachtet werden, dass die Wurzeln nicht austrocknen. Am besten stellen Sie die Wurzeln in einen Eimer voll Wasser, während Sie das Loch ausheben. Achten Sie beim Einfüllen des Bodens darauf, dass die Wurzeln ringsum von Erde umgeben sind (vgl. Kasten unten).

STRÄUCHER

Wenn Sie ein Gehölzbeet bepflanzen, stellen Sie die Sträucher zuerst mit ihren Töpfen auf, um das Bild zu prüfen. Graben Sie für jeden Strauch ein großes Loch, ähnlich wie für einen Baum; das Anbinden ist hier nicht notwendig. Große Lücken zwischen jungen Sträuchern können Sie mit einjährigen Blumen auffüllen oder die nackte Erde mit Rindenmulch abdecken, das sieht schöner aus.

KLETTERPFLANZEN AM ZAUN EINPFLANZEN

Sie brauchen
Ringschrauben, Draht, Zange, Bambusstäbe und Bast

Spannen Sie vor dem Einpflanzen genügend horizontale Drähte im Abstand von 30 cm. Die Triebe werden mit Bast oder weicher Schnur angebunden (mit Achterschlaufe und einfachem Knoten).

1 Ringschrauben in die Zaunpfosten eindrehen – der Drahtabstand soll ca. 5 cm Abstand zum Zaun betragen. Draht durch die Ringe fädeln, festziehen und die Enden mit der Zange zusammendrehen.

2 Im Pflanzbereich Unkraut jäten – auch am Zaun. Die Pflanze 15–25 cm vom Zaun entfernt leicht geneigt einsetzen.

3 Bambusstäbe fächerförmig in die Erde stecken und an den Drähten festbinden. Pflanze von ihrer Stütze lösen, vorsichtig ausbreiten und an den Stäben und unteren Drähten festbinden.

5 Am Schluss die Erde festtreten, damit alle Wurzeln Erdkontakt haben. Überschüssige Erde nicht am Stamm anhäufen.

6 Baum am Pfahl befestigen; praktisch sind verstellbare Baumbinder, die mitwachsen. Den Baumbinder nur am Pfahl festnageln!

7 Erde danach gründlich wässern. Während Trockenperioden die ersten Jahre stets gießen. Eine 5cm dicke Rindenmulchschicht um dem Stamm hält die Erde feucht.

△ **AN DER MAUER**
Mit Hilfe dieser Stahlösen, die in die Fuge eingeschlagen werden, lassen sich Drähte an der Mauer spannen.

Stauden teilen

Sie brauchen
Grabgabel, Gartenkelle, Kompost oder feuchtes Sackleinen, Messer oder Kantenstecher

In der Regel teilt man Stauden alle vier Jahre, und zwar im Frühjahr oder Herbst. Pflanzen, die nicht mehr blühen oder nur noch an den Rändern des Wurzelbereiches, sind zuerst an der Reihe. Ideal ist ein warmer Tag (aber nicht zu heiß oder windig) und leicht feuchte Erde.

1 Die Grabgabel unter die Wurzeln schieben; ggf. muss zum Herausheben der Boden rings um die Pflanze aufgelockert werden.

2 Alle alten oder kranken Pflanzenteile abtrennen; nur die jungen, gesunden Teile bleiben erhalten. Die Wurzeln der Pflanzen, die nicht geteilt werden, mit nassem Sackleinen abdecken.

3 Den Wurzelballen mit den Händen auseinander ziehen – oder ein Messer verwenden, falls er stark verfilzt ist. Jede Teilpflanze muss einen gesunden Trieb und faustgroßen Wurzelballen besitzen.

4 Bei viel Blattwerk alte Blätter entfernen. Die neuen Teile in versetzten Reihen einsetzen (siehe Kasten unten); und gut gießen.

Flächig pflanzen

Sie brauchen
Gießkanne, Gartenkelle und scharfes Messer

Kahle Erde im Beetvordergrund oder zwischen langlebigen Pflanzen lässt sich schnell mit niedrigen Stauden oder Einjährigen füllen; richtig verteilt bilden die Pflanzen rasch einen dichten Farbteppich.

1 Pflanzen vor dem Einsetzen gründlich gießen, damit sich die kompakte Topferde vollsaugt.

2 Die Pflanzen mit den Töpfen in den Lücken verteilen. Für flächige Pflanzung ist eine lockere Anordnung oder versetzte Reihen ratsam.

3 Pflanze aus dem Topf nehmen und verfilzte Wurzeln auseinander ziehen. Mit der Gartenkelle ein Pflanzloch graben und die Pflanze mit den Händen gut in die Erde drücken.

Kletterpflanzen

Damit Kletterpflanzen an Bäumen, Sträuchern oder hohen Rankgerüsten emporwachsen, graben Sie mit etwas Abstand ein Loch und leiten die Pflanze mit einem Stab oder einem Seil zur Stütze. Soll die Kletterpflanze einen Zaun, eine Mauer oder eine unansehnliche Fläche bedecken, spannen Sie waagerechte Drähte, an denen die Triebe festgebunden werden. Der Pflanzabstand zu einer Mauer, einer Hecke oder einem Baum sollte etwa 15–25 cm betragen – dort ist der Boden fruchtbarer. Mischen Sie reichlich Kompost unter die ausgehobene Erde und gießen Sie die neue Pflanze gründlich. Auf trockenem, magerem Boden sollten Sie zusätzlich eine Mulchschicht aufbringen.

Stauden

Sie sind relativ robust und können im Frühling, Sommer oder Herbst gepflanzt werden. Nur Arten, die etwas frostempfindlich sind, setzt man am besten im Frühjahr oder Sommer ein. In der Regel können Sie drei oder fünf Stauden als Gruppe pflanzen, die dann schnell zu dichten Büscheln zusammenwachsen, oder entlang einer Beetkante. Große Arten lassen sich auch als Solitärpflanze einsetzen. Kaufen Sie im Frühjahr Jungpflanzen oder geraume Zeit später größere Exemplare, die vor dem Einpflanzen geteilt werden können.

ZWIEBELN UND KNOLLEN

Trockene Zwiebeln befinden sich in einer Ruhephase. Wenn sie nicht gleich gepflanzt werden, bewahrt man sie an einem kühlen, trockenen Ort auf, wo man sie aber nicht vergessen sollte. Eine Handschaufel reicht zum Einpflanzen der Zwiebeln aus. Die meisten Zwiebelpflanzen bevorzugen durchlässigen Boden. Ist Ihr Boden schwer und feucht, so geben Sie vor dem Einsetzen eine Schicht Kies in das jeweilige Pflanzloch, damit die Zwiebeln nicht faulen. Hinweise zur Pflanztiefe finden Sie auf der Verpackung. Als Faustregel gilt: Zwiebeln zwei Mal so tief pflanzen wie sie selbst groß sind.

EINJÄHRIGE

Die empfindlichen Einjährigen dürfen erst nach den letzten Frosttagen ins Beet gepflanzt werden, wobei sie vorher im Frühbeetkasten über eine Woche langsam abgehärtet werden sollten – oder tagsüber an einen geschützten Platz im Freien, aber dann nachts ins Haus zurück müssen. In ungezwungenen Gärten werden die Einjährigen ebenso wie Stauden locker angeordnet. Für formale Muster sollten Sie die Pflanzen vor dem Austopfen erst probeweise anordnen. Treten doch noch Nachtfröste auf, so decken Sie die Pflanzen über Nacht mit einer doppelten Vliesschicht ab. Einjährige dürfen nicht zu lange in ihren kleinen Töpfen bleiben, sonst trocknen sie aus oder leiden an Nährstoffmangel. Falls sich das Einpflanzen verzögert, geben Sie ihnen größere Töpfe oder Flüssigdünger ins Gießwasser.

PFLANZEN VERSETZEN

Bäume und Sträucher (auch Obstgehölze) kann man umpflanzen, sofern man dafür die richtige Jahreszeit wählt. Stauden leben häufig sogar sichtbar auf, wenn man sie teilt und die jungen Wurzelteile wieder einpflanzt. Wollen Sie ein mit Unkraut überwuchertes Beet retten, ist es oft am besten, die erhaltenswerten Pflanzen auszugraben und vorübergehend in Kompost einzuschlagen. Danach können Sie die Erde gründlich säubern (vgl. Seite 202–203).

STRÄUCHER VERPFLANZEN

Sie brauchen
Grabgabel, stabilen Sack oder Sackleinen, Spaten und Gießkanne

Immergrüne Sträucher verpflanzt man Mitte/Ende Frühjahr, laubabwerfende Sträucher während der Winterruhe. Damit ein großer Strauch neue Wurzeln bildet, stechen Sie einige Monate vor dem Versetzen den Wurzelbereich ringsum mit dem Spaten ab.

1 Graben 30–45 cm vom Stamm entfernt rings um den Strauch ziehen. Dicke Wurzeln mit Spaten, Astschere oder Säge durchtrennen. Wurzelballen mit der Grabgabel herauslösen.

2 Wurzelballen in eine stabile Plastiktüte schieben oder auf feuchtes Sackleinen legen; zügig arbeiten – die Wurzeln dürfen nicht austrocknen.

3 Vor dem Ausgraben des Strauches das neue Pflanzloch vorbereiten. Schwere Sträucher zu zweit oder mit der Schubkarre transportieren.

4 Strauch einpflanzen, Erde ringsum festtreten und gründlich gießen. Bei immergrünen Sträuchern erholen sich schlaffe Blätter meist nach Tagen.

MULCHEN ALS GARTENHILFE

Sind die Beete neu bepflanzt, kann der nachfolgende Pflegeaufwand durch Mulchen stark verringert werden. Eine Mulchschicht auf dem Erdreich hält die Bodenfeuchtigkeit. Außerdem lässt sie kein Licht durch, so dass Unkrautsamen nicht keimen und die Jungpflanzen sich ungestört entwickeln können.

Im Frühjahr ist die beste Zeit zum Mulchen, wenn der Boden sich erwärmt, aber noch feucht vom Winter ist. Vor dem Aufbringen der Mulchschicht müssen alle Unkräuter entfernt werden.

WELCHE MULCHARTEN GIBT ES?

Es gibt zwei Arten, losen Mulch und Mulchfolie bzw. -vlies oder eine Kombination von beiden.

Loser Mulch zwischen den Pflanzen macht nur Sinn, wenn die Schicht mindestens 5 cm oder besser 8 cm dick ist. Da diese Schicht jedes Jahr aufgefüllt werden muss, ist das nicht ganz billig. Wenn sich jedoch die Pflanzen ausbreiten, wird die zu mulchende Beetfläche immer kleiner; zudem verrotten die unteren Mulchschichten zu wertvollem Humus.

Mulchfolien sind pflegeleicht und langlebig, werden aber vor dem Einpflanzen ausgelegt (siehe Kasten); dadurch schränken sich die Gestaltungsmöglichkeiten ein. Der Optik wegen bedeckt man die Folie zusätzlich mit einer dünnen Schicht aus losem Mulch. Am preiswertesten sind alte Zeitungen und Kunststofffolie. Mehrere Schichten Zeitungspapier ergeben einen erstaunlich guten Mulch, der aber nur ein Jahr lang hält. Schwarze Plastikfolie ist zwar

MULCHFOLIE VERLEGEN

Sie brauchen
Mulchfolie, Schere, scharfes Messer, Gartenkelle, Spaten und losen Mulch

Mulchfolien sind nur für unbepflanzte Beete praktisch, z. B. für Gehölzbeete, wo Bodendecker oder immergrüne Stauden einige Jahre ungestört wachsen sollen. Vor dem Verlegen der Folie müssen alle Bodenvorbereitungen getroffen sein – Unkraut jäten, Kompostdüngung und Harken.

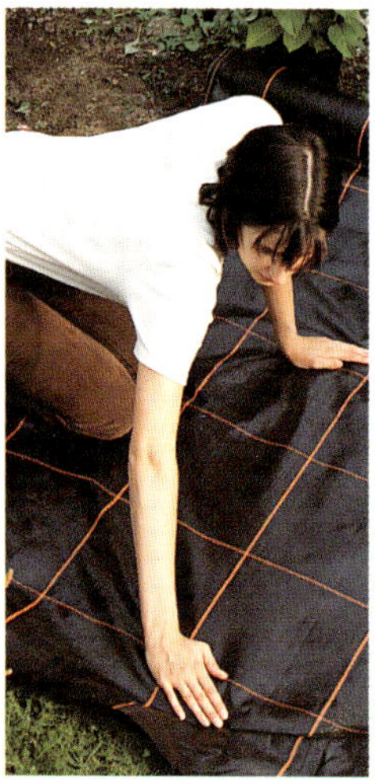

1 Die Folie auf dem Boden auslegen und glattstreichen. Sie muss an jeder Seite etwa 10–15 cm über das Beet hinausragen.

2 Das Folienraster erleichtert die Pflanzenverteilung. Zur Probe Pflanzen im Topf auf der Folie verteilen; dabei den Pflanzenwuchs beachten.

3 An der Pflanzstelle Folie über Kreuz so weit einschneiden, dass der Wurzelballen hindurch passt. Folienecken nach außen umklappen. Pflanzloch in doppelter Größe des Wurzelballens graben.

4 Pflanze aus dem Topf nehmen und einpflanzen. Folie zurückklappen und die Ecken so weit abschneiden, dass die Folie flach um den Pflanzenstamm aufliegt.

sehr wirksam, doch sie lässt sich kaum glatt auslegen. Ferner bilden sich durch Regen hässliche Pfützen, oder Sie stechen mit der Grabgabel Löcher in die Folie. Spezielle Mulchfolien und -vliese sind zwar einfacher zu verlegen und ebenfalls sehr langlebig, aber recht teuer.

Mulch aus Rindenschrot ist das verbreitetste Material und besonders für Gehölzbeete ideal. Grober Rindenschrot sieht schöner aus und ist langlebiger als der fein geschrotete übliche Rindenmulch, da er nicht so schnell verrottet. Pilzkompost ist preiswert, enthält jedoch Kalk und ist somit zwar ideal für Gemüsebeete, aber nicht für Gehölze und Pflanzen, die sauren Boden wollen. – In Beeten mit kleinen Pflanzen sind auch Kakaoschalen denkbar.

Kies wird in verschiedenen Körnungen und Farben angeboten. Ihn sollte man für Steingärten, Wege und Kiesbeete wählen. Er verbessert die Drainage und hält die Oberfläche im Sommer kühl.

KOSTENLOSER MULCH

Legen Sie einen Komposthaufen an, um Pflanzenabfälle aus Garten und Küche zu recyclen. Kranke Pflanzen oder Unkraut gehören jedoch nicht auf den Kompost. Sehr feuchte Grünabfälle sollte man mit trockenem, gehäckseltem Holz mischen. In etwa sechs Monaten ist der Haufen zu Humus verrottet.

△ **BERIESELUNG**
Ein perforierter Schlauch, aus dem Wasser stetig rieselt, erleichtert die Bewässerung eines frisch angelegten Beetes. Der Schlauch lässt sich an einen Außenwasserhahn mit Zeitschaltuhr anschließen.

ANDERE HELFER IM BODEN

Der lose organische Mulch reichert den Boden an. Er gelangt durch die Regenwürmer in den Boden, wo er von Mikroorganismen aufgebrochen wird. In vielen Zierbeeten macht er eine zusätzliche Düngung überflüssig. Nur Kübelpflanzen müssen regelmäßig gedüngt werden sowie Obstgehölze, Gemüse, Rasen und Pflanzen, die sehr große Blüten tragen sollen, wie zum Beispiel Rosen und Dahlien.

5 Am Beetrand mit dem Spaten V-förmigen Graben stechen, die Folienränder tief hineinschieben und Erde fest andrücken.

6 Zuletzt Folie mit einer 2,5 cm dicken Schicht aus losem Mulch abdecken (im Bild mit Kakaoschalen).

▽ **LOSER MULCH**
Achten Sie bei der Auswahl verschiedener Mulchmaterialien nicht nur auf die Optik, sondern auch auf Haltbarkeit und Kosten. Großpackungen sind in der Regel billiger als kleine Mengen z. B.

Kakaonussschalen

Rindenmulch

Gartenkompost

Kies

RÜCKSCHNITT

Ein Verjüngungsschnitt kann sehr vorteilhaft sein. Gehölze werden dadurch zur Entwicklung neuer und blühfähiger Triebe angeregt. Somit verbessert sich auch ihr Gesamtbild. Alte Sträucher können Sie selbst zurückschneiden – verwilderte Bäume sollten Sie jedoch besser dem Fachmann überlassen.

▷ **JUNGTRIEBE ZURÜCKSCHNEIDEN**
Damit junge Sträucher kompakt bleiben, sollten Sie Jungtriebe etwa auf ein Drittel oder auf die Hälfte ihres Wachstums zurückschneiden, ohne dabei ins alte Holz zu schneiden. Abgestorbene Triebe werden ganz entfernt.

▷ **RADIKALER RÜCKSCHNITT**
Alle Stämme werden auf etwa 5 cm Bodenhöhe zurückgeschnitten oder bis dicht an die Hauptstämme. Beginnen Sie ein Jahr nach dem Einpflanzen mit dem Rückschnitt, und wiederholen Sie ihn dann alljährlich oder alle zwei Jahre.

▷ **JEDEN DRITTEN TRIEB SCHNEIDEN**
Beginnen Sie damit, wenn ein Strauch etwa drei Jahre alt ist. Zuerst schneiden Sie die ältesten und schwächsten Stämme knapp über dem Boden ab. Ist der Strauch dann immer noch zu dicht, entfernen Sie einige Triebe in der Mitte des Gehölzes.

Die meisten Sträucher können Sie durch eine der links gezeigten Methoden verjüngen. Im Zweifelsfall schneiden Sie jeden dritten Haupttrieb heraus oder informieren sich über Technik und Zeitpunkt des Rückschnitts der jeweiligen Pflanze.

SCHNITT-TECHNIKEN

Das Herausschneiden jedes dritten Haupttriebes ist die bekannteste Methode, die bei vielen Sträuchern nach der Blüte angewendet wird. So behalten sie ein offenes Astgerüst, da die ältesten Triebe jährlich entfernt werden. Treten Sie beim Schneiden regelmäßig zurück und prüfen Sie, ob der Strauch eine ausgewogene Gestalt hat.

Einige Sträucher vertragen einen radikalen Rückschnitt. Dabei werden – je nach Art des Strauches – sämtliche Stämme bis auf eine Bodenhöhe von etwa 5 cm zurückgeschnitten oder bis dicht an die Hauptstämme. Bei Sträuchern mit farbigen Stämmen wie Hartriegel sowie starkwüchsigen Sträuchern wird durch den Radikalschnitt das Wachstum vieler neuer Triebe gefördert. Solch ein Rückschnitt schwächt jedoch eine Pflanze, deshalb muss anschließend gedüngt und gemulcht werden. Steht ein Strauch an einem problematischen Standort, wird er nur alle zwei Jahre radikal geschnitten.

Manche Sträucher, wie Ginster zum Beispiel, darf man nicht zu stark zurückschneiden, weil sie aus dem alten Holz nicht mehr austreiben. Ein zu radikaler Rückschnitt verursacht daher Lücken oder lässt das Gehölz absterben. Ein richtiger Rückschnitt jedoch führt zu einer schönen Form und reichen Blüte. Bei Jungsträuchern kürzt man die jungen Triebe etwa auf ein Drittel oder auf die Hälfte ihres Wuchses. Schneiden Sie hierbei nicht versehentlich in die verholzten, gesunden Zweige.

KLETTERPFLANZEN

Manche Kletterpflanzen sind im Grunde hochgeschossene Sträucher und werden ähnlich geschnitten. Alte, verholzte Zweige werden entfernt, um Platz für Jungtriebe zu schaffen, die Sie jedoch an einer Rankhilfe anbinden müssen.

Der richtige Schnittzeitpunkt für Clematis hängt von der Blütezeit bzw. Sorte ab, von denen die meisten einer der folgenden drei Gruppen angehören.

Gruppe 1. Früh blühende Sorten tragen die Blüten am Austrieb des Vorjahres. Sie werden nur geschnitten, wenn sie zu groß werden – dann aber nach der Blüte.

Gruppe 2. Großblütige Clematis-Hybriden blühen oft im Frühling am Trieb des Vorjahres und am neuen nochmals später. Man schneidet sie gegen Winterende, nie aber das einjährige Holz.

Gruppe 3. Diese blühen am Austrieb des laufenden Jahres. Sie treiben jedes Jahr vom Boden her neu aus und werden darum im späten Winter oder Anfang Frühjahr radikal zurückgeschnitten.

Kletterrosen verlangen unterschiedliche Schnittechniken. Prüfen Sie zuerst, ob es eine echte Kletterrose oder eine Rambler-Rose ist. Verwilderte Rambler-Rosen können Sie durch einen radikalen Rückschnitt im Spätsommer verjüngen.

△ **LAVENDELSTRAUCH**
Kleinsträucher wie Lavendel sollte man alljährlich im Frühjahr zurückschneiden, aber erst ein Jahr nach dem Einpflanzen. Achten Sie auf die Neuaustriebe an der Basis und schneiden Sie die Zweige bis dorthin zurück (auf 5–10 cm Bodenhöhe).

▷ **RAMBLER-ROSEN**
Nach der Blüte schneiden Sie für jeden neuen Trieb, der aus der Basis wächst, einen alten radikal zurück. Die neuen Triebe möglichst waagerecht anbinden, um die Blüte zu fördern. Alle Seitentriebe bis auf zwei oder drei Blattpaare zurückschneiden.

▷ **KLETTERROSEN**
Während der Winterruhe alle abgestorbenen, schwachen oder dünnen Zweige herausschneiden. Wenn sich an der Basis keine neuen Triebe zeigen, ist das kein Grund zur Sorge. Kürzen Sie diejenigen Seitentriebe, die im Sommer Blüten trugen.

△ **ABGESTORBEN**
Tote bzw. kranke Zweige sofort entfernen, damit sich keine Krankheit ausbreitet. Schneiden Sie solche Zweige bis auf eine Triebknospe am gesunden Holz zurück. Kranke Zweige gehören in die Mülltonne. Die Schneide nach dem Schnitt mit Chlorreiniger säubern, um eine weitere Infektion zu vermeiden.

▷ **ZURÜCKGESCHLAGEN**
Bei panaschierten Arten erscheinen manchmal Triebe mit einfarbig grünen Blättern. Schneiden Sie diese sofort ab, sonst kann der ganze Strauch in die Urform zurückschlagen.

RÜCKSCHNITT BEI PROBLEMFÄLLEN

Unabhängig von einem turnusmäßigen Rückschnitt, der Blütenbildung und Neuaustrieb fördert, muss man generell Zweige entfernen, die der Pflanze schaden könnten. Dies gilt auch für all jene Pflanzen, die sonst nicht regelmäßig geschnitten werden müssen. Die beiden Illustrationen oben zeigen jeweils ein Beispiel, wann ein Rückschnitt dem Wohlergehen der Pflanze dient.

Harte Winter hinterlassen auch Spuren an Sträuchern: Zweige können durch Sturm oder Schneelast abbrechen und Blätter erfrieren – und Spätfrost kann den ersten Austrieben schaden. In diesem Fall warten Sie das Ende des schlimmsten Winterwetters ab und schneiden dann die betroffenen Stellen jeweils bis ans gesunde Holz zurück.

WANN WIRD GESCHNITTEN?

Der regelmäßige Rückschnitt wird meistens im Spätwinter oder Anfang Frühjahr vorgenommen. Sträucher, die im Frühling blühen, tragen ihre Blüten oft am Austrieb des Vorjahres. Schneidet man sie daher im Frühjahr, so blühen sie nicht. Deshalb werden sie gleich nach der Blüte geschnitten, damit sie neu austreiben können.

Sträucher, die nach der ersten Sommerhälfte blühen, tragen ihre Knospen am frischen Austrieb. Sie schneidet man im Frühjahr, um neue Triebe anzuregen. Schneidet man solche Arten nach der Blüte, haben die neuen Triebe vor dem Winter nicht genügend Zeit zum Ausreifen. Immergrüne Sträucher werden am besten im Spätfrühjahr nach der Frostperiode geschnitten.

Außer dem Rückschnitt in der Ruhezeit kann oft noch ein Sommerschnitt erforderlich sein, etwa um die langen Triebe des Blauregens zu bändigen oder Spalierobst in Form zu halten.

Steinobst wird im Frühsommer geschnitten, damit während des Winters keine Krankheitskeime in die Schnittwunden eindringen. Einige Pflanzen wie Weinreben sondern nach dem Schnitt Saft ab, wodurch sie sehr geschwächt werden können. Dieses Risiko ist am geringsten, wenn man sie mitten im Winter schneidet, außerhalb ihrer aktiven Wachstumszeit.

▽ **GEKREUZTE ZWEIGE**
Entfernen Sie Zweige, die sich kreuzen oder sehr dicht zusammen stehen oder sich reiben. Dadurch kann die Rinde verletzt werden und die Infektionsgefahr steigen.

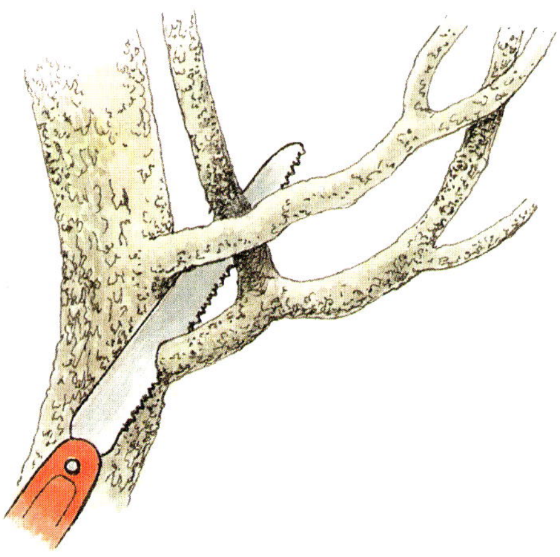

▷ **WILDTRIEBE**
Manche Sträucher sind auf eher robuster Unterlage veredelt. Wenn die Unterlage jedoch selbst Triebe produziert, müssen diese entfernt werden. Graben Sie die Erde auf, und schneiden Sie den Trieb direkt am Stamm ab.

▷ **OBERKANTE EINER HECKE FORMEN**
Wenn Sie eine Hecke übernehmen, die oben gerade geschnitten ist, sollten Sie diese spitz zuschneiden, um Schäden durch Schneelast zu vermeiden. Koniferenhecken müssen allerdings in jungen Jahren in Form gebracht werden, weil die meisten aus dem alten Holz nicht mehr austreiben.

◁ **HECKE SCHMALER SCHNEIDEN**
Vertragen Hecken einen radikalen Rückschnitt, so kann man ihre Breite verringern. Im ersten Jahr schneidet man eine Seite fast bis zum Hauptstamm radikal zurück, die andere jedoch normal. Im zweiten Jahr kehrt man das Prinzip um.

HECKEN

Buchsbaum, Buche, Ilex und Weißdorn lassen sich durch einen radikalen Rückschnitt verjüngen. Hingegen treiben nur wenige Koniferen wie die Eibe aus altem Holz aus. Laubabwerfende Hecken schneidet man in der Ruhephase, immergrüne im Frühjahr. Danach wird das Unkraut unter der Hecke entfernt, gedüngt und eine dicke Mulchschicht aufgebracht, um das Wachstum anzuregen.

OBSTBÄUME

Während der Ruhephase werden auch Apfelbäume verjüngt. Bäume bis etwa 3,50 m Höhe können Sie selbst beschneiden (siehe unten), bei größeren ist ein Fachmann ratsam. Die zu entfernenden Äste werden vorher mit Kreide oder Sprühfarbe markiert. Ehe Sie zur Säge greifen, prüfen Sie aus einer gewissen Entfernung die voraussichtliche Wirkung.

DAS GEEIGNETE WERKZEUG

Mit einer einfachen Gartenschere kann man bis zu 1,2 cm dicke Zweige schneiden. Für dickere Zweige ist eine Astschere mit langen Hebelgriffen notwendig und für hohe Baumäste eine Teleskop-Astschere. Dicke Äste erfordern eine Säge. Zum Heckenschneiden brauchen Sie eine Heckenschere oder möglicherweise ein Gerät mit Elektro- oder Benzinmotor. Für den Formschnitt ist wiederum eine Einhand-Schere praktisch, da man mit der freien Hand die jeweiligen Zweige festhalten kann.

Bevor Sie Werkzeuge oder Geräte aufräumen, sollten Sie Klingen und Sägeblätter säubern. Ferner sollten Sie bei der Arbeit an Dornensträuchern eine geeignete Kleidung tragen, um Verletzungen vorzubeugen. Schützen Sie daher Arme, Hände und vor allem die Augen – ein Zweig kann leicht zurückschnellen und Sie im Auge treffen.

▽ **APFELBAUM VERJÜNGEN**
Ein vernachlässigter Apfelbaum ist stark verästelt. Viele Zweige sind dünn und kraftlos. Zum Verjüngen entfernt man alle Äste, die tot oder dünn sind oder sich kreuzen. Insgesamt soll die Krone nach dem Rückschnitt lichter aussehen. Als Faustregel gilt: Herausschneiden, was sich kreuzt, was sich reibt und was nach innen wächst.

Apfelbaum vor dem Rückschnitt

Apfelbaum nach dem Rückschnitt

UNKRÄUTER UND JÄTEN

Selbst wenn Sie den Garten vor der Bepflanzung gesäubert haben, werden immer wieder Unkräuter auftauchen – nicht nur in den Beeten, sondern auch zwischen Pflastersteinen, in der Einfahrt und im Rasen. Mit der richtigen Mischung aus Handarbeit und chemischen Mitteln behalten Sie die Oberhand.

▷ **HANDGABEL**
Reißt man mehrjähriges Unkraut mit der Hand aus, bleibt die Wurzel meist im Boden zurück, so dass es nachwächst. Ist der Boden feucht, kann man mit einer Handgabel die ganze Pflanze entfernen.

Es ist schwierig, Unkräuter völlig auszurotten, vor allem, wenn sie über Jahre den Garten fest im Griff hatten. Es gibt aber geeignete Mittel und Wege, um sie im Zaum zu halten. Um die richtige Technik anzuwenden, müssen Sie zuerst wissen, ob es sich um einjährige oder mehrjährige Unkräuter handelt. Einjährige produzieren große Mengen Samen, die Jahre lang im Boden überleben können. Bei jedem Umgraben wird eine neue Generation von Samen ans Licht befördert. Wirklich hartnäckig sind aber die mehrjährigen Unkräuter, die selbst aus winzigen Wurzelresten im Boden immer wieder nachwachsen.

▽ **HOLLÄNDERHACKE**
Sämlinge von einjährigen Unkräutern werden rasch mit der Holländerhacke entwurzelt, die man knapp unter der Erdoberfläche entlang zieht – herrscht warmes, windiges Wetter, bleiben die Unkräuter zum Verwelken einfach liegen.

EINJÄHRIGE UNKRÄUTER

Rechnen Sie in den ersten Jahren damit, dass einjährige Unkräuter aufkeimen, wann immer Sie den Boden bearbeiten. Kleine Unkrautsämlinge kann man gut mit der Hacke und von Hand entfernen. Eine Mulchschicht verhindert die Keimung der Samen, weil kein Licht an den Boden gelangt. Allerdings können die Samen auch auf die Mulchschicht gelangen und dort keimen. Solche Unkräuter lassen sich leicht auszupfen. Leere Beete und solche mit einjährigen Blumen oder Gemüse-Arten sollten regelmäßig gehackt werden. Mit einer scharfen Holländerhacke schneiden Sie die Unkrautwurzeln knapp unter der Erdoberfläche ab.

MEHRJÄHRIGE UNKRÄUTER

Wenn Sie solche Unkräuter ausgraben, achten Sie darauf, möglichst alle Wurzeln zu entfernen. Werfen Sie Kraut samt Wurzeln niemals auf den Kompost, sondern in die Mülltonne. Wo das Ausgraben nicht möglich ist, kann man ein systemisch wirkendes Vernichtungsmittel anwenden. Der chemische Giftstoff wird auf die Blätter gesprüht; von dort gelangt er zur Wurzel, so dass die Pflanze von innen abgetötet wird. Es kann etwa eine Woche dauern, bis die Pflanze zu welken beginnt. Manche Unkräuter haben aber ein so kräftiges Wurzelsystem, dass mehrere Anwendungen nötig sind.

Zwischen Zierpflanzen darf das Giftmittel aber nur auf die Unkrautblätter gelangen, und zwar mit einem Pumpsprüher, einem Pinsel oder einem speziell hierfür entwickelten Applikator. Achten Sie beim Sprühen unbedingt darauf, dass feine Gifttröpfchen nicht auf andere Pflanzen übertragen werden – auch nicht durch Wind etwa –, da hochwirksame, chemische Mittel äußerst giftig sind und sonst ebenso die Pflanzen absterben, die Sie von den Unkräutern befreien wollten. Verwenden Sie auch niemals Giftstoffe im Bereich von Teichen und Wasserwegen.

◁ **FUGENKRATZER**
Mit der geschliffenen Außenkante des Fugenkratzers schneidet man das Unkraut zunächst ab. Dann dreht man ihn um und zieht den »Haken« durch die Fuge, um die Wurzeln herauszuziehen.

RASEN

Unkräuter im Rasen kann man von Hand ausstechen, doch sollte dabei möglichst wenig Boden aufgerissen werden. Für kleine Mengen ist ein Distelstecher mit einer langen, scharfen Klinge praktisch. Hartes Gras wird durch besonders häufiges Mähen geschwächt. Für einen stark verunkrauteten Rasen empfiehlt sich ein kombiniertes Produkt aus Rasendünger und Unkrautvernichter, das ab Mitte Frühjahr bis zum Herbst breitflächig angewendet werden kann.

ZWISCHEN FUGEN UND RITZEN

Unkräuter und Gräser, die in Pflasterfugen auftauchen, kann man mit einem Fugenkratzer entfernen. Ist eine große Fläche völlig verunkrautet, sollten Sie ein spezielles Vernichtungsmittel anwenden, das auch neues Wachstum für mindestens ein Jahr unterbindet. Diese Mittel sind starke Chemikalien und dürfen nicht mit anderen Gartenpflanzen in Berührung kommen. Auch auf Wegplatten oder Ihre Schuhe darf kein Gift tropfen, da es sonst auf den Rasen getragen wird.

▽ **GIESSBALKEN**
Ein praktisches Zubehör für Standard-Gießkannen, um Dünger oder Unkrautvernichter großflächig zu verteilen.

SICHERHEIT GEHT VOR

Obwohl durch Verbesserung der Verpackungen und Applikatoren eine Berührung mit den Chemikalien fast ausgeschlossen ist, beachten Sie trotzdem zuerst genau die Anweisungen auf der Packung. Kaufen Sie nur den Bedarf für eine Saison, und bewahren Sie restliche Giftstoffe sicher und stets außer Reichweite von Kindern auf.

◁ **DRUCKSPRÜHGERÄT**
Damit gehen Sie schnell und wirksam gegen großflächig wachsende Unkräuter an. In das Drucksprühgerät wird ein wasserlösliches Unkrautgift gefüllt und durch Pumpen ein Druck erzeugt, der das Mittel durch die Düse treibt. Verwenden Sie niemals dasselbe Sprühgerät, mit dem Sie Giftmittel gespritzt haben, auch für Flüssigdünger, denn selbst kleinste Giftrückstände könnten die Pflanzen schädigen.

RASENPFLEGE

Wenn Sie einen vorhandenen Rasen renoviert oder umgestaltet haben, halten Sie ihn durch richtiges Mähen und jährliche Düngung gesund. Muss der Rasen komplett erneuert werden, haben Sie die Wahl zwischen Saat und Rollrasen. Der jeweils beste Zeitpunkt hierfür ist Frühjahr oder Frühherbst.

▷ **KLARE RASENKANTE**
Die Kante zwischen einem Rasen und einem Beet wächst allmählich zu. Mit einem geraden Brett und einem Kantenstecher wird sie von Zeit zu Zeit sauber abgestochen.

Rasenpflege heißt nicht etwa, mit Chemikalien gegen Unkraut vorzugehen und wöchentlich die Kanten zu schneiden. Zeitgemäße Rasenpflege bedeutet vielmehr, das Gras gesund zu erhalten, so dass Probleme erst gar nicht auftreten. In der Wachstumszeit muss das Gras regelmäßig gemäht werden. Dünger und Unkrautvernichter werden im Spätfrühjahr oder im Frühsommer angewendet. Wenn ein Rasen im Sommer an Trockenheit leidet, sollte er sich möglichst von selbst erholen; bewässern ist teuer und bringt letztlich wenig Erfolg. Der Herbst ist ideal, um totes Gras auszuharken und die Kanten abzustechen.

MÄHEN UND KANTEN SCHNEIDEN

Wird Gras häufig um nur etwa 1–1,2 cm geschnitten, leidet es weniger, als wenn es hoch wächst und dann geschnitten wird. Deshalb mäht man einen Rasen während der Wachstumszeit regelmäßig; zudem kann der Grasschnitt auf dem Rasen liegen bleiben.

Praktisch ist eine Rasenkante aus Ziegelsteinen oder Wegplatten etwa, die etwas tiefer als der Grasboden liegen. So können Sie mit dem Mäher über die Kanten fahren und ersparen sich mühsames Schneiden der Kanten.

DÜNGEN UND PFLEGEN

Durch Rasendüngung werden die Gräser gestärkt und können sich besser gegen das Unkraut behaupten. Heute gibt es auch Kombiprodukte aus Dünger und Unkraut- oder Moosvernichter, die am besten wirken, wenn Gras und Unkraut aktiv wachsen. Wichtig ist die gleichmäßige Verteilung, sonst wird der Rasen fleckig. Kaufen oder leihen Sie einen Streuwagen, mit dem sich solche Mittel gut aufbringen lassen. Flüssigdünger kann man mit einer Gießkanne mit Gießbalken verteilen.

Das gefallene Laub entfernt man vom Rasen am besten mit einem Laubrechen, einem fahrbaren

▷ **KREIS ZIEHEN**
Nehmen Sie ein Stück Schnur in der Länge des gewünschten Durchmessers und verknoten Sie die Enden. Rammen Sie einen stabilen Besenstiel fest in den Boden. Ziehen Sie ein Ende der Schnurschlinge darüber und das andere Ende über einen kurzen, angespitzten Stock. Sie halten die Schnur gespannt und ziehen nun einen Kreis.

Laubsammler oder einem Laubsauger. Sogenannter Filz – tote Gräser und Moose – ist gelegentlich mit einem Drahtbesen oder einem motorisierten Vertikutierer zu entfernen.

Anschließend kann auf eventuell vorhandenen kahlen Stellen neuer Rasen eingesät werden, wobei Sie die gleiche Grassorte wie auf der restlichen Fläche verwenden sollten.

EIN NEUER RASEN

Ein Rollrasen führt am schnellsten zum Ziel, doch Saat ist wesentlich billiger. In jedem Fall muss der Boden zuerst vorbereitet und eingeebnet werden. Wählen Sie zum Säen eine hochwertige Grasmischung, und beachten Sie die Packungshinweise. Ein Schutz gegen Vögel kann sinnvoll sein, bis das Gras sich etabliert hat.

ROLLRASEN VERLEGEN

Sie brauchen
Rollrasen, Pflöcke, Schnur und Bretter

Rollrasen kann zu jeder Jahreszeit verlegt werden, sofern der Boden nicht gefroren oder sehr trocken ist – am besten aber im Herbst. Ihr Lieferant sollte verschiedene Grassorten für unterschiedlichen Gebrauch anbieten und Ihnen vor dem Kauf Muster zeigen. Der Rollrasen muss frisch sein, d.h. saftig grün aussehen. Meiden Sie Rollrasen, der gelb ist oder muffig riecht.
Zum Verlegen muss der Rollrasen gleichmäßig dick geschnitten sein und gut zusammenhalten. Bei kühlem Wetter können die Rollen ein bis zwei Tage liegen bleiben, sofern ihre Erdschicht feucht bleibt; sonst müssen Sie die Rollen im Hof an leicht schattigem Platz entrollen und gießen. Zum Verlegen einer großen Fläche legen Sie auf die neuen Rasenbahnen Bretter, von wo aus Sie arbeiten können.
Alle Anschlusskanten werden etwas überlappend angelegt (falls der Rasenboden schrumpft) und fest angedrückt.

1 Die Rasenform als Viereck mit Pflöcken und Schnur markieren. Die Form der Randkonturen zuletzt abstechen.

2 Den Boden mäßig festtreten. In einer Ecke beginnen und sich über die ganze Fläche vorarbeiten.

3 Erste Grasrolle an einer geraden Brettkante entlang abrollen. Die Bahn zuerst beenden: zweite Rolle anlegen – die überlappenden Kanten festdrücken. Die letzte Rolle zunächst überhängen lassen.

4 Nachfolgende Bahnen verlegen: Die Längskante leicht überlappend anlegen und festdrücken. Die Anschlusskanten der einzelnen Rollen sollen zur vorigen Bahn versetzt sein.

5 Den verlegten Rasen durchdringend gießen und bei trockenem Wetter danach täglich. Nach einigen Wochen die Rasenkanten abstechen und mähen – Messer hoch einstellen.

WERKZEUGE UND GERÄTE

Mit geeigneten Werkzeugen geht die Gartenarbeit schneller, leichter und sicherer von der Hand. Da Werkzeuge zum Graben, Jäten, Pflanzen, Schneiden und Gießen regelmäßig benutzt werden, sollten Sie auf Qualität achten. Die Anschaffung größerer Motorgeräte muss nicht in jedem Fall sinnvoll sein.

▽ **HAND-WERKZEUGE**
Werkzeuge, die Sie regelmäßig brauchen, sollten Sie sich anschaffen. Auf hochwertige Qualität zu achten lohnt sich. Bei richtiger Pflege ist Edelstahl langlebig und stabil.

Zum Instandsetzen eines verwilderten Gartens brauchen Sie manche Werkzeuge wohl nur einmalig. Überlegen Sie deshalb besonders bei Motorgeräten, ob und wie oft Sie diese künftig einsetzen werden. Vielleicht ist es günstiger, sie zu mieten. Hier geht es nicht nur um die Kostenfrage. Motorgeräte brauchen meist viel Stauraum, regelmäßige Pflege und Wartung. Als Faustregel gilt: Wird ein Werkzeug öfter als zwei Mal im Jahr benutzt, lohnt sich die Anschaffung, sonst ist Mieten die bessere Lösung.

GERÄTE ZUM MIETEN

Bei einem großen Garten ist es zur Bewältigung der Pflanzenmassen oft sinnvoll, ein Mal im Jahr einen Schredder, Motor-Vertikutierer und Freischneider zu mieten. Lassen Sie sich die Funktionsweise des Gerätes genau erklären und vorführen. Mieten Sie gegebenenfalls die geeignete Sicherheitsausrüstung gleich mit.

WERKZEUGE ZUM KAUFEN

Diese Handwerkzeuge sollten Sie sich frühzeitig anschaffen: Gartenkelle, Handgabel, Rosen- und Heckenschere, Spaten, Grabgabel, Holländerhacke, Hacke, Rasenrechen, Schubkarre und einige Gießkannen. Nützliche Motorwerkzeuge sind Rasenmäher, Heckenschere und eventuell ein Schredder. Geräte mit Benzinmotor sind meist teurer, aber langlebiger als die mit Elektromotor. Elektrogeräte sollten Sie nur an geeigneten Außensteckdosen anschließen und die Kabel regelmäßig auf Schäden überprüfen.

Kantenstecher

Erdbohrer

Gartenkelle und Handgabel

Spaten

Grabgabel

Drahtbesen

Holländerhacke

▷ **MOTOR-WERKZEUGE**
Werkzeuge mit Elektro- oder Benzinmotor sollten leicht und sicher zu handhaben und stets auf die betreffende Arbeit zugeschnitten sein.

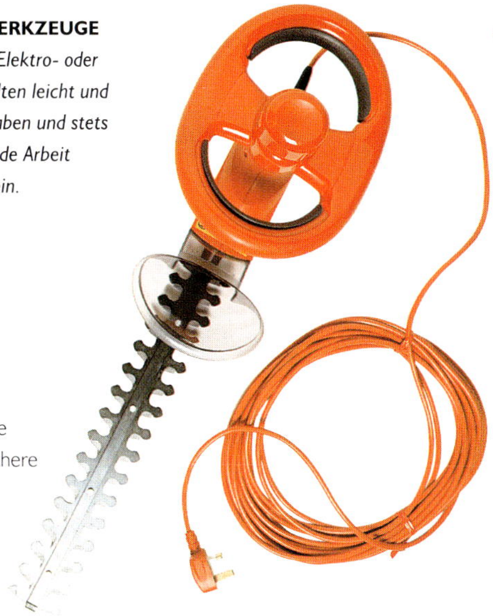

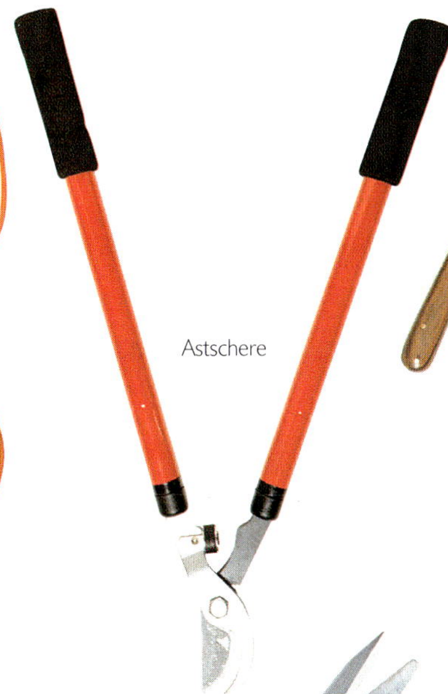

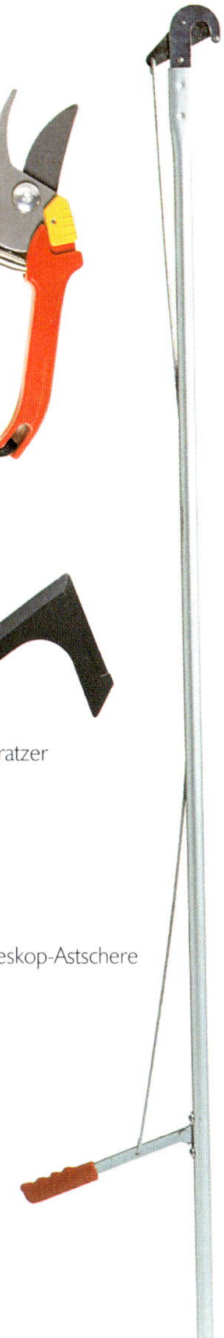

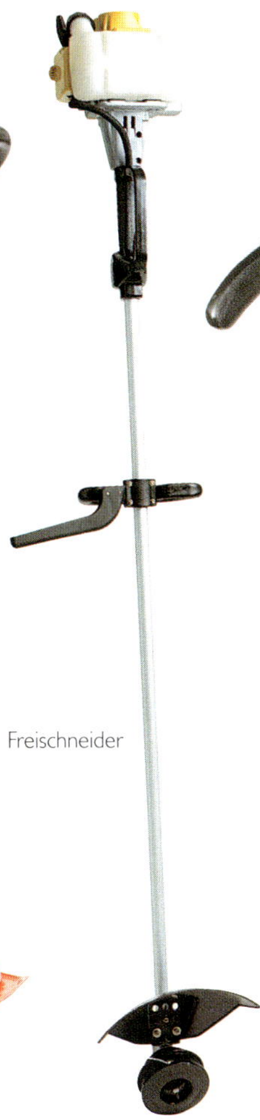

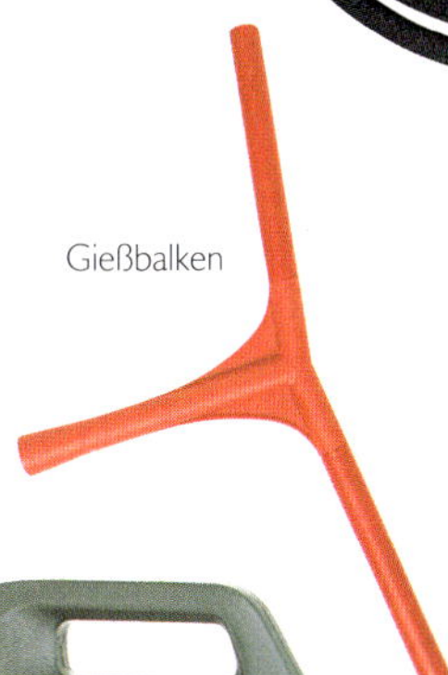

△ **RASENMÄHER**
Er muss zur Rasenart und -größe passen: große Flächen heißt große Schnittbreite. Kleine Mäher lassen sich leicht manövrieren und brauchen weniger Stauraum.

◁ **GIESSKANNE**
Der Besitz verschiedener Gießkannen ist recht sinnvoll: eine für Wasser und andere für Chemikalien z. B. Die abnehmbare Brause kann auch mal durch den Gießbalken ersetzt werden.

REGISTER

Seitenzahlen in kursiv verweisen auf Abbildungen

* Gerätebezeichnungen können regional bzw. Hersteller bedingt unterschiedlich sein (vgl. auch Glossar).

GLOSSAR

Absenker, zur Vermehrung bzw. Wurzelbildung wird ein mit der Mutterpflanze verbundener Seitenspross ins Erdreich gedrückt.

Alkali, Kurzform für Alkalimetallverbindungen → alkalisch.

alkalisch, laugenhaft bzw. → basisch (Gegensatz → sauer); in wässriger Lösung bilden chem. Verbindungen aus Wasserstoff-Sauerstoff-Gruppen mit Alkalimetallen (Natrium, Kalium) oder Erdalkalimetallen (z. B. Calcium, Magnesium) stärkere Laugen, mit Erdmetallen (z. B. Aluminium) schwächere Laugen.

Arboretum (Mz Arboreten), Sammelpflanzung verschiedener Baumarten zu Studienzwecken.

Arkade(n), Bogen mit Stützpfosten (Bogengang).

Astgerüst, das »Gerippe« der Haupttäste, welche die Baumkrone formen.

Auge, ruhende, noch nicht hervortretende Knospe einer Pflanze.

Balustrade, Brüstung bzw. Geländer mit kleinen Säulen.

basisch, laugenhaft bzw. → alkalisch; abgeleitet vom Begriff Base (Grundlage), da Alkali-Verbindungen weniger »flüchtig« sind; Basen schmecken in verdünnter Form laugenhaft und sind ätzend.

Baumscheibe, Umkreis des Wurzelwerks eines Baumes, entspricht in der Regel dem Ausmaß seiner natürlichen Krone.

Beeren, zu den Strauchbeeren zählen Johannis-, Stachel- und Heidelbeere, Brombeere und Himbeere (→ Ruten); Erdbeeren sind Stauden.

Beetpflanzen, Bezeichnung für ein- bis zweijährige Blühpflanzen.

Bodentest, das käufliche Set besteht u.a. aus einer pH-Sonde, Indikatorpapier und Indikatorlösung. Man kann auch ein Bodenuntersuchungs-Institut beauftragen, wofür es im Fachhandel Packungen gibt, oder wendet sich direkt an eine Landwirtschaftliche Untersuchungsanstalt (in jedem Bundesland vertreten), um genaue Einzelwerte zu erhalten. Der Bodentest ist an verschiedenen Stellen vorzunehmen.

Bodentyp, ist bestimmt durch die Bodenbeschaffenheit bzw. seine chemische Zusammensetzung (→ Bodentest); davon hängt die Wahl der Pflanzen u. des → Düngers ab.

Braktee, Pflanzendeckblatt, in dessen Ansatz sich ein Seitenspross oder eine Blüte bildet.

Busch → Strauch

Dornen, kurze, spitze, verholzte Zweige; Stacheln dagegen sind Auswüchse der Rinde (z. B. bei Rosen) und leicht abzubrechen.

Drahtbesen bzw. u.a. Laub- oder Fächerbesen.

Drainage (Dränage), System (Dränung) zur Entwässerung des Bodens bzw. der Pflanzgefäße.

Dünger, Gemisch aus Pflanzen-Nährstoffen (u. a. Stickstoffverbindungen, Mineralsalze und Spurenelemente); es gibt Natur- und Gründünger, Mineral-, Kunst- und Mischdünger, Voll- und Spezialdünger. NPK-Dünger enthält Stickstoff, Phosphor und → Kali. Die Wahl des Düngers ist abhängig von Pflanzenart und → Bodentyp.

Durchschnittstiefe, man misst an verschiedenen Stellen die Tiefe und zählt die Einzelergebnisse zusammen; die Summe wird durch die Anzahl der vorgenommenen Messungen geteilt (Ergebnis = Durchschnittstiefe).

Einjährige, Pflanzen, die ihren Lebenskreislauf (Keimen, Blühen, Samen, Absterben) in einer einjährigen Wachstumsperiode vollenden.

Formal, durch Formen gestaltet bzw. auf die Form bezogen.

Formieren, das Auswählen und Anbinden von Trieben, um junge Gehölze zu einer End- bzw. Wuchsform zu erziehen (bevorzugt bei Sträuchern u. Bäumen); klassische Formen sind z. B. Fächer, Spalier, Pyramide, U-Form und → Kordon.

Frisée-Salat, Salatsorten mit kraus geformten Blättern.

fruchten, das Ansetzen von Früchten bei Pflanzen.

Fruchtfolge, Anbaurhythmus, entstanden aus der urspr. Dreifelderwirtschaft (Fruchtwechsel), bei der nach zwei Anbaujahren im 3. Jahr der Boden brach blieb. Da Pflanzenarten unterschiedliche Bodenansprüche stellen, erfolgt der Anbau bei der dreijährigen Fruchtfolge z. B. danach abgestuft: zuerst zehren die anspruchsvollen Gemüsearten und zuletzt die »bescheidenen«, bevor der Boden wieder mit Nährstoffen angereichert wird. Art der Fruchtfolge hängt u. a. vom → Bodentyp ab.

Frühbeet, vielfach ein Außenbeet, das aus einem Rahmen (oft Holzbretter) und einer Glasabdeckung besteht und zum vorzeitigen Treiben von Jungpflanzen verwendet wird. Die Kästen können unbeheizt sein (kaltes F.) oder beheizbar (warmes F.).

Fungizide, Chemische Mittel zur Abtötung von Schadpilzen.

Gartenbauglas, es gibt für Gewächshäuser Verglasungen in unterschiedlichen Qualitätsstufen und Ausführungen, z. B. hagelsicheres Glas oder Glas mit optimalem Schutz vor starker Sonneneinstrahlung, wodurch sich das Schattieren erübrigt und Heizkosten gesenkt werden.

Gasbeton (Porenbeton), aufgeschäumtes Material aus Quarzsand, Zement, Kalk und Wasser. Als Baustoff fast unbegrenzt verwendbar und sehr leicht.

Gehölz, Pflanzen wie Bäume u. Sträucher, deren Haupt- und Nebentriebe verholzen.

georgianischer Stil, im 18. Jh. Stilepoche in den USA, besonders in Georgia (benannt nach dem engl. König Georg II.); auch Kolonialstil genannt.

Glocken, Pflanzenglocken oder -hauben aus Glas, die in der Vor- u. Nachsaison Gemüsepflanzen vor Frost schützen und einen »Treibhaus-Effekt« bewirken; für Pflanzen, die lange Stiele bilden (Rhabarber z. B.) oder kein Blattgrün entwickeln sollen, werden Glocken aus Ton verwendet.

GS-geprüft, gemäß den Vorschriften nach dem Gesetz für Gerätesicherheit.

halb-immergrün, Pflanzen, die (im Gegensatz zu immergrünen Pflanzen) ihre Blätter nur z.T. über mehr als eine Wachstumsphase hinaus behalten.

Hippe, Sichel-Messer.

Holländerhacke bzw. u.a. Zieh-, Unkraut- oder Bügelzughacke.

Hybriden (F1), Kreuzungen; Bezeichnung für die erste Generation einer Züchtung aus zwei Elternpflanzen mit reinem Erbgut. Hybriden (F2) entstammen aus der Generation F1 und sind weniger einheitlich.

Kali, Kurzform für Kaliumverbindungen (kohlensaures Kali → sauer); Bezeichnung für kaliumsalzhaltiges Düngemittel; auch Sammelbegriff für natürlich vorkommende Kalisalze.

Kalk (Calciumcarbonat = Verbindung aus Calcium u. Kohlensäure, zählt zu den Salzen), Bezeichnung für natürlich vorkommenden Kalkstein; Kalk bindet Säuren.

Kaskade, künstlich geschaffener Wasserfall; das Gefälle wird mit einer Treppenanlage gestaltet.

Kletterpflanzen, man unterscheidet sie in der Regel nach ihrer Kletterart: Selbstklimmer halten sich mit kurzen Haftwurzeln fest und erklimmen ohne Klettergerüst eine Wand, z. B. Efeu. Rankende Arten haben berührungsempfindliche Greifranken, mit denen sie sich am Gerüst festhalten, z. B. Wicke. Windende Arten (Schlingpflanzen) winden sich in einer Richtung um eine Rankstütze, z. B. Feuerbohne. Spreizklimmer brauchen für ihre langen Triebe spezielle Klettergerüste, z.B. Kletterrosen oder Brombeere.

Knotengarten, Beetanlage mit verschlungenen, ornamentalen Mustern (in der Regel aus niedrigen Formschnitthecken wie Buchsbaum, z. T. mit blühenden Kräutern oder Blumen ausgeschmückt);

auch Bezeichnung für ein quadratisches → Parterre, unterteilt durch geradlinige Wege.

Koniferen, Bezeichnung für zapfentragende Nadelhölzer.

Kordon, Schnurbaum; wird an Drähten (urspr. Schnüren) geradlinig gezogen, meist nur ein Hauptstamm ohne Seitentriebe (meist im Obstanbau); Doppelkordon ist U-förmig.

Lehm, kalkarmer Ton, durch Eisenverbindungen gelb bis bräunlich gefärbt; je nach Tongehalt (→ Tone) spricht man von schwerem Lehm (bis 60 %), reinem Lehm (bis 40 %) und Lößboden, der aus Quarzsand, Kalk und Lehm (ca. 35 % Tongehalt) besteht.

Maskaron, (Maske) Fratzengesicht als dekorative Plastik; Ornament früherer Baustile, bevorzugt Barock.

mediterran, dem Mittelmeerraum zugehörig.

Mehrjährige, Bezeichnung für Pflanzen, die über eine zweijährige Wachstumsperiode hinaus nach der Ruhephase neu treiben bzw. blühen (perennierend), z. B. Sträucher, Stauden, Bäume und viele Kletterpflanzen.

minimalistisch, in Farbe und Form auf ein Mindestmaß beschränkt; Ausdruck der Minimal Art, Kunstform um 1960 in den USA.

Mischkultur, in einem Beet eingesetzte Pflanzen verschiedener Art, die sich vorteilhaft ergänzen.

organisch, bezeichnet im Gartenbau alle natürlichen Abfallstoffe (verrottete Pflanzenreste).

panaschiert (bunt gestreift), helle Musterung auf Pflanzenblättern durch Mangel an Blattgrün.

Paneel, Wandverkleidung/-täfelung aus Holz; auch Bezeichnung für einzelne Wandelemente, die sich ergänzen lassen.

Paradiesgarten (persisch »pairidaeza«), im islamischen Kulturkreis urspr. Einfriedung; die Gärten entsprachen der islam. Vorstellung vom Paradies in einer heißen, meist sandigen Landschaft und waren kühle, mit Pflanzen und Wasserspielen eingerichtete Oasen des Friedens. Die Gartenform wurde in Europa von den Arabern übernommen.

Parterre (Mz. Parterres), regelmäßig ornamental angelegter Blumengarten, urspr. vor einem Schloss; Entwicklungen unterschiedlicher Formen.

pH-Wert (potentia hydrogenii), Gehalt bzw. Konzentration an Wasserstoff-Ionen bei 22° C, ausgedrückt durch den negativen Exponent von 10. Bei sauren Lösungen ist der Wasserstoff-Gehalt gering, bei alkalischen hoch. Werte für den sauren Bereich sind kleiner als 10–7, neutraler Wert entspricht 10–7, höhere Werte von 10–7 bis 10–14 sind alkalisch (basisch).

Potager, frz. Obst- und Gemüsegarten im Stil des 15./16. Jh. Berühmt ist die formale Anlage von Schloss Villandry an der Loire.

Primärfarben, Grundfarben Gelb, Rot und Blau (Grundfarben des Lichts sind Rot, Grün und Blau).

Rabatte, schmales Randbeet, urspr. an Wegen und Rasenkanten entlang.

Radius, die Hälfte des Kreisdurchmessers.

Rambler-Rosen, engl. Bezeichnung für in die Breite wachsende Kletterrosen im Gegensatz zu hochrankenden Kletterrosen.

remontierend, Eigenschaft von Pflanzen, die während einer Wachtumsphase im Jahr mehrmals blühen.

Rondell (kreisförmige Fläche), Rundbeet.

Ruten, unverzweigte Triebe bestimmter Straucherarten, z. B. Weiden sowie Himbeere und Brombeere.

Sand, Gemenge aus Mineralkörnern mit einem Durchmesser bis zu 2 mm. Mineralien sind natürlich gebildete Stoffe und bilden die Erdkruste; bekannt sind über 2000 (z.B. Quarze und Talk). Man unterscheidet zwischen körnigem Sandboden (bis 10 % Tongehalt), lehmigem Sand (Tongehalt bis 20 %) und sandigem Lehm (bis 30 % Ton).

sauer, in wässriger Lösung schmecken Säuren stark oder schwach sauer – je nach chem. Zusammensetzung (Gegensatz → basisch). Säuren sind Verbindungen aus Wasserstoff-Ionen mit Nichtmetallverbindungen (z.B. Sauerstoffverbindungen mit Schwefel, Stickstoff oder Kohlenstoff). Gehen diese eine chemische Reaktion mit Metallverbindungen ein, entstehen Salze (z. B. Pottasche, besteht überwiegend aus kohlensaurem → Kali, eine Verbindung aus Kalium, Kohlenstoff und Sauerstoff).

schattieren, auf künstliche Art Schatten geben.

Schattierfarbe, reduziert die Wärmeentwicklung in Glashäusern, lässt aber für Pflanzen genügend Licht durch; man trägt die Farbe auf der Außenfläche auf und wäscht sie im Herbst wieder ab.

Schlingpflanzen → Kletterpflanzen

Selbstklimmer → Kletterpflanzen

Sissinghurst, Schloss in der engl. Grafschaft Kent; bekannt durch seine Gartenanlage mit einer Folge von Gartenräumen, gestaltet nach Farbschemas.

Spatel, länglich schmales Kunststoffplättchen; zur Glasreinigung auch Pflanzenschildchen aus Kunststoff verwendbar.

Spatha (Mz. Spathen), auffällig gefärbtes Hochblatt, das den Blütenstand umschließt (z.B. Aronstab).

Spreizklimmer → Kletterpflanzen

Staude, krautig wachsende Pflanze, deren oberirdische Teile in der Regel am Ende der Wachstumsphase absterben, meist mehrjährig; ihr Wurzelballen wird zur Vermehrung geteilt.

Stickstoff, chemisches Element, ist neben Kohlenstoff in chem. Verbindungen wichtig für den Naturkreislauf, insbesondere für Pflanzen; aufgrund chemischer Prozesse, die im Boden stattfinden, können Pflanzen den Stickstoff mit ihren Wurzeln aufnehmen.

Strauch, Gehölz, das sich in der Regel direkt über dem Boden verzweigt; es gibt auch Stammformen.

Substrat, Nährboden; Erdmischung bzw. Kompost, zur Pflanzenaufzucht.

Systemisch, betrifft ein Organsystem insgesamt; z. T. Wirkungsweise von Insektengift, das Pflanzen über Blätter und Wurzeln in ihrem Saftstrom aufnehmen.

Teppichbeet, farblich gemustertes Beet, angelegt aus niedrigen Pflanzen.

Terrasse (Erdanhäufung), stufenförmige Erderhebung, Geländestufen.

Textur, Bezeichnung im Textilgewerbe für die Anordnung und Oberflächenbeschaffenheit der Fasern eines Gewebes; allgem. für die Oberflächenstruktur eines Materials.

Tone, verfestigtes Gesteinsmehl, entstanden durch Ablagerungen aus abgetragenen Gesteinsteilen. Produktergebnis aus Zersetzungen von Aluminiumverbindungen mit Siliciumdioxyd (Quarz) und Alkali- bzw. Erdalkalimetall durch Kohlensaure. Tone sind quellfähig und wasserstauend und neigen an Hängen zum Rutschen. Kalkhaltiger Ton wird als Mergel bezeichnet. Tonboden besteht aus 60 % Ton.

Torf, in Mooren gebildetes Zersetzungsprodukt von großteils Pflanzensubstanzen; kann Boden sauer machen. Jüngerer, getrockneter und zerkleinerter Torf kommt als Torfmull in den Handel. Reiner Torf hat keine Düngewirkung, sofern er nicht als Torfmischdünger mit Nährstoffen angereichert ist → Dünger.

Treillage, frz. Bezeichnung für Gitterwerk, das zu kunstvollen Gartenelementen gestaltet wurde bis hin zu Laubengängen; sehr beliebt im 18. Jh., auch zur optischen Täuschung.

Triebe (Spross), neu gebildete Stängel, Zweige bzw. Ruten oder Äste.

Trockenmauer, eine errichtete Mauer (frei stehend oder am Hang) ohne Verwendung von Bindemitteln wie Mörtel; die Steine werden passgenau aufgesetzt (die Mauer verjüngt sich nach oben).

Tudorstil, Baustil der engl. Spätgotik in der Epoche der engl. Königsdynastie der Tudors von 1485–1603.

Varietät, Variante einer Pflanzenart.

VDE, Verband Deutscher Elektrotechniker.

Verband (Fachbegriff), Art des Musters verlegter Bodenplatten oder -steine bzw. gemauerter Ziegel- oder Steinwände.

viktorianischer Stil, engl. Stilepoche während der Regierungszeit von Königin Viktoria (1837–1901).

DANKSAGUNG

o = oben; **u** = unten; **l** = links; **r** = rechts; **c** = mittig

1 Marcus Harpur; **2–3** Claire Davies/ Garden Picture Library, **3** Jerry Harpur; **4** S. & O. Mathews; **6 u** S. & O. Mathews; **7 o** Andrew Lawson (Designer: Penelope Hobhouse), **7 u** Gary Rogers; **8** Juliette Wade; **9 o** Jerry Harpur (Plettenberg Bay, SA), **9 u** Jerry Harpur; **10–11** Steve Wooster; **12** Jerry Harpur; **13 o** Marcus Harpur (Park Farm, Chelmsford, Essex), **13 u** John Glover/ Garden Picture Library; **14** Liz Dobbs, **14–15** Marcus Harpur (Designer: Beth Chatto); **16** Sunniva Harte, **17 o** Mel Watson/ Garden Picture Library, **17 u** Juliette Wade; **18** John Glover, **19** Derek St. Romaine; **20** Andrew Lawson, **21** Andrew Lawson; **22** Georgia Glynn-Smith/ Garden Picture Library; **22–23** Catriona Tudor Erler, **23** Anne Hyde; **24** Jerry Harpur (Hollington Nursery, Newbury, Bucks.), **25** Clive Nichols (Designer: Sue Berger); **26 o** Juliette Wade (Warwick House, Hampshire), **26 u** Andrew Lawson, **27** Howard Rice/ Garden Picture Library; **28** Clive Nichols (Designer: Jill Billington), **29** Marianne Majerus; **30 ol** Derek St. Romaine, **30 or** Perdereau, **30 u** Anne Hyde, **31 o** Anne Hyde, **31 u** Derek St. Romaine; **32** Andrea Jones/ Garden Picture Library, **32–33** Jerry Harpur (Xavier Guerrand-Hermes, Marrakech), **33** Jonathan Buckley (Rommany Road, Gypsy Hill); **34** Jerry Harpur (Designer: Jason Payne, London), **35 l** Jerry Harpur (Designer: Bob Flowerdew), **35 r** Jerry Harpur (Designer: Tim du Val, New York); **36** Mayer/ le Scanff (Garden Picture Library), **37 l** S. & O. Mathews, **37 r** Philippe Bonduel/ Garden Picture Library; **38** Liz Dobbs; **41** Liz Dobbs; **42** Clive Nichols (Clive and Jane Nichols), **42–43** Anne Hyde; **44 l** Jerry Harpur, **44 r** Perdereau (Le Clos du Coudray), **45** Marianne Majerus (Designer: Will Giles); **46 o** Lynne Brotchie/ Garden Picture Library, **46 u** S. & O. Mathews (Hillbarn House), **47** Juliette Wade (Rofford Manor, Oxon.); **48** Friedrich Strauss/ Garden Picture Library, **48–49** Clive Nichols (Designer: Anthony Noel), **49** John Glover/ Garden Picture Library; **50 o** Sunniva Harte, **50 u** Clive Nichols (Chenies Manor, Bucks), **51** Marion Nickig; **52** John Glover/ Garden Picture Library, **53** Anne Hyde; **54 l** Clive Nichols, **54 r** Mark Bolton, **55** Perdereau (Mussy sur Dun, Saone et Loire); **56** John Glover, **57 o** Perdereau, **57 u** Marcus Harpur (Park Farm, Chelmsford, Essex); **58** Howard Rice/ Garden Picture Library, **59 l** Andrew Lawson, **59 r** Andrew Lawson; **60** Jerry Harpur (House of Pitmuies, Guthrie by Forfar, Scotland), **61 o** Perdereau, **61 u** Jerry Harpur (Designer: John Plummer); **62** S. & O. Mathews, **63** John Glover (Designer: Sue Fischer); **64** Sunniva Harte (Goodman-Portland), **64–65** Andrew Lawson (Designer: Mirabel Osler), **65** Juliette Wade (Old House, Oxon.); **66** Jerry Harpur (Designer: Fiona Lawrenson), **67 o** Jerry Harpur (Ron Simple), **67 u** John Glover; **68 o** S. & O. Mathews, **68 u** Andrew Lawson (Eastgrove Cottage, Hereford), **69 o** Jerry Harpur (Designer: Claus Scheinert), **69 u** Marcus Harpur; **70** Jerry Harpur, **71 o** Marianne Majerus (Turn End), **71 u** S. & O. Mathews (Rosa Fruhlingsgold); **72** Andrew Lawson, **73 o** Jonathan Buckly, **73 u** Perdereau; **74** Catriona Tudor Erler, **75 l** Jerry Harpur (Designer: Simon Fraser), **75 r** Marianne Majerus (Designer: Jon Baillie); **76–77** Colin Philp (Design: Wood Giangrande), **77** Jerry Harpur (Designer: Colin & Jacqui Small); **78** Jonathan Buckley (Designer/owner: Bryan D'Ahlberg), **79 l** Perdereau, **79 r** Juliette Wade; **80** Andrew Lawson, **81** Derek St. Romaine; **82** Design: Wood Giangrande, **83 o** Jerry Harpur (Designer: Beth Chatto), **83 u** Jerry Harpur (Designer: Francesca Watson, Cape Town); **84** Jerry Harpur (Designer: Claus Scheinert), **84–85** Jerry Harpur (Designer: Andrew Weaving), **85 m** S. & O. Mathews, **85 r** Jerry Harpur; **86** Perdereau, **86–87** Jonathan Buckley (Forant Hut, Dorset), **87 o** S. & O. Mathews, **87 u** Gary Rogers; **88 l** Juliette Wade (B. Guinness), **88 r** Clive Nichols (Designer: Sarah Eberle, Fisher Price), **89** Juliette Wade; **90** Andrew Lawson, **91 l** JulietteWade, **91 r** Perdereau; **92** Jerry Pavia/ Garden Picture Library, **92–93** Jerry Harpur (Designer: Beth Chatto), **93** Jerry Harpur; **94** Howard Rice/ Garden Picture Library, **94–95** S. & O. Mathews (Designer: Beth Chatto), **95** Design: Wood Giangrande; **96** Michele Lamontagne/ Garden Picture Library, **97 o** Nicola Browne (The Garden House), **97 u** Jerry Harpur (Garden in the Woods, Massachusetts); **98 l** Jerry Harpur, **98 r** Marcus Harpur (Designer: Beth Chatto), **99 l** Mark Bolton, **99 r** Michele Lamontagne/ Garden Picture Library; **100** Jerry Harpur (Robert Watson, NZ), **100–101** Jerry Harpur ('Brenthurst', Johannesburg), **101** S. & O. Mathews; **102 o** John Glover, **102 u** Sunniva Harte/ Garden Picture Library, **103 l** Clive Nichols (The White House, Elizabeth Woodhouse), **103 r** Sunniva Harte (Corner Cottage); **104** Jerry Harpur (Designer: Edwina von Gal, NYC), **104-105** Nicola Browne (Designer: Naila Green), **105** Mark Bolton; **106** S. & O. Mathews, **106–107** Marianne Majerus (Designer: Martin Gibbons), **107** Catriona Tudor Erler (Freymiller Garden, Rancho Santa Fe, CA); **108 o** Andrew Lawson, **108 u** S. & O. Mathews, **109 o** S. & O. Mathews, **109 u** Perdereau; **110** Gary Rogers, **111** Geoff Dann/ Garden Picture Library, **111 r** Mark Bolton/ Garden Picture Library; **112 o** Perdereau, **112 u** Marijke Heuff/ Garden Picture Library, **113 l** Nicola Browne (Designer: Bosvigo), **113 r** Jerry Harpur (Clare College, Cambridge); **114 o** Howard Rice/ Garden Picture Library, **114 u** Brigitte Thomas/ Garden Picture Library, **115 o** Brigitte Thomas/ Garden Picture Library, **115 u** John Glover/ Garden Picture Library; **116 o** Brian Glover/ Garden Picture Library, **116 u** Michele Lamontagne/ Garden Picture Library, **117** John Glover/ Garden Picture Library; **118** Mayer le Scanff/ Garden Picture Library, **119 o** J.S. Sira/ Garden Picture Library; **119 u** J.S. Sira/ Garden Picture Library; **120 l** Brigitte Thomas/ Garden Picture Library, **120 r** Jerry Harpur (Joe Eck & Wayne Winterrowd, Vermont), **121 l** Ron Evans/ Garden Picture Library, **121 r** Jerry Harpur (Terry Welch, Seattle); **122 l** Didier Willery/ Garden Picture Library, **122 r** Neil Holmes/ Garden Picture Library, **123** Anne Hyde; **124** Brigitte Thomas/ Garden Picture Library, **125** Juliette Wade/ Garden Picture Library; **126 l** Marianne Majerus (Designer: Penny Snell), **126 r** Perdereau, **127 o** Juliette Wade, **127 u** Sunniva Harte; **128 o** Kit Young/ Garden Picture Library, **128 u** Kate Zari/ Garden Picture Library, **128–129** Michele Lamontagne/ Garden Picture Library, **129** Jerry Harpur ('Boccanegra', Italy); **130** Eric Crichton/ Garden Picture Library, **131** Mayer/ le Scanff (Le Bagoi); **132** Jerry Harpur, **132–133** Andrew Lawson, **133 o** S. & O. Mathews, **133 u** Howard Rice/ Garden Picture Library; **134 o** Nicola Browne (Le Manoir aux Quat'Saisons), **134 u** John Glover; **135 l** Andrew Lawson, **135 r** Jerry Harpur; **136 o** S. & O. Mathews, **136 u** Gary Rogers, **137** Gary Rogers; **138 o** Mark Bolton, **138 u** John Glover/ Garden Picture Library, **139 l** Gary Rogers, **139 r** Gary Rogers; **140** Jonathan Buckley (Deirdre Spencer), **141** John Glover (Designer: Fiona Lawrenson); **142 o** Jerry Harpur (Designer: Heide Baldwin, Santa Barbara, CA), **142 u** Peter Anderson, **143** Anne Hyde; **144** Anne Hyde, **144–145** Perdereau, **145** Juliette Wade; **146 l** Clive Nichols (Designer: Lucy Gent), **146 r** Ron Sutherland/ Garden Picture Library, **147 o** Ron Sutherland/ Garden Picture Library, **147 u** Steven Wooster/ Garden Picture Library; **148 l** Ron Sutherland/ Garden Picture Library, **148 r** Andrew Lawson, **149** Jerry Pavia/ Garden Picture Library; **150** Sunniva Harte, **151** Juliette Wade; **152** S. & O. Mathews, **153 o** Jerry Harpur (Rofford Manor, Designer: Michael Balston), **153 u** Liz Dobbs; **154–155** Marijke Heuff/ Garden Picture Library, **155** Ron Sutherland/ Garden Picture Library; **156 o** Juliette Wade/ Garden Picture Library, **156 u** J.S. Sira/ Garden Picture Library, **157** Perdereau; **158** S. & O. Mathews, **159 l** Juliette Wade (Woodpeckers, Warks.), **159 r** Marion Nickig; **160** Marijke Heuff/ Garden Picture Library (The Priona Gardens), **161 o** Juliette Wade/ Garden Picture Library, **161 u** Gary Rogers/ Garden Picture Library; **162** John Miller/ Garden Picture Library, **163 l** Juliette Wade/ Garden Picture Library, **163 r** Paul Windson/ Garden Picture Library; **164** Brigitte Thomas/ Garden Picture Library, **164–165** Friedrich Strauss/ Garden Picture Library, **165** Howard Rice/ Garden Picture Library; **166 o** Jerry Harpur (Hanging Dog Nursery, Albion Garden, CA), **166 u** David Askham/ Garden Picture Library, **167** Jerry Harpur (Stone House Cottage); **168 o** Andrew Lawson (Designer: Andy Rees), **168 u** Marianne Majerus, **168 r** Nicola Browne, **169 l** John Glover, **169 r** Marianne Majerus; **172 l** Jerry Harpur (Designer: Julia Scott), **172 r** Jerry Harpur (Designer: George Cooper), **173 o** Jerry Harpur (Old Rectory, Sudborough), **173 u** Jerry Harpur (Barnsley House, Cirencester); **174** Roger Foley (Taliafero-Cole Garden, Colonial Williamsburg), **175 o** Jerry Harpur (Designer: Bruce Kelly, NY), **175 u** Roger Foley (Blair Herb Garden, Colonial Williamsburg); **176–177** Jerry Harpur ('Chiffchaffs', Bourton, Dorset), **177 o** Andrew Lawson, **177 u** Design: Geoffrey Wood: **178** Jerry Harpur (Bob Flowerdew), **178–179** Jerry Harpur (Old Rectory, Sudborough), **179** Jerry Harpur (Barton Court); **180** Perdereau, **181 o** Jerry Harpur (Great Dixter, Northiam, Sussex), **181 u** Jerry Harpur (Savill Garden, Windsor); **182 o** Jerry Harpur (Designer: Oehme & van Sweden Associates, Washinton DC), **182 u** Marcus Harpur, **183** Roger Foley (Designer: Oehme & van Sweden Associates, Gratz Garden); **184 l** John Ferro Sims/ Garden Picture Library, **184 r** John Ferro Sims/ Garden Picture Library (La Foce, Tuscany), **185 l** John Ferro Sims/ Garden Picture Library (Villa Gamberaia, Tuscany), **185 r** Henk Dijkman/ Garden Picture Library; **186 l** Jerry Harpur (Ryoan-Ji Temple, Kyoto), **186 r** Jerry Harpur (Japanese Stroll Garden, Long Island, NY), **187 l** Sunniva Harte (Japanese Garden, Portland), **187 r** Sunniva Harte (Japanese Garden, Portland); **188 l** Simon Kenny/ Belle/ Arcaid (Designer: Graeme Grenlagh, Stylist: Nadine Bush), **188 r** Jerry Harpur (Designer: Simon Fraser), **189 o** Juliette Wade (Osler Road, Oxford), **189 u** Jerry Harpur (Designer: Tom Hobbs, Vancouver, BC); **190 o** John Glover (Designer: Jonathan Baillie), **190 u** Jerry Harpur (Designer: Jeff Mendosa, NY), **191 o** Jerry Harpur (Designer: Robert Watson, NZ), **191 u** Jerry Harpur (Sir Peter & Lady Finley, Sydney, NSW); **192** Jerry Harpur (Tom Carruth & John Furman, Altadena, CA), **193 l** Jerry Harpur (Thomas Church, San Francisco, CA), **193 r** Jerry Harpur (Tom Carruth & John Furman, LA); **195 o** Jerry Harpur (Keith Kirsten, Johannesburg), **195 u** Jerry Harpur (Bobbi Hicks, NSW), **195 l** Jerry Harpur (Designer: Jason Payne); **196–197** S. & O. Mathews; **198 l** Anthony Cooper/ A-Z Botanical Collection, **198 r** Houses and Interiors, **199 o** Harry Smith; **199 u** Houses & Interiors